図解・表解

図解

特例

小規模宅地等の判定チェックポイント

税理士 渡邉定義 —— 監修

税理士 天池健治・山野修敬 —— 著

中央経済社

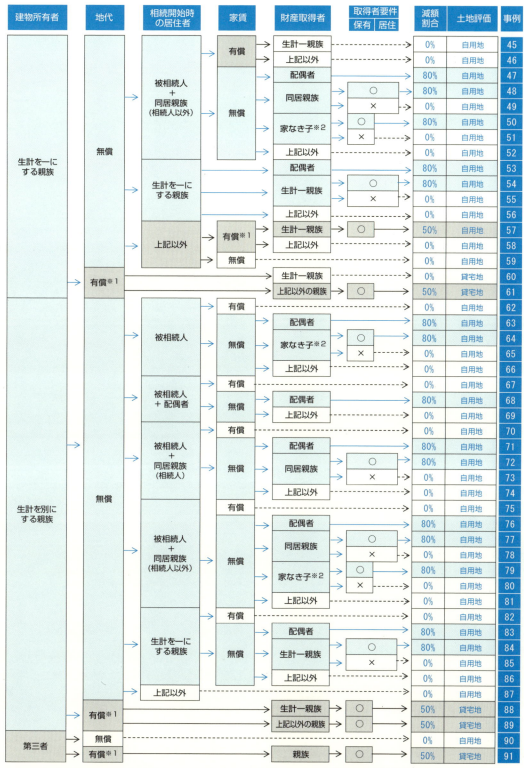

※1　地代や家賃等が有償のケースについては、その他の貸付事業用宅地要件を満たしているものとします。
※2　「家なき子」に該当する場合、被相続に配偶者がいないことが要件となります。

は じ め に

　個人が、相続又は遺贈により取得した財産のうち、その相続の開始の直前において被相続人等の事業の用に供されていた宅地等又は被相続人等の居住の用に供されていた一定の宅地等については、相続税の課税価格に算入すべき価額の計算上、一定の割合を減額できます。この特例を小規模宅地等についての相続税の課税価格の計算の特例といいます。

　この特例は、昭和50年6月20日付直資5-17「事業又は居住の用に供されてい宅地について」通達による評価上の取扱いを発展的に吸収して、昭和58年の税制改正にて法定することとされたものですが、元々の通達の趣旨については、「事業又は居住の用に供されていた宅地のうち最小限必要な部分については、相続人等の生活基盤維持のため欠くことのできないものであって、その処分について相当の制約を受けるのが通常である。このような処分に制約のある財産について通常の取引価格を基とする評価額をそのまま適用することは、必ずしも実情に合致しない向きがあるので、これについて評価上、所要のしんしやくを加えることとしたものである」と説明されています。

　そして、この特例については、上記の趣旨に沿う形で、相続税の申告を行う際のほとんどのケースで適用されていますが、その一方で、特例の創設後、社会情勢の変化等に沿う形で幾度の改正を経て、適用に当たっての要件などが非常に複雑なものとなっています。

　そこで、本書は、小規模宅地等の特例の適用に当たっての要点をわかりやすく理解していただく観点から発刊いたしました。具体的には、第1部制度解説編において、小規模宅地等の特例について理解を深めていただけるよう、この特例の要件などについて図表や図解等を活用して解説するとともに質疑応答などを掲載いたしました。また、第2部事例編では、小規模宅地等の特例の適用に当たってポイントとなる「相続開始時点での宅地の利用状況や建物とその敷地の所有者」などについて、実際に検討されている状況に照らし合わせて、この特例の適用の可否が判定できるようフローチャートを作成し、その内容について詳細な解説を掲載いたしました。

　本書が、相続税法の課税実務に携わられている方々に幅広く利用され、小規模宅地等の特例の理解の一助となれば、幸いであります。

　なお、本書の文中意見にわたる部分は、執筆者の個人的見解に基づくものであることを念のため申し添えます。

　最後に、本書の発刊に当たりまして大変お世話になりました中央経済社税務編集部の牲川健志氏に心より御礼を申し上げます。

　令和元年6月

天　池　健　治

山　野　修　敬

CONTENTS

はじめに

本書の特徴・凡例 　　　　　　　　　　　　　　　　XVIII

第1部　制度解説編 　　　　　　　　　　　　　　1

Ⅰ　小規模宅地等の特例の概要
1. 小規模宅地等の特例とは 　　　　　　　　　　　　2
2. 適用限度面積と減額割合 　　　　　　　　　　　　9
3. 特例適用対象宅地等 　　　　　　　　　　　　　　11
4. 申告手続き及び添付書類 　　　　　　　　　　　　14
5. 小規模宅地等の特例の改正経緯 　　　　　　　　　20

Ⅱ　特定事業用宅地等
1. 特定事業用宅地等の概要 　　　　　　　　　　　　22
2. 申告期限までに転業又は廃業があった場合 　　　　25
3. 申告期限までに宅地等の一部の譲渡又は貸付けがあった場合 　　25
4. 災害のため事業が休止された場合 　　　　　　　　26
5. 事業用建物等の建築中等に相続が開始した場合 　　26
6. 申告期限までに事業用建物等を建て替えた場合 　　27
7. 宅地等を取得した親族が申告期限までに死亡した場合 　　28
8. 宅地等を取得した親族が事業主となっていない場合 　　28

Ⅲ　特定同族会社事業用宅地等
1. 特定同族会社事業用宅地等の概要 　　　　　　　　30
2. 特定の同族会社とは 　　　　　　　　　　　　　　32
3. 法人の事業の用に供されていた宅地等とは 　　　　33

Ⅳ　特定居住用宅地等
1. 特定居住用宅地等の概要 　　　　　　　　　　　　35
2. 居住の用に供されていた宅地が複数ある場合 　　　39
3. 老人ホーム等に入居していた場合 　　　　　　　　40
4. 同居親族以外の一定の親族（家なき子）が取得した場合 　　42
5. 居住用建物の建築中等に相続が開始した場合 　　　48
6. 申告期限までに居住用建物等を建て替えた場合 　　50
7. 店舗兼住宅等の敷地の持分について贈与税の配偶者控除等の適用を受けたもの等の居住の用に供されていた部分の範囲 　　50

8. 二世帯住宅の取扱い　51

Ⅴ　貸付事業用宅地等
1. 貸付事業用宅地等の概要　55
2. 不動産貸付業等の範囲　57
3. 被相続人等の貸付事業の用に供されていた宅地等　57
4. 新たに貸付事業の用に供されたか否かの判定　58
5. 特定貸付事業とは　60
6. 経過措置　61

Ⅵ　申告書等の記載例
1　複数の利用区分が存する場合　62
2　被相続人の共有する土地が被相続人等の居住の用と貸付事業の用に供されていた場合　66
3　特定同族会社事業用宅地等と貸付事業用宅地等が混在する場合　69
4　マンションの区分所有権の数戸を取得した場合　73
5　共有宅地についての小規模宅地等の特例の選択　75
6　共同住宅の一部が空室となっていた場合　78
7　申告期限までに住宅等の一部の譲渡があった場合　82
8　被相続人等の居住用宅地等を共有で取得し，その1人に小規模宅地等の特例の適用がある場合　85
9　店舗兼住宅の敷地の持分の贈与について贈与税の配偶者控除の適用を受けていた場合　88
10　申告期限後3年以内の分割見込書　91
11　遺産が未分割であることについてやむを得ない事由がある旨の承認申請書　92

Ⅶ　質疑応答
Q&A 1　人格のない社団が遺贈を受けた宅地等の小規模宅地等の特例の適用の可否　93
Q&A 2　相続開始の年に被相続人から贈与を受けた宅地等に係る小規模宅地等の特例の適用の可否　93
Q&A 3　相続開始前3年以内の贈与加算の規定により相続税の課税価格に加算した土地等に係る小規模宅地等の特例の適用の可否　94
Q&A 4　被相続人から相続時精算課税により取得した宅地に係る小規模宅地等の特例の適用の可否　94

Q&A 5　財産管理人が被相続人の宅地を事業の用に供していた場合の小規模宅地等の特例の適用の可否　95

Q&A 6　私道部分に係る小規模宅地等の特例の適用の可否　95

Q&A 7　共有家屋（貸家）の敷地の用に供されていた宅地等についての小規模宅地等の特例の選択　96

Q&A 8　遺留分減殺に伴う修正申告及び更正の請求における小規模宅地等の選択替えの可否　96

Q&A 9　小規模宅地等の特例の対象となる「被相続人等の居住の用に供されていた宅地等」の判定　97

Q&A 10　入院により空家となっていた建物の敷地についての小規模宅地等の特例　98

Q&A 11　老人ホームへの入所により空家となっていた建物の敷地についての小規模宅地等の特例（平成26年1月1日以後に相続又は遺贈により取得する場合の取扱い）　98

Q&A 12　老人ホームに入所していた被相続人が要介護認定の申請中に死亡した場合の小規模宅地等の特例　99

Q&A 13　特定居住用宅地等の要件の一つである「相続開始時から申告期限まで引き続き当該建物に居住していること」の意義　100

Q&A 14　被相続人の共有する土地が被相続人等の居住の用と貸家の敷地の用に供されていた場合の小規模宅地等の特例　101

Q&A 15　単身赴任中の相続人が取得した被相続人の居住用宅地等についての小模宅地等の特例　102

Q&A 16　特定同族会社に貸し付けられていた建物が相続税の申告期限までに建て替えられた場合の小規模宅地等の特例　102

Q&A 17　庭先部分を相続した場合の小規模宅地等について相続税の課税価格の計算の特例（租税特別措置法第69条の4）の適用について　103

Q&A 18　区分所有建物の登記がされていない1棟の建物の敷地の場合　105

Q&A 19　区分所有建物の登記がされている1棟の建物の敷地の場合　106

Q&A 20　区分所有建物の登記がされていない1棟の建物の敷地を租税特別措置法69条の4③二口の親族が取得した場合　108

Q&A 21　事業的規模でない不動産貸付けの場合　110

Q&A 22　農機具置き場や農作業を行うための建物の敷地に係る小規模宅地等の特例　110

Q&A 23　老人ホームに入居中に自宅を相続した場合の小規模宅地等についての相続税の課税価格の計算の特例（租税特別措置法第69条の4）の適用について　111

第2部　事例編　113

○特定居住用宅地等と貸付事業用宅地等

事例1	被相続人の居住の用に供されていた土地建物（被相続人所有）を配偶者が相続した場合	116
事例2	被相続人の居住の用に供されていた土地建物（被相続人所有）を家なき子が相続した場合	118
事例3	被相続人の居住の用に供されていた土地建物（被相続人所有）を家なき子が相続した後に、相続税の申告期限までにその土地建物を売却などした場合	121
事例4	被相続人の居住の用に供されていた土地建物（被相続人所有）を配偶者及び家なき子以外の親族が相続した場合	122
事例5	被相続人及びその配偶者の居住の用に供されていた土地建物（被相続人所有）を配偶者が相続した場合	123
事例6	被相続人及びその配偶者の居住の用に供されていた土地建物（被相続人所有）を配偶者以外の親族が相続した場合	125
事例7	被相続人及びその相続人である同居親族（配偶者以外）の居住の用に供されていた土地建物（被相続人所有）を当該同居親族が相続した場合（当該同居親族から被相続人に対して家賃の支払があるケース）	126
事例8	被相続人及びその相続人である同居親族（配偶者以外）の居住の用に供されていた土地建物（被相続人所有）を当該同居親族以外の親族が相続した場合（当該同居親族から被相続人に対して家賃の支払があるケース）	127
事例9	被相続人及びその相続人である同居親族（配偶者以外）の居住の用に供されていた土地建物（被相続人所有）を配偶者が相続した場合（家賃の支払がないケース）	129
事例10	被相続人及びその相続人である同居親族（配偶者以外）の居住の用に供されていた土地建物（被相続人所有）を当該同居親族が相続した場合（家賃の支払がなく、居住継続要件及び保有継続要件を満たすケース）	131
事例11	被相続人及びその相続人である同居親族（配偶者以外）の居住の用に供されていた土地建物（被相続人所有）を当該同居親族が相続した場合（家賃の支払がなく、居住継続要件及び保有継続要件を満たさないケース）	133
事例12	被相続人及びその相続人である同居親族（配偶者以外）の居住の用に供されていた土地建物（被相続人所有）を一定の親族が相続した場合（家賃の支払がないケース）	134
事例13	被相続人及びその相続人以外の同居親族の居住の用に供されていた土地建物（被相続人所有）を当該同居親族が相続した場合（当該同居親族から被相続人に対して家賃の支払があるケース）	135
事例14	被相続人及びその相続人以外の同居親族の居住の用に供されていた土地建物（被相続人所有）を当該同居親族以外の親族が相続した場合（当該同居親族から被相続人に対して家賃の支払があるケース）	136
事例15	被相続人及びその相続人以外の同居親族の居住の用に供されていた土地建物（被相続人所有）を配偶者が相続した場合（家賃の支払がないケース）	138

事例16	被相続人及びその相続人以外の同居親族の居住の用に供されていた土地建物（被相続人所有）を当該同居親族が相続した場合（家賃の支払がなく、居住継続要件及び保有継続要件を満たすケース）	140
事例17	被相続人及びその相続人以外の同居親族の居住の用に供されていた土地建物（被相続人所有）を当該同居親族が相続した場合（家賃の支払がなく、居住継続要件及び保有継続要件を満たさないケース）	142
事例18	被相続人及びその相続人以外の同居親族の居住の用に供されていた土地建物（被相続人所有）を家なき子が相続した場合（家賃の支払がないケース）	143
事例19	被相続人及びその相続人以外の同居親族の居住の用に供されていた土地建物（被相続人所有）を家なき子が相続した場合（家賃の支払がなく、保有継続要件を満たさないケース）	144
事例20	被相続人及びその相続人以外の同居親族の居住の用に供されていた土地建物（被相続人所有）を配偶者、当該同居親族及び家なき子以外の親族が相続した場合（家賃の支払がないケース）	145
事例21	生計を一にする親族の居住の用に供されていた土地建物（被相続人所有）を当該親族が相続した場合（家賃の支払があるケース）	146
事例22	生計を一にする親族の居住の用に供されていた土地建物（被相続人所有）を当該親族以外の親族が相続した場合（家賃の支払があるケース）	147
事例23	生計を一にする親族の居住の用に供されていた土地建物（被相続人所有）を配偶者が相続した場合（家賃の支払がないケース）	149
事例24	生計を一にする親族の居住の用に供されていた土地建物（被相続人所有）を当該親族が相続した場合（家賃の支払がなく、保有継続要件及び居住継続要件を満たすケース）	151
事例25	生計を一にする親族の居住の用に供されていた土地建物（被相続人所有）を当該親族が相続した場合（家賃の支払がなく、保有継続要件及び居住継続要件を満たさないケース）	153
事例26	生計を一にする親族の居住の用に供されていた土地建物（被相続人所有）を配偶者及び当該親族以外の親族が相続した場合（家賃の支払がないケース）	154
事例27	第三者の居住の用に供されていた土地建物（被相続人所有）を親族が相続した場合（家賃の支払があるケース）	155
事例28	第三者の居住の用に供されていた土地建物（被相続人所有）を親族が相続した場合（家賃の支払がないケース）	157
事例29	被相続人の居住の用に供されていた土地を生計を一にする親族が相続した場合（家賃の支払があるケース） ※建物の所有者は生計を一にする親族	158
事例30	被相続人の居住の用に供されていた土地を生計を一にする親族以外の親族が相続した場合（家賃の支払があるケース） ※建物の所有者は生計を一にする親族	159
事例31	被相続人の居住の用に供されていた土地を配偶者が相続した場合（家賃及び地代の支払がないケース） ※建物の所有者は被相続人と生計を一にする親族	160
事例32	被相続人の居住の用に供されていた土地を家なき子が相続した場合（家賃及び地代の支払がないケース） ※建物の所有者は被相続人と生計を一にする親族	162

CONTENTS		
事例33	被相続人の居住の用に供されていた土地を家なき子が相続後、相続税の申告期限までにその土地を売却した場合（家賃及び地代の支払がないケース） ※建物の所有者は被相続人と生計を一にする親族	164
事例34	被相続人の居住の用に供されていた土地を配偶者及び家なき子以外の親族が相続した場合（家賃及び地代の支払がないケース） ※建物の所有者は被相続人と生計を一にする親族	165
事例35	被相続人及びその配偶者の居住の用に供されていた土地を生計を一にする親族が相続した場合（被相続人から家賃の支払があるケース） ※建物の所有者は被相続人と生計を一にする親族	166
事例36	被相続人及びその配偶者の居住の用に供されていた土地を生計を一にする親族以外の親族が相続した場合（被相続人から家賃の支払があるケース） ※建物の所有者は被相続人と生計を一にする親族	167
事例37	被相続人及びその配偶者の居住の用に供されていた土地を配偶者が相続した場合（家賃及び地代の支払がないケース） ※建物の所有者は被相続人と生計を一にする親族	168
事例38	被相続人及びその配偶者の居住の用に供されていた土地を配偶者以外の親族が相続した場合（家賃及び地代の支払がないケース） ※建物の所有者は被相続人と生計を一にする親族	170
事例39	被相続人及びその相続人である同居親族（配偶者以外）の居住の用に供されていた土地を生計を一にする親族が相続した場合（被相続人から家賃の支払があるケース） ※建物の所有者は生計を一にする親族	171
事例40	被相続人及びその相続人である同居親族（配偶者以外）の居住の用に供されていた土地を生計を一にする親族以外の親族が相続した場合（被相続人から家賃の支払があるケース） ※建物の所有者は被相続人と生計を一にする親族	172
事例41	被相続人及びその相続人である同居親族（配偶者以外）の居住の用に供されていた土地を配偶者が相続した場合（家賃及び地代の支払がないケース） ※建物の所有者は被相続人と生計を一にする親族	173
事例42	被相続人及びその相続人である同居親族（配偶者以外）の居住の用に供されていた土地を当該同居親族が相続した場合（家賃及び地代の支払がなく、居住継続要件及び保有継続要件を満たすケース） ※建物の所有者は被相続人と生計を一にする親族	175
事例43	被相続人及びその相続人である同居親族（配偶者以外）の居住の用に供されていた土地を当該同居親族が相続した場合（家賃及び地代の支払がなく、居住継続要件及び保有継続要件を満たさないケース） ※建物の所有者は被相続人と生計を一にする親族	177
事例44	被相続人及びその相続人である同居親族（配偶者以外）の居住の用に供されていた土地を配偶者及び当該同居親族以外の親族が相続した場合（家賃及び地代の支払がないケース） ※建物の所有者は被相続人と生計を一にする親族	178
事例45	被相続人及びその相続人以外の同居親族の居住の用に供されていた土地を生計を一にする親族が相続した場合（被相続人から家賃の支払があるケース） ※建物の所有者は被相続人と生計を一にする親族	179

事例46	被相続人及びその相続人以外の同居親族の居住の用に供されていた土地を生計を一にする親族以外の親族が相続した場合（被相続人から家賃の支払があるケース） ※建物の所有者は被相続人と生計を一にする親族	180
事例47	被相続人及びその相続人以外の同居親族の居住の用に供されていた土地を配偶者が相続した場合（家賃及び地代の支払がないケース） ※建物の所有者は被相続人と生計を一にする親族	181
事例48	被相続人及びその相続人以外の同居親族の居住の用に供されていた土地を当該同居親族が相続した場合（家賃及び地代の支払がなく、保有継続要件及び居住継続要件を満たすケース） ※建物の所有者は被相続人と生計を一にする親族	183
事例49	被相続人及びその相続人以外の同居親族の居住の用に供されていた土地を当該同居親族が相続した場合（家賃及び地代の支払がなく、居住継続要件及び保有継続要件を満たさないケース） ※建物の所有者は被相続人と生計を一にする親族	185
事例50	被相続人及びその相続人以外の同居親族の居住の用に供されていた土地を家なき子が相続した場合（家賃及び地代の支払がないケース） ※建物の所有者は被相続人と生計を一にする親族	186
事例51	被相続人及びその相続人以外の同居親族の居住の用に供されていた土地を家なき子が相続した場合（家賃及び地代の支払がなく、保有継続要件を満たさないケース） ※建物の所有者は被相続人と生計を一にする親族	187
事例52	被相続人及びその相続人以外の同居親族の居住の用に供されていた土地を配偶者、当該同居親族及び家なき子以外の親族が相続した場合（家賃及び地代の支払がないケース） ※建物の所有者は被相続人と生計を一にする親族	188
事例53	生計を一にする親族の居住の用に供されていた土地を配偶者が相続した場合（地代の支払がないケース） ※建物の所有者は被相続人と生計を一にする親族	189
事例54	生計を一にする親族の居住の用に供されていた土地を当該親族が相続した場合（地代の支払がなく、保有継続要件及び居住継続要件を満たすケース） ※建物の所有者は被相続人と生計を一にする親族	191
事例55	生計を一にする親族の居住の用に供されていた土地を当該親族が相続した場合（地代の支払がなく、保有継続要件及び居住継続要件を満たさないケース） ※建物の所有者は被相続人と生計を一にする親族	193
事例56	生計を一にする親族の居住の用に供されていた土地を配偶者及び当該親族以外の親族が相続した場合（地代の支払がないケース） ※建物の所有者は被相続人と生計を一にする親族	194
事例57	配偶者及び生計を一にする親族以外の親族の居住の用に供されていた土地を生計を一にする親族が相続した場合（家賃の支払があるケース） ※建物の所有者は被相続人と生計を一にする親族	195
事例58	配偶者及び生計を一にする親族以外の親族の居住の用に供されていた土地を生計を一にする親族以外の親族が相続した場合（家賃の支払があるケース） ※建物の所有者は被相続人と生計を一にする親族	197

事例59	配偶者及び生計を一にする親族以外の親族の居住の用に供されていた土地（家賃及び地代の支払がないケース） ※建物の所有者は被相続人と生計を一にする親族	198
事例60	生計を一にする親族から被相続人に対して地代の支払がある場合（土地の取得者は当該親族） ※建物の所有者は被相続人と生計を一にする親族	199
事例61	生計を一にする親族から被相続人に対して地代の支払がある場合（土地の取得者は当該親族以外の親族） ※建物の所有者は被相続人と生計を一にする親族	200
事例62	被相続人の居住の用に供されていた土地を親族が相続した場合（家賃の支払があるケース） ※建物の所有者は生計を別にする親族	202
事例63	被相続人の居住の用に供されていた土地を配偶者が相続した場合（家賃及び地代の支払がないケース） ※建物の所有者は生計を別にする親族	203
事例64	被相続人の居住の用に供されていた土地を家なき子が相続した場合（家賃及び地代の支払がないケース） ※建物の所有者は生計を別にする親族	205
事例65	被相続人の居住の用に供されていた土地を家なき子が相続後、相続税の申告期限までにその土地を売却した場合（家賃及び地代の支払がないケース） ※建物の所有者は生計を別にする親族	207
事例66	被相続人の居住の用に供されていた土地を配偶者及び家なき子以外の親族が相続した場合（家賃及び地代の支払がないケース） ※建物の所有者は生計を別にする親族	208
事例67	被相続人及びその配偶者の居住の用に供されていた土地について（家賃の支払があるケース） ※建物の所有者は生計を別にする親族	209
事例68	被相続人及びその配偶者の居住の用に供されていた土地を配偶者が相続した場合（家賃及び地代の支払がないケース） ※建物の所有者は生計を別にする親族	210
事例69	被相続人及びその配偶者の居住の用に供されていた土地を配偶者以外の親族が相続した場合（家賃及び地代の支払がないケース） ※建物の所有者は生計を別にする親族	212
事例70	被相続人及びその相続人である同居親族（配偶者以外）の居住の用に供されていた土地について（家賃の支払があるケース） ※建物の所有者は生計を別にする親族	213
事例71	被相続人及びその相続人である同居親族（配偶者以外）の居住の用に供されていた土地を配偶者が相続した場合（家賃及び地代の支払がないケース） ※建物の所有者は生計を別にする親族	214
事例72	被相続人及びその相続人である同居親族（配偶者以外）の居住の用に供されていた土地を当該同居親族が相続した場合（家賃及び地代の支払がなく、居住継続要件及び保有継続要件を満たすケース） ※建物の所有者は生計を別にする親族	216

事例73	被相続人及びその相続人である同居親族（配偶者以外）の居住の用に供されていた土地を当該同居親族が相続した場合（地代及び家賃の支払がなく、居住継続要件及び保有継続要件を満たさないケース） ※建物の所有者は生計を別にする親族	218
事例74	被相続人及びその相続人である同居親族（配偶者以外）の居住の用に供されていた土地を配偶者及び当該同居親族以外の親族が相続した場合（地代及び家賃の支払がないケース） ※建物の所有者は生計を別にする親族	219
事例75	被相続人及びその相続人以外の同居親族の居住の用に供されていた土地について（家賃の支払があるケース） ※建物の所有者は生計を別にする親族	220
事例76	被相続人及びその相続人以外の同居親族の居住の用に供されていた土地を配偶者が相続した場合（家賃及び地代の支払がないケース） ※建物の所有者は生計を別にする親族	221
事例77	被相続人及びその相続人以外の同居親族の居住の用に供されていた土地を当該同居親族が相続した場合（家賃及び地代の支払がなく、居住継続要件及び保有継続要件を満たすケース） ※建物の所有者は生計を別にする親族	223
事例78	被相続人及びその相続人以外の同居親族の居住の用に供されていた土地を当該同居親族が相続した場合（地代及び家賃の支払がなく、居住継続要件及び保有継続要件を満たさないケース） ※建物の所有者は生計を別にする親族	225
事例79	被相続人及びその相続人以外の同居親族の居住の用に供されていた土地を家なき子が相続した場合（地代及び家賃の支払がなく、保有継続要件を満たすケース） ※建物の所有者は生計を別にする親族	226
事例80	被相続人及びその相続人以外の同居親族の居住の用に供されていた土地を家なき子が相続した場合（地代及び家賃の支払がなく、保有継続要件を満たさないケース） ※建物の所有者は生計を別にする親族	227
事例81	被相続人及びその相続人以外の同居親族の居住の用に供されていた土地を配偶者、当該同居親族及び家なき子以外の親族が相続した場合（地代及び家賃の支払がないケース） ※建物の所有者は生計を別にする親族	228
事例82	生計を一にする親族の居住の用に供されていた土地（家賃の支払があるケース） ※建物の所有者は生計を別にする親族	229
事例83	生計を一にする親族の居住の用に供されていた土地を配偶者が相続した場合（家賃及び地代の支払がないケース） ※建物の所有者は生計を別にする親族	230
事例84	生計を一にする親族の居住の用に供されていた土地を当該親族が相続した場合（家賃及び地代の支払がなく、保有継続要件及び居住継続要件を満たすケース） ※建物の所有者は生計を別にする親族	232

事例85	生計を一にする親族の居住の用に供されていた土地を当該親族が相続した場合（家賃及び地代の支払がなく、保有継続要件及び居住継続要件を満たさないケース） ※建物の所有者は生計を別にする親族	234
事例86	生計を一にする親族の居住の用に供されていた土地を配偶者及び生計を一にする親族以外の親族が相続した場合（家賃及び地代の支払がないケース） ※建物の所有者は生計を別にする親族	235
事例87	生計を別にする親族から被相続人に対して地代の支払がない場合 ※建物の所有者は生計を別にする親族	236
事例88	生計を別にする親族から被相続人に対して地代の支払がある場合（土地の取得者は被相続人と生計を一にする親族） ※建物の所有者は生計を別にする親族	237
事例89	生計を別にする親族から被相続人に対して地代の支払がある場合（土地の取得者は生計を一にする親族以外の親族（生計別親族を除く）） ※建物の所有者は生計を別にする親族	238
事例90	第三者から被相続人に対して地代の支払がない場合 ※建物の所有者は第三者	240
事例91	第三者から被相続人に対して地代の支払がある場合 ※建物の所有者は第三者	241

○特定事業用宅地等

事例92	被相続人の事業の用に供されていた土地建物を親族が相続した場合 ※建物の所有者は被相続人	243
事例93	被相続人の事業の用に供されていた土地建物を親族が相続した後に、相続税の申告期限までに廃業やその土地建物を売却した場合 ※建物の所有者は被相続人	245
事例94	被相続人の事業の用に供されていた土地建物を第三者に遺贈した場合 ※建物の所有者は被相続人	246
事例95	生計を一にする親族の事業の用に供されていた土地建物を当該親族が相続した場合（家賃の支払があるケース） ※建物の所有者は被相続人	247
事例96	生計を一にする親族の事業の用に供されていた土地建物を当該親族以外の親族が相続した場合（家賃の支払があるケース） ※建物の所有者は被相続人	248
事例97	生計を一にする親族の事業の用に供されていた土地建物を当該親族が相続した場合（家賃の支払がないケース） ※建物の所有者は被相続人	250
事例98	生計を一にする親族の事業の用に供されていた土地建物を当該親族が相続した場合（家賃の支払がなく、保有継続要件及び事業継続要件を満たさないケース） ※建物の所有者は被相続人	252
事例99	生計を一にする親族の事業の用に供されていた土地建物を当該親族以外の親族が相続した場合（家賃の支払がないケース） ※建物の所有者は被相続人	253

事例100	生計を一にする親族以外の親族の事業の用に供されていた土地建物を生計を一にする親族が相続した場合（家賃の支払があるケース） ※建物の所有者は被相続人	254
事例101	生計を一にする親族以外の親族の事業の用に供されていた土地建物を当該親族以外の親族が相続した場合（家賃の支払があるケース） ※建物の所有者は被相続人	256
事例102	生計を一にする親族以外の親族の事業の用に供されていた土地建物（家賃の支払がないケース） ※建物の所有者は被相続人	258
事例103	被相続人の事業の用に供されていた土地を生計を一にする親族が相続した場合（家賃の支払があるケース） ※建物の所有者は被相続人と生計を一にする親族	259
事例104	被相続人の事業の用に供されていた土地を生計を一にする親族以外の親族が相続した場合（家賃の支払があるケース） ※建物の所有者は被相続人と生計を一にする親族	260
事例105	被相続人の事業の用に供されていた土地を親族が相続した場合（家賃及び地代の支払がないケース） ※建物の所有者は被相続人と生計を一にする親族	261
事例106	被相続人の事業の用に供されていた土地を親族が相続後、相続税の申告期限までに廃業やその土地を売却した場合（家賃及び地代の支払がないケース） ※建物の所有者は被相続人と生計を一にする親族	263
事例107	被相続人の事業の用に供されていた土地を第三者が相続した場合（家賃及び地代の支払がないケース） ※建物の所有者は被相続人と生計を一にする親族	264
事例108	生計を一にする親族の事業の用に供されていた土地を当該親族が相続した場合（地代の支払がなく、事業継続要件及び保有継続要件を満たすケース） ※建物の所有者は被相続人と生計を一にする親族	265
事例109	生計を一にする親族の事業の用に供されていた土地を当該親族が相続した場合（地代の支払がなく、事業継続要件及び保有継続要件を満たさないケース） ※建物の所有者は被相続人と生計を一にする親族	267
事例110	生計を一にする親族の事業の用に供されていた土地を当該親族以外の親族が相続した場合（地代の支払がないケース） ※建物の所有者は被相続人と生計を一にする親族	268
事例111	生計を一にする親族以外の親族の事業の用に供されていた土地を生計を一にする親族が相続した場合（家賃の支払があるケース） ※建物の所有者は被相続人と生計を一にする親族	269
事例112	生計を一にする親族以外の親族の事業の用に供されていた土地を当該親族が相続した場合（家賃の支払があるケース） ※建物の所有者は被相続人と生計を一にする親族	271
事例113	生計を一にする親族以外の親族の事業の用に供されていた土地（家賃及び地代の支払がないケース） ※建物の所有者は被相続人と生計を一にする親族	272
事例114	生計を一にする親族から被相続人に対して地代の支払がある場合（土地の取得者は当該親族） ※建物の所有者は被相続人と生計を一にする親族	273

CONTENTS

事例115	生計を一にする親族から被相続人に対して地代の支払がある場合（土地の取得者は当該親族以外の親族） ※建物の所有者は被相続人と生計を一にする親族	274
事例116	被相続人の事業の用に供されていた土地を親族が相続した場合（家賃の支払があるケース） ※建物の所有者は生計を別にする親族	276
事例117	被相続人の事業の用に供されていた土地を親族が相続した場合（家賃及び地代の支払がなく、保有継続要件及び事業継続要件を満たすケース） ※建物の所有者は生計を別にする親族	277
事例118	被相続人の事業の用に供されていた土地を親族が相続した後に、相続税の申告期限までに廃業やその土地を売却した場合（家賃及び地代の支払がないケース） ※建物の所有者は生計を別にする親族	279
事例119	被相続人の事業の用に供されていた土地を第三者が取得した場合（家賃及び地代の支払がないケース） ※建物の所有者は生計を別にする親族	280
事例120	生計を一にする親族の事業の用に供されていた土地（家賃の支払があるケース） ※建物の所有者は生計を別にする親族	281
事例121	生計を一にする親族の事業の用に供されていた土地を当該親族が相続した場合（家賃及び地代の支払がなく、保有継続要件及び事業継続要件を満たすケース） ※建物の所有者は生計を別にする親族	282
事例122	生計を一にする親族の事業の用に供されていた土地を当該親族が相続した後に、相続税の申告期限までに廃業やその土地を売却した場合（家賃及び地代の支払がないケース） ※建物の所有者は生計を別にする親族	284
事例123	生計を一にする親族の事業の用に供されていた土地を当該親族以外の親族が相続した場合（家賃及び地代の支払がないケース） ※建物の所有者は生計を別にする親族	285
事例124	生計を別にする親族から被相続人に対して地代の支払がない場合 ※建物の所有者は生計を別にする親族	286
事例125	生計を別にする親族から被相続人に対して地代の支払がある場合（土地の取得者は被相続人と生計を一にする親族） ※建物の所有者は生計を別にする親族	287
事例126	生計を別にする親族から被相続人に対して地代の支払がある場合（土地の取得者は被相続人と生計を一にする親族以外の親族） ※建物の所有者は生計を別にする親族	288
事例127	第三者から被相続人に対して地代の支払がない場合 ※建物の所有者は第三者	290
事例128	第三者から被相続人に対して地代の支払がある場合（土地の取得者は被相続人と生計を一にする親族） ※建物の所有者は第三者	291
事例129	第三者から被相続人に対して地代の支払がある場合（土地の取得者は被相続人と生計を一にする親族以外の親族） ※建物の所有者は第三者	292

○特定同族会社事業用宅地等

事例130	特定同族会社の事業の用に供されていた土地建物を役員である親族が相続した場合（家賃の支払があるケース） ※建物の所有者は被相続人	295
事例131	特定同族会社の事業の用に供されていた土地建物を役員である親族が相続した場合（家賃の支払はあるが、事業継続要件、保有継続要件及び法人役員要件を満たさないケース） ※建物の所有者は被相続人	297
事例132	特定同族会社の事業の用に供されていた土地建物を第三者が取得した場合（家賃の支払があるケース） ※建物の所有者は被相続人	298
事例133	特定同族会社の事業の用に供されていた土地建物（家賃の支払がないケース） ※建物の所有者は被相続人	299
事例134	特定同族会社以外の法人の事業の用に供されていた土地建物（家賃の支払があるケース） ※建物の所有者は被相続人	300
事例135	特定同族会社以外の法人の事業の用に供されていた土地建物について（家賃の支払がないケース） ※建物の所有者は被相続人	302
事例136	特定同族会社の事業の用に供されていた土地を役員である生計を一にする親族が相続した場合（家賃の支払があるケース） ※建物の所有者は被相続人と生計を一にする親族	303
事例137	特定同族会社の事業の用に供されていた土地を役員でない生計を一にする親族が相続した場合（家賃の支払があるケース） ※建物の所有者は被相続人と生計を一にする親族	305
事例138	特定同族会社の事業の用に供されていた土地を生計を一にする親族以外の役員である親族が相続した場合（家賃の支払があるケース） ※建物の所有者は被相続人と生計を一にする親族	307
事例139	特定同族会社の事業の用に供されていた土地を生計を一にする親族以外の役員ではない親族が相続した場合（家賃の支払はあるが、事業継続要件、保有継続要件及び法人役員要件を満たさないケース） ※建物の所有者は被相続人と生計を一にする親族	309
事例140	特定同族会社の事業の用に供されていた土地（家賃及び地代の支払がないケース） ※建物の所有者は被相続人と生計を一にする親族	310
事例141	特定同族会社以外の法人の事業の用に供されていた土地を生計を一にする親族が相続した場合（家賃の支払があるケース） ※建物の所有者は被相続人と生計を一にする親族	311
事例142	特定同族会社以外の法人の事業の用に供されていた土地を生計を一にする親族以外の親族が相続した場合（家賃の支払があるケース） ※建物の所有者は被相続人と生計を一にする親族	313
事例143	特定同族会社以外の法人の事業の用に供されていた土地（家賃及び地代の支払がないケース） ※建物の所有者は被相続人と生計を一にする親族	314

CONTENTS		
事例144	生計を一にする親族から被相続人に対して地代の支払がある場合（土地の取得者は当該親族） ※建物の所有者は被相続人と生計を一にする親族	315
事例145	生計を一にする親族から被相続人に対して地代の支払がある場合（土地の取得者は当該親族以外の親族） ※建物の所有者は被相続人と生計を一にする親族	316
事例146	生計を別にする親族から被相続人に対して地代の支払がない場合 ※建物の所有者は生計を別にする親族	318
事例147	生計を別にする親族から被相続人に対して地代の支払がある場合（土地の取得者は当該親族） ※建物の所有者は生計を別にする親族	319
事例148	生計を別にする親族から被相続人に対して地代の支払がある場合（土地の取得者は当該親族以外の親族） ※建物の所有者は生計を別にする親族	320
事例149	特定同族会社から被相続人に対して地代の支払がない場合 ※建物の所有者は特定同族会社、土地の無償返還の届出あり	322
事例150	特定同族会社から被相続人に対して地代の支払がない場合 ※建物の所有者は特定同族会社、土地の無償返還の届出なし	323
事例151	特定同族会社の事業の用に供されていた土地を役員である親族が相続した場合（地代の支払があるケース） ※建物の所有者は特定同族会社、土地の無償返還の届出あり	324
事例152	特定同族会社の事業の用に供されていた土地を役員である親族が相続した場合（地代の支払があるケース） ※建物の所有者は特定同族会社、土地の無償返還の届出なし	326
事例153	特定同族会社以外の法人の事業の用に供されていた土地を親族が相続した場合（地代の支払があるケース） ※建物の所有者は特定同族会社、土地の無償返還の届出あり	328
事例154	特定同族会社以外の法人の事業の用に供されていた土地（地代の支払があるケース） ※建物の所有者は特定同族会社、土地の無償返還の届出なし	330
事例155	第三者から被相続人に対して地代の支払がない場合 ※建物の所有者は第三者	332
事例156	第三者から被相続人に対して地代の支払がある場合（土地の取得者は親族） ※建物の所有者は第三者	333

索　引 335

本 書 の 特 徴

● 巻頭、巻末に掲載した「小規模宅地等の適用分類」のフローチャートから、調べたい事例を探し、該当する事例について「事例編」の解説で詳しい内容について理解できるようにしました。

　また、小規模宅地等の特例が適用できる場合については、その事例に関連する問題となる事項や申告書の記載例、参考通達や質疑応答などを「参考図表等」に掲載しましたので、該当するケースについて「制度解説編」でさらに詳しく調べることができるようにしました。

● 「制度解説編」では、法令通達を整理し図表化することにより、小規模宅地等の特例について理解しやすいようにしました。

● 小規模宅地等の特例に関連して、土地評価についての誤りも多く見受けられることから、土地評価も掲載しました。

　本書に掲載したほうがいいと思われる事例等がありましたら、メール等でご意見をいただければ、改訂版の参考とさせていただきたいと考えております。

　申告書等の書式は、令和元年5月31日現在に公表されているもので解説しています。

　申告にあたっては、新書式等の公表・配布により本書の解説と異なる場合がありますのでご注意ください。

凡 例

相続税法………………………………相法	租税特別措置法関係通達……………措通
相続税法基本通達…………………相基通	相当の地代を支払っている場合等
租税特別措置法………………………措法	の借地権等についての相続税及
租税特別措置法施行令………………措令	び贈与税の取扱いについて
租税特別措置法施行規則……………措規	………………………………相当地代通達

第1部

制度解説編

Ⅰ　小規模宅地等の特例の概要

1．小規模宅地等の特例とは

> 　小規模宅地等の特例は、個人[(1)]が相続又は遺贈により取得した財産[(2)]のうちに、当該相続の開始の直前において、相続若しくは遺贈に係る被相続人又は被相続人と生計を一にしていた親族[(3)]（被相続人等）の事業の用[(4)]又は居住の用に供されていた[(5)]宅地等[(6)]で建物又は構築物[(7)]の敷地の用に供されているもののうち特例対象宅地等[(8)]がある場合には、当該相続又は遺贈により財産を取得した者に係るすべての特例対象宅地等のうち、当該個人が取得をした特例対象宅地等又はその一部でこの項の規定の適用を受けるものとして選択をしたもの（選択特例対象宅地等）については、限度面積要件を満たす場合の当該選択特例対象宅地等（小規模宅地等）に限り一定割合を減額できる制度です（措法69の4①）。

⑴　個　人

　小規模宅地等の特例の規定は、「個人が相続又は遺贈により取得した財産……」となっていますので、会社や社団、財団などの法人が取得した土地等については小規模宅地の特例の適用がありません。

　　☞93頁「Q&A1　人格のない社団が遺贈を受けた宅地等の小規模宅地等の特例の適用の可否」

⑵　相続又は遺贈により取得した財産

　小規模宅地等の特例対象宅地等は相続又は遺贈（「死因贈与」を含む）により取得した財産であり、被相続人から贈与（「死因贈与」を除きます）により取得したものは含まれません。そのため、相続開始前3年以内に贈与された宅地等（相法19）や相続時精算課税により取得した宅地等（相法21の9③の規定（措法70の2の6及び同法70の3①において準用する場合を含みます））については、この特例の適用ができません（措通69の4-1）。

　なお、死因贈与（贈与をした者の死亡により効力を生ずべき贈与）により取得した財産については、相続税法上、遺贈として扱われますので、この特例の適用を受けることができます（相法1の3）。

　　☞93頁「Q&A2　相続開始の年に被相続人から贈与を受けた宅地等に係る小規模宅地等の特例の適用の可否」

　　☞94頁「Q&A3　相続開始前3年以内の贈与加算の規定により相続税の課税価格に加算した土地等に係る小規模宅地等の特例の適用の可否」

　　☞94頁「Q&A4　被相続人から相続時精算課税により取得した宅地に係る小規模宅地等の特例の適用の可否」

(3) 生計を一にしていた親族

① 生計を一にする

「生計を一にする」についての定義規定は、特例条文上にも相続税法上にもありません。そこで、「生計を一にする」について規定している所得税基本通達2-47を基に整理すると次のようになります。

図表1-1 「生計を一にする」の判定

区　分	原　則	例　　外
被相続人と同居の場合	生計を一にすると扱う	仕事の都合上、妻子などの家族と別居し被相続人と同居していたり、特例を受けるためのみに不自然に同居しているときは、生計を別にするものと考えられます。
被相続人と別居の場合	生計を別にすると扱う	勤務、修学、療養等の都合上、被相続人と別居しているが、勤務、修学等の余暇には被相続人と起居を共にすることを常例としており、常に生活費、学資金、療養費等の送金が行われているときは、生計を一にするものと考えられます。

② 親　族

親族について、民法第725条では、①6親等内の血族、②配偶者、③3親等内の姻族と規定しています。

図表1-2 血族と姻族の親等表

親等数	血　族	姻　族
1親等	父母、子	配偶者の父母
2親等	祖父母、孫、兄弟姉妹	配偶者の祖父母、配偶者の兄弟姉妹
3親等	曾祖父母、曾孫、伯叔父母、甥姪	配偶者の曾祖父母、配偶者の曾孫、配偶者のおじおば、配偶者の甥姪
4親等	高祖父母、玄孫、兄弟姉妹の孫（姪孫、大甥・大姪）、従兄弟姉妹（いとこ）、祖父母の兄弟姉妹（大おじ・大おば）	
5親等	高祖父母の父母、来孫、兄弟姉妹の曽孫、従兄弟姉妹の子（父母の大甥・大姪）、父母の従兄弟姉妹（祖父母の甥姪）、曽祖父母の兄弟姉妹	
6親等	高祖父母の祖父母・昆孫（六世の孫）、兄弟姉妹の玄孫、再従兄弟姉妹（はとこ）、従兄弟姉妹の孫（伯叔父母の曾孫）、祖父母の従兄弟姉妹（曽祖父母の甥姪）、高祖父母の兄弟姉妹	

I 小規模宅地等の特例の概要

図表1-3 親族関係図

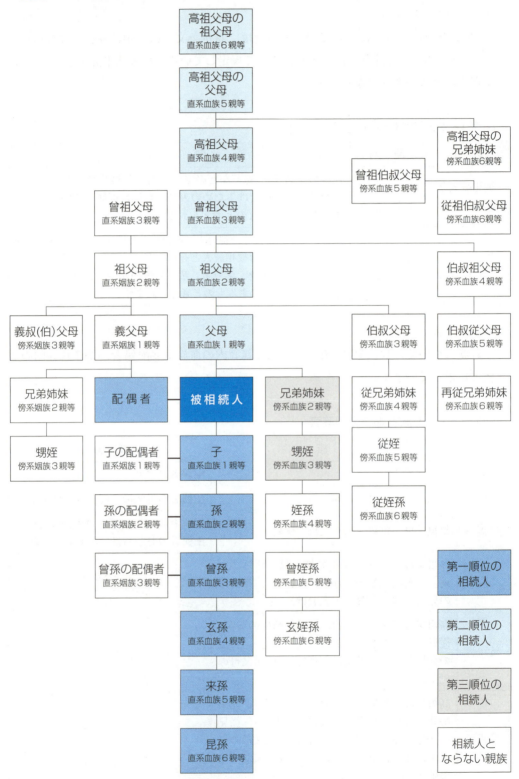

(4)　被相続人等の事業の用に供されていた宅地等

被相続人等の事業の用に供されていた宅地等とは、次に掲げる宅地等をいいます（措通69の4-4）。

① 　他に貸し付けられていた宅地等（当該貸付けが事業に該当する場合）

② 　①に掲げる宅地等を除き、被相続人等の事業の用に供されていた建物等で、被相続人等が所有していたもの又は被相続人の親族（被相続人と生計を一にしていた親族を除きます）が所有していたもの（被相続人等が当該建物等を当該親族から無償（相当の対価に至らない程度の対価の授受がある場合を含みます）で借り受けていた場合における当該建物等に限ります）の敷地の用に供されていたもの

(5)　事業の用、居住の用に供されていた宅地等

被相続人等の事業の用又は居住の用に供されていた宅地等とは、相続の開始の直前において、当該被相続人等の事業の用又は居住の用に供されていた宅地等のうち棚卸資産（これに準ずるものとして財務省令で定めるもの（所得税法第35条第1項に規定する雑所得の基因となる土地又は土地の上に存する権利（措規23の2③））を含みます）に該当しない宅地等であり、これらの宅地等のうちに当該被相続人等の措法第69条の4第1項に規定する事業の用及び居住の用以外の用に供されていた部分があるときは、当該被相続人等の同項に規定する事業の用又は居住の用に供されていた部分に限ります（措令40の2④）。

なお、1棟の建物を事業の用や居住の用などの複数用途に使用している場合の敷地の小規模宅地等の判定については、原則として、その建物の利用区分別の面積割合で計算します。また、建物の敷地に敷地権が設定（区分登記）されておらず、相続人等が共有持分で宅地を取得した場合、その小規模宅地等の判定については、取得した宅地の持分の割合に対応する部分に限ります。

☞96頁「Q&A7　共有家屋（貸家）の敷地の用に供されていた宅地等についての小規模宅地等の特例の選択」

☞101頁「Q&A14　被相続人の共有する土地が被相続人等の居住の用と貸家の敷地の用に供されていた場合の小規模宅地等の特例」

☞62頁「記載例1　複数の利用区分が存する場合」

☞66頁「記載例2　被相続人の共有する土地が被相続人等の居住の用と貸付事業の用に供されていた場合」

☞69頁「記載例3　特定同族会社事業用宅地等と貸付事業用宅地等が混在する場合」

☞75頁「記載例5　共有宅地についての小規模宅地等の特例の選択」

☞85頁「記載例8　被相続人等の居住用宅地等を共有で取得し、その1人に小規模宅地等の特例の適用がある場合」

図表1-4 被相続人等の事業の用又は居住の用に供されていた宅地等の判定

【ケース1】土地建物を相続人甲が単独で取得した場合（なお、甲は被相続人と同居の親族で、甲の事業を承継）

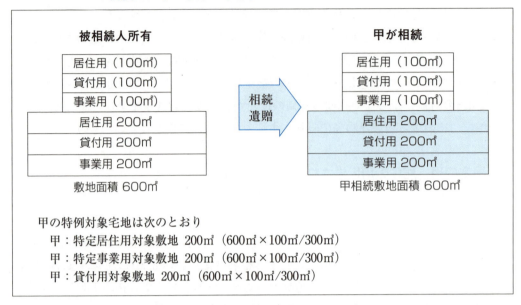

【ケース2】敷地権の設定がない土地建物を相続人甲、乙が共有で取得した場合（甲は被相続人と同居の親族、乙は別居の親族で事業と貸付を承継）

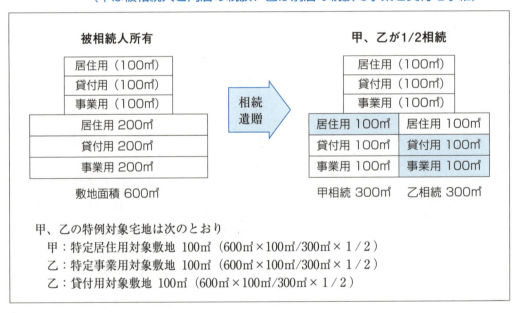

【ケース３】敷地権の設定がある土地建物を相続人甲、乙がそれぞれ取得した場合
（甲は被相続人と同居の親族、乙は別居の親族で事業と貸付を承継）

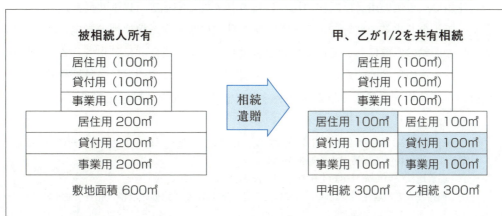

甲、乙の取得した土地建物は被相続人等の事業の用又は居住の用に供されていた宅地等
　甲：特定居住用対象敷地　200㎡（600㎡×100㎡/300㎡）
　乙：特定事業用対象敷地　200㎡（600㎡×100㎡/300㎡）
　乙：貸付用対象敷地　200㎡（600㎡×100㎡/300㎡）

【ケース４】敷地権の設定がある土地建物を相続人甲、乙が共有で取得した場合
（甲は被相続人と同居の親族、乙は別居の親族で事業と貸付を承継）

甲、乙の取得した土地建物は被相続人等の事業の用又は居住の用に供されていた宅地等
　甲：特定居住用対象敷地　100㎡（600㎡×100㎡/300㎡×1/2）
　乙：特定事業用対象敷地　100㎡（600㎡×100㎡/300㎡×1/2）
　乙：貸付用対象敷地　100㎡（600㎡×100㎡/300㎡×1/2）

Ⅰ　小規模宅地等の特例の概要

⑹　宅地等

「宅地等」とは、土地又は土地の上に存する権利（棚卸資産を除きます）をいい、下記の宅地等も含まれます。また、国内にある宅地等に限られていませんので、海外にある宅地等も含まれます。

①　信託の目的となっている信託財産に属する宅地等

特例対象宅地等には、個人が相続又は遺贈（死因贈与を含みます。以下同じ）により取得した信託に関する権利（相続税法第9条の2第6項ただし書に規定する信託に関する権利及び同法第9条の4第1項又は第2項の信託の受託者が、これらの規定により遺贈により取得したものとみなされる信託に関する権利を除きます）で、当該信託の目的となっている信託財産に属する宅地等（土地又は土地の上に存する権利で、租税特別措置法規則第23条の2第1項（下記⑺参照）に規定する建物又は構築物の敷地の用に供されているものに限ります）が、当該相続の開始の直前において当該相続又は遺贈に係る被相続人又は被相続人と生計を一にしていたその被相続人の親族の租税特別措置法第69条の4第1項に規定する事業の用又は居住の用に供されていた宅地等であるものが含まれます（措通69の4－2）。

②　公共事業の施行により使用収益が禁止されている宅地等

特例対象宅地等には、個人が被相続人から相続又は遺贈により取得した被相続人等の居住用等（事業の用又は居住の用）に供されていた宅地等（以下「従前地」といいます）で、公共事業の施行による土地区画整理法に規定する仮換地の指定に伴い、当該相続の開始の直前において従前地及び仮換地の使用収益が共に禁止されている場合で、当該相続の開始の時から相続税の申告書の提出期限までの間に当該被相続人等が仮換地を居住用等に供する予定がなかったと認めるに足りる特段の事情（注）がなかったものが含まれます（措通69の4－3）。

> （注）被相続人等が仮換地を居住用等に供する予定がなかったと認めるに足りる特段の事情とは、例えば、次に掲げる事情がある場合をいいます。
>
> イ　従前地について売買契約を締結していた場合
>
> ロ　被相続人等の居住用等に供されていた宅地等に代わる宅地等を取得（売買契約中のものを含みます）していた場合
>
> ハ　従前地又は仮換地について物納の申請をし又は物納の許可を受けていた場合

③　特例対象宅地等の私道に供されている土地等

私道については、特例対象宅地等の維持・効用を果たすために必要不可欠なものであれば、小規模宅地等の特例の対象となります。

☞95頁「Q&A6　私道部分に係る小規模宅地等の特例の適用の可否」

⑺　建物又は構築物

建物又は構築物は、①温室その他の建物で、その敷地が耕作の用に供されるもの、②暗渠その他の構築物で、その敷地が耕作の用又は耕作若しくは養畜のための採草若しく

I　小規模宅地等の特例の概要

は家畜の放牧の用に供されるもの以外のものです（措規23の２①）。

☞110頁「Q&A22　農機具置き場や農作業を行うための建物の敷地に係る小規模宅地等の特例」

⑧　特例対象宅地等

「特例対象宅地等」とは、特定事業用宅地等、特定居住用宅地等、特定同族会社事業用宅地等及び貸付事業用宅地等をいいます。

2．適用限度面積と減額割合

　相続の開始の直前において、被相続人又は被相続人と生計を一にしていた被相続人の親族（被相続人等）の事業の用又は居住の用に供されていた宅地等（特定事業用宅地等、特定居住用宅地等、特定同族会社事業用宅地等及び貸付事業用宅地等に限ります。以下「特例対象宅地等」といいます）のうち、当該個人が取得をした特例対象宅地等又はその一部でこの項の規定の適用を受けるものとして政令で定めるところにより選択をしたもの（以下「選択特例対象宅地等」といいます）については、一定の限度面積要件[1]を満たす場合の当該選択特例対象宅地等（以下「小規模宅地等」といいます）に限り、一定割合が減額[2]されます（措法69の４①②）。

⑴　小規模宅地等の適用限度面積

小規模宅地等の適用限度面積要件は、当該相続又は遺贈により特例対象宅地等を取得した者に係る次の①～③に掲げる選択特例対象宅地等の区分に応じる要件とされています（措法69の４②）。☞10頁図表1-5参照

① 特定事業用宅地等と特定同族会社事業用宅地等の選択特例対象宅地等……合計面積が400㎡以下

② 特定居住用宅地等の選択特例対象宅地等……330㎡以下

③ 貸付事業用宅地等の選択特例対象宅地等…次のイ、ロ及びハの面積の合計が200㎡以下

　イ　特定事業用等宅地等又は特定同族会社事業用宅地等の面積を合計した面積に400分の200を乗じて得た面積

　ロ　特定居住用宅地等の面積を合計した面積に330分の200を乗じて得た面積

　ハ　貸付事業用宅地等である選択特例対象宅地等の面積を合計した面積

Ⅰ　小規模宅地等の特例の概要

図表1-5　小規模宅地等の適用対象面積と減額割合

相続開始直前における宅地等の利用区分			小規模宅地等の名称	限度面積	減額割合
被相続人等の貸付事業※1以外の事業用			特定事業用宅地等	400㎡	80%
被相続人等の貸付事業※1用			貸付事業用宅地等	200㎡	50%
	特定の同族会社※2への貸付事業	貸付事業用※3			
		上記以外の事業用	特定同族会社事業用宅地等	400㎡	80%
	郵便局舎用		特定事業用宅地等	400㎡	80%
被相続人等の居住用			特定居住用宅地等	330㎡	80%

※1　「貸付事業」とは、「不動産貸貸業」、「駐車場業」及び事業と称するに至らない不動産の貸付けその他これに類する行為で相当の対価を得て継続的に行う「準事業」をいいます。

※2　「特定の同族会社」とは、相続開始直前において、被相続人及び被相続人の親族その他当該被相続人と特別の関係のある者の持株割合・出資割合が50%を超える法人（相続税の申告期限において清算中の法人を除きます）をいいます。

※3　特定の同族会社が営んでいる事業

(2)　小規模宅地等の減額割合

　選択特例対象宅地等（小規模宅地等）に限り、相続税の課税価格に算入すべき価額は、当該小規模宅地等の価額に次の①～④に掲げる区分に応じ一定の割合が減額されます。

　①　特定事業用宅地等……80%

　②　特定同族会社事業用宅地等……80%

　③　特定居住用宅地等……80%

　④　貸付事業用宅地等……50%

図表1-6　小規模宅地等のケース別特例選択限度面積

ケース	選択特例対象宅地等	特例選択限度面積※1
A	①特定事業用宅地等 ②特定同族会社事業用宅地等	①＋②の面積合計≦400㎡
B	③特定居住用宅地等	③の面積≦330㎡
C	④貸付事業用宅地等	④の面積≦200㎡
D	①特定事業用宅地等 ②特定同族会社事業用宅地等 ③特定居住用宅地等	①＋②＋③の面積合計≦730㎡※2 （①＋②の面積≦400㎡、③の面積≦330㎡）

I 小規模宅地等の特例の概要

E	①特定事業用宅地等 ②特定同族会社事業用宅地等 ③特定居住用宅地等 ④貸付事業用宅地等※3	$(①+②)\times\dfrac{200}{400}+③\times\dfrac{200}{330}+④$の面積合計$\leqq200㎡$
F	③特定居住用宅地等 ④貸付事業用宅地※3	$③\times\dfrac{200}{330}+④$の面積合計$\leqq200㎡$
G	①特定事業用宅地等 ②特定同族会社事業用宅地等 ④貸付事業用宅地※3	$(①+②)\times\dfrac{200}{400}+④$の面積合計$\leqq200㎡$

※1　限度面積要件を満たさない場合は、この特例が全て否認されます。なお、修正申告書等で限度面積要件を満たすこととなったときは、この特例が適用できます（措通69の4-11）。

※2　平成26年12月31日までは、Dのケースでは調整計算（E）が必要でしたが、平成27年1月1日以降は併用計算が可能になり、730㎡まで適用が可能になりました。

※3　貸付事業用宅地等がある場合の限度面積要件の算式（措通69の4-10）

☞　税理士のアドバイス①

小規模宅地等の対象となる宅地が複数ある場合の選択

　特定事業用宅地等、特定居住用宅地等、貸付事業用宅地等の対象となる宅地がある場合、どの宅地から選択したらよいか迷います。

　特定事業用宅地等と特定居住用宅地等を選択する場合（図表1-6のDのケース）には、両方の宅地について限度額まで選択できますので問題がないのですが、貸付事業用宅地等との選択（図表1-6のF、Gのケース）する場合に問題となります。

　下記の計算により、貸付事業用宅地等の評価額（C）が特定事業用宅地等の評価額（A）の3.2倍以上の価額であれば貸付事業用宅地等を選択するのが有利で貸付事業用宅地等の評価額（C）が特定居住用宅地等の評価額（B）の2.64倍以上の価額であれば貸付事業用宅地等を選択するのが有利です。

　400㎡×80%×A＝200㎡×50%×C　この算式をCについて解くと　C＝3.2A
　330㎡×80%×B＝200㎡×50%×C　この算式をCについて解くと　C＝2.64B

3.　特例適用対象宅地等

　特例適用対象宅地等とは、相続の開始の直前において被相続人等(1)の事業（事業に準ずるもの(2)を含みます）の用又は居住の用に供されていた宅地等で財務省令で定める建物又は構築物(3)の敷地の用に供されているもののうち政令で定めるもの(4)（特定事業用宅地等(5)、特定居住用宅地等(6)、特定同族会社事業用宅地等(7)及び貸付事業用宅地等(8)）に限られます。

Ⅰ　小規模宅地等の特例の概要

(1)　被相続人等

「被相続人等」とは、被相続人又は被相続人と生計を一にしていた被相続人の親族をいいます。

(2)　事業に準ずるもの

「事業に準ずるもの」とは、事業と称するに至らない不動産の貸付けその他これに類する行為で相当の対価を得て継続的に行うものをいいます（措令40の2①）。

(3)　財務省令で定める建物又は構築物

「財務省令で定める建物又は構築物」とは、次に掲げる建物又は構築物を除きます（措規23の2①）。

①　温室その他の建物で、その敷地が耕作の用に供されるもの

②　暗渠その他の構築物で、その敷地が耕作の用又は耕作若しくは養畜のための採草若しくは家畜の放牧の用に供されるもの

(4)　政令で定めるもの

「政令で定めるもの」とは、次に掲げるものをいいます（措令40の2④）。

①　棚卸資産等に該当しない宅地等

相続の開始の直前において、当該被相続人等の事業の用又は居住の用に供されていた宅地等のうち所得税法第2条第2項第16号に規定する棚卸資産（所得税法第35条第1項に規定する雑所得の基因となる土地又は土地の上に存する権利（措規23の2③））に該当しない宅地等。

②　事業の用及び居住の用に供されていた部分

当該被相続人等の事業の用及び居住の用以外の用に供されていた部分があるときは、当該被相続人等の租税特別措置法第69条の4第1項に規定する事業の用又は居住の用に供されていた部分（当該居住の用に供されていた部分が被相続人の居住の用に供されていた1棟の建物（建物の区分所有等に関する法律第1条の規定に該当する建物を除きます）に係るものである場合には、当該1棟の建物の敷地の用に供されていた宅地等のうち当該被相続人の親族の居住の用に供されていた部分を含みます）に限ります。

(5)　特定事業用宅地等

被相続人等の事業の用に供されていた宅地等で、次に掲げる要件のいずれかを満たす当該被相続人の親族が相続又は遺贈により取得したものをいいます（措法69の4③一）。

①　当該親族が、申告期限までの間に当該宅地等の上で営まれていた被相続人の事業を引き継ぎ、申告期限まで引き続き当該宅地等を有し、かつ、当該事業を営んで

ること。

② 当該被相続人の親族が当該被相続人と生計を一にしていた者であつて、相続開始時から申告期限まで引き続き当該宅地等を有し、かつ、相続開始前から申告期限まで引き続き当該宅地等を自己の事業の用に供していること。

なお、特定事業用宅地等の詳細については、「Ⅱ　特定事業用宅地等」を参照してください。

(6) 特定居住用宅地等

被相続人等の居住の用に供されていた宅地等で、当該被相続人の配偶者又は次に掲げる要件のいずれかを満たす当該被相続人の親族（被相続人の配偶者を除きます）が相続又は遺贈により取得したものをいいます（措法69の4③二）。

① 当該親族が相続開始の直前において当該宅地等の上に存する当該被相続人の居住の用に供されていた1棟の建物（被相続人、被相続人の配偶者又は親族の居住の用に供されていた部分として政令で定める部分に限ります）に居住していた者であって、相続開始時から申告期限まで引き続き当該宅地等を有し、かつ、当該建物に居住していること。

② 当該親族が次に掲げる要件のすべてを満たすこと（被相続人の配偶者又は相続開始の直前において被相続人の居住の用に供されていた家屋に居住していた親族で政令で定める者がいない場合に限ります）。

イ　相続開始前3年以内に相続税法の施行地内にある親族、親族の配偶者、親族の3親等内の親族又は親族と特別の関係がある法人として政令で定める法人が所有する家屋（相続開始の直前において当該被相続人の居住の用に供されていた家屋を除きます）に居住したことがないこと。

ロ　当該被相続人の相続開始時に当該親族が居住している家屋を相続開始前のいずれの時においても所有していたことがないこと。

ハ　相続開始時から申告期限まで引き続き当該宅地等を有していること。

③ 当該親族が被相続人と生計を一にしていた者であって、相続開始時から申告期限まで引き続き当該宅地等を有し、かつ、相続開始前から申告期限まで引き続き当該宅地等を自己の居住の用に供していること。

なお、特定居住用宅地等の詳細については、「Ⅲ　特定居住用宅地等」を参照してください。

(7) 特定同族会社事業用宅地等

相続開始の直前に被相続人及び被相続人の親族その他被相続人と政令で定める特別の関係がある者が有する株式の総数又は出資の総額が当該株式又は出資に係る法人の発行

Ⅰ　小規模宅地等の特例の概要

済株式の総数又は出資の総額の10分の5を超える法人の事業の用に供されていた宅地等で、当該宅地等を相続又は遺贈により取得した被相続人の親族が相続開始時から申告期限まで引き続き有し、かつ、申告期限まで引き続き当該法人の事業の用に供されているものをいいます（措法69の4③三）。

　なお、特定同族会社事業用宅地等の詳細については、「Ⅳ　特定同族会社事業用宅地等」を参照してください。

(8)　貸付事業用宅地等

　被相続人等の不動産貸付業、駐車場業、自転車駐車場業及び事業と称するに至らない不動産の貸付けその他これに類する行為で相当の対価を得て継続的に行うもの（貸付事業）の用に供されていた宅地等で、次に掲げる要件のいずれかを満たす当該被相続人の親族が相続又は遺贈により取得したものをいいます（措法69の4③四）。

　①　当該親族が、相続開始時から申告期限までの間に当該宅地等に係る被相続人の貸付事業を引き継ぎ、申告期限まで引き続き当該宅地等を有し、かつ、当該貸付事業の用に供していること。

　②　当該被相続人の親族が当該被相続人と生計を一にしていた者であって、相続開始時から申告期限まで引き続き当該宅地等を有し、かつ、相続開始前から申告期限まで引き続き当該宅地等を自己の貸付事業の用に供していること。

　なお、貸付事業用宅地等の詳細については、「Ⅴ　貸付事業用宅地等」を参照してください。

4.　申告手続き及び添付書類

(1)　相続税の申告期限までに遺産分割が成立している場合

　この特例は、原則として相続税の申告書の提出期限までに遺産分割されている宅地等でなければ適用を受けることはできません。また、この特例の対象となる宅地等を取得した相続人等が2人以上いる場合には、この特例の適用を受けようとする宅地等の選択についてその全員の同意が必要です。

　したがって、この特例の適用を受ける場合には、相続税の申告書に、この適用を受けようとする旨の記載及び計算に関する明細書等所定の書類を添付しなければなりません（措法69の4⑥、措規23の2⑧）。

Ⅰ　小規模宅地等の特例の概要

図表1-7　小規模宅地の適用を受けるために添付する書類

特例区分		添 付 書 類
共　　通		・申告書第11・11の2表の付表1 ・申告書第11・11の2表の付表1（別表） ・遺産分割協議書※1の写し及び印鑑証明書又は遺言書の写し
特定居住用宅地等	配偶者	特になし
	同居親族	・当該親族の住民票、戸籍の附票の写しなど、特例の適用を受ける宅地等を自己の居住の用に供していることを明らかにする書類※2
	同居親族以外の一定の親族	・当該親族の住民票、戸籍の附票の写し（コピーでも可）など、相続開始前3年以内における住所又は居所を明らかにする書類※2 ・相続開始前3年以内に居住していた家屋の登記簿謄本、賃貸借契約書など、相続開始前3年以内に居住していた家屋が、自己、自己の配偶者、3親等内の親族又は特別の関係がある一定の法人の所有する家屋以外の家屋である旨を証する書類 ・相続開始の時において自己の居住している家屋の登記簿謄本など、相続開始の時において自己の居住している家屋を相続開始前のいずれの時においても所有していたことがないことを証する書類
	生計を一にする親族	・当該親族の住民票、戸籍の附票の写し（コピーでも可）など、特例の適用を受ける宅地等を自己の居住の用に供していることを明らかにする書類※2
	被相続人が老人ホーム等に入居していた場合	・被相続人の戸籍の附票の写し（相続開始の日以後に作成されたもの） ・介護保険の被保険者証の写しや障害福祉サービス受給者証の写しなど、被相続人が要介護認定、要支援認定、障害支援区分の認定を受けていたことを明らかにする書類 ・施設への入所時における契約書の写しなど、被相続人が相続開始の直前において入居又は入所していた住居又は施設の名称及び所在地並びにその住居又は施設を明らかにする書類※3
特定事業用宅地等		特になし
郵便局舎用宅地等		・総務大臣が交付した証明書
貸付事業用宅地等※3		・当該貸付事業用宅地等である小規模宅地等が相続開始前3年以内に新たに被相続人等の貸付事業の用に供されたものである場合には、当該被相続人等が当該相続開始の日まで3年を超えて特定貸付事業を行っていたことを明らかにする書類
特定同族会社事業用宅地等		・法人の定款（相続の開始の時に効力を有するもの）の写し ・相続の開始の直前において、特定同族会社の発行済株式の総数又は出資の総額並びに措法69の4③三の被相続人及び当該被相続人の親族その他当該被相続人と政令で定める特別の関係がある者が有する当該法人の株式の総数又は出資の総額を記した書類（当該法人が証明したもの）

※1　当該書類に当該相続に係るすべての共同相続人及び包括受遺者が自署し、自己の印を押しているもの
※2　個人番号（マイナンバー）を提出する場合は、提出不要。
※3　法律上、申告書添付義務はありませんが、貸付事業用宅地等については賃貸借契約書や不動産収支内訳書などの賃貸状況の事実がわかるものを添付します。

Ⅰ　小規模宅地等の特例の概要

図表1-8　未分割の場合に適用できない特例

区　　分	主な相続税の特例
申告期限までに分割が成立していないと適用できない特例	・非上場株式等についての相続税の納税猶予（措法70の7の2） ・農地等についての相続税の納税猶予（措法70の6） ・相続税の物納（相法41）
一定の手続き※をしておけば、申告期限後に分割が成立した後に適用できる特例	・配偶者に対する相続税額の軽減（相法19条の2） ・小規模宅地等についての課税価格の計算の特例（措法69の4） ・特定計画山林についての課税価格の計算の特例（措法69の5）

※　申告書と一緒に「申告期限後3年以内の分割見込書」を提出する必要があります。また、提出期限後3年を経過する日までに、相続又は遺贈に関する訴えの提起などのやむを得ない事由により分割されていない場合には、「遺産が未分割であることについてやむを得ない事由がある旨の承認申請書」をその提出期限後3年を経過する日の翌日から2か月以内に税務署に提出する必要があります。

☞91頁「記載例10　申告期限後3年以内の分割見込書」

☞92頁「記載例11　遺産が未分割であることについてやむを得ない事由がある旨の承認申請書」

(2) 相続税の申告期限までに遺産分割が成立していない場合

　相続税の申告書の提出期限までに相続又は遺贈により取得した財産の全部又は一部が分割されていない場合において、その分割されていない財産を申告書の提出期限から3年以内に分割し、この特例の適用を受けようとする場合には「申告期限後3年以内の分割見込書」を相続税の申告書と一緒に提出します。

図表1-9　提出期限から3年以内に行うべき処理

区　　分	処　理　の　概　要
提出期限から3年以内に分割された場合	遺産が分割された後にこの特例を適用した結果、納め過ぎの税金が生じた場合には、分割の日の翌日から4か月以内に更正の請求※1をして、納め過ぎの税金の還付を受け、納付した税金に不足が生じた場合には、修正申告書を提出します（措法69の4④）。
提出期限から3年以内に分割されなかった場合	提出期限後3年を経過する日までに、相続又は遺贈により取得した財産の全部又は一部が相続又は遺贈に関する訴えの提起がされたことその他の政令で定めるやむを得ない事情※2により分割されていない場合には、「遺産が未分割であることについてやむを得ない事由がある旨の承認申請書」をその提出期限後3年を経過する日の翌日から2か月以内に相続税の申告書を提出した税務署長に提出して承認を受ける必要があります（この承認申請書の提出が期間内になかった場合には、小規模宅地等の特例の適用を受けることはできません）。 この申請書を提出し、遺産が分割された後にこの特例を適用した結果、納め過ぎの税金が生じるときは、当該特例対象宅地等の分割ができることとなった日として政令で定める日※2の翌日から4か月以内に更正の請求をして、納め過ぎの税金の還付を受け、納付した税金に不足が生じる場合には、修正申告を提出します（措法69の4④）。

※1　相続税法第27条の規定による申告書の提出期限後に特例対象宅地等の全部又は一部が分割された場合には、当該分割された日において他に分割されていない特例対象宅地等又は租税特別措置法施行令第40条の2第3項に規定する特例対象株式等若しくは特例対象山林があるときであっても、当該分割された特例対象宅地等の全部又は一部について、租税特別措置法第69条の4第1項の規定の適用を受けるために同条第5項において準用する相続税法第32条の規定による更正の請求を行うことができるのは、当該分割された日の翌日から4か月以内に限られており、当該期間経過後において当該分割された特例対象宅地等について同条の規定による更正の請求をすることはできません（措通69の4-26）。

※2　政令で定めるやむを得ない事情がある場合及び当該特例対象宅地等の分割ができることとなった日として政令で定める日は、次表に掲げるとおり（相令4の2①）。

Ⅰ　小規模宅地等の特例の概要

図表1-10　政令で定めるやむを得ない事情及び政令で定める日

政令で定めるやむを得ない事情	政令で定める日
①　申告期限の翌日から３年を経過する日において、当該相続又は遺贈に関する訴えの提起がされている場合（当該相続又は遺贈に関する和解又は調停の申立てがされている場合において、これらの申立ての時に訴えの提起がされたものとみなされるときを含みます）	判決の確定又は訴えの取下げの日その他当該訴訟の完結の日
②　申告期限の翌日から３年を経過する日において、当該相続又は遺贈に関する和解、調停又は審判の申立てがされている場合（①又は④に掲げる場合に該当することとなった場合を除きます）	和解若しくは調停の成立、審判の確定又はこれらの申立ての取下げの日その他これらの申立てに係る事件の終了の日
③　当該相続又は遺贈に係る申告期限の翌日から３年を経過する日において、当該相続又は遺贈に関し、民法第907条第３項（遺産の分割の協議又は審判等）若しくは第908条（遺産の分割の方法の指定及び遺産の分割の禁止）の規定により遺産の分割が禁止され、又は同法第915条第１項ただし書（相続の承認又は放棄をすべき期間）の規定により相続の承認若しくは放棄の期間が伸長されている場合（当該相続又は遺贈に関する調停又は審判の申立てがされている場合において、当該分割の禁止をする旨の調停が成立し、又は当該分割の禁止若しくは当該期間の伸長をする旨の審判若しくはこれに代わる裁判が確定したときを含みます）	当該分割の禁止がされている期間又は当該伸長がされている期間が経過した日
④　①から③に掲げる場合のほか、相続又は遺贈に係る財産が当該相続又は遺贈に係る申告期限の翌日から３年を経過する日までに分割されなかったこと及び当該財産の分割が遅延したことにつき税務署長においてやむを得ない事情があると認める場合	その事情の消滅の日

I 小規模宅地等の特例の概要

(3) 共同相続人等が特例対象宅地等の分割前に死亡している場合

相続又は遺贈により取得した特例対象宅地等の全部又は一部が共同相続人又は包括受遺者（以下「共同相続人等」といいます）によって分割される前に、当該相続（以下「第一次相続」といいます）に係る共同相続人等のうちいずれかが死亡した場合において、第一次相続により取得した特例対象宅地等の全部又は一部が、当該死亡した者の共同相続人等及び第一次相続に係る当該死亡した者以外の共同相続人等によって分割され、その分割により当該死亡した者の取得した特例対象宅地等として確定させたものがあるときは、租税特別措置法第69条の4第1項の規定の適用に当たっては、その特例対象宅地等は分割により当該死亡した者が取得したものとして取り扱うことができます（措通69の4-25）。

> (注) 第一次相続に係る共同相続人等のうちいずれかが死亡した後、第一次相続により取得した財産の全部又は一部が家庭裁判所における調停又は審判（以下「審判等」といいます）に基づいて分割されている場合において、当該審判等の中で、死亡した者の具体的相続分のみが金額又は割合によって示されているにすぎないときであっても、死亡した者の共同相続人等の全員の合意により、死亡した者の具体的相続分に対応する財産として特定させたもののうちに特例対象宅地等があるときは上記の取扱いができます。

(4) 申告期限後の特例選択宅地の選択替え

小規模宅地等の特例を選択して申告した場合、申告期限後の特例選択宅地の選択替えをすることはできません。

ただし、選択特例対象宅地等が租税特別措置法第69条の4第2項に規定する限度面積要件やその他の要件を満たさない場合には、その選択特例対象宅地等のすべてについて適用がないことになりますので、その後の期限後申告書及び修正申告書において、その選択特例対象宅地等が限度面積要件を満たす場合は、その選択特例対象宅地等について小規模宅地等の特例の適用があります（措通69の4-11）。

☞96頁「Q&A8　遺留分減殺に伴う修正申告及び更正の請求における小規模宅地等の選択替えの可否」

Ⅰ　小規模宅地等の特例の概要

5．小規模宅地等の特例の改正経緯

適用開始日	改　正　内　容
平成22年4月1日以降 （平成22年度改正）	①　宅地等を取得した相続人等が相続税の申告期限まで事業、貸付事業、居住を継続しない場合には、原則としてこの特例の適用を受けることはできなくなりました。ただし、被相続人の居住用宅地等を、配偶者が取得した場合や配偶者や同居親族がいないケースで一定の相続人が取得した場合は、居住を継続しなくても適用を受けることができます。 　　※　改正前は、事業、貸付事業、居住を継続していないでも、200㎡（減額割合50%）までこの特例の適用を受けることができました。 ②　1つの宅地等を2人以上の者が共有で相続等した場合でも、適用要件を満たしていない取得者はこの特例の適用を受けることができなくなりました。 　　※　改正前は、1つの宅地等を2人以上の者が共有で相続等したときは、共有者のうち1人が適用要件を満たしていれば、その他の共有者（適用要件を満たしていない者）もこの特例の適用を受けることができました。 ③　一棟の建物の敷地である宅地等のうち特定居住用宅地等に該当する部分があっても、その宅地等全体を特定居住用宅地等とすることができなくなり、それぞれの要件に該当する部分ごとに按分して軽減割合を適用することになりました。 　　※　改正前は、一棟の建物の敷地である宅地等のうち特定居住用宅地等に該当する部分がある場合には、その敷地全体が特定居住用宅地等に該当するものとしてこの特例の適用を受けることができました。
平成26年1月1日以降 （平成25年度改正）	①　区分所有登記建物でない二世帯住宅について、構造上区分のあるものについても、被相続人及びその親族が各独立部分に居住していた場合には、被相続人及びその親族が居住していた部分に対応する部分を特例の対象とすることとされました。 　　※　改正前は、構造上区分のある二世帯住宅については、特定居住用宅地等の適用対象となりませんでした。 ②　特定の要件を満たす場合、老人ホームの終身利用権を取得した場合であっても、被相続人の居住の用に供されなくなった宅地等は、相続の開始の直前において被相続人の居住の用に供されていたものとして特例を適用することができるようになりました。 　　※　改正前は、老人ホームの終身利用権を取得した場合、入所前の被相続人の居住用宅地等については、居住の用に供されていたものとして扱われませんでした。

平成27年1月1日以降 （平成25年度改正）	① 特定居住用宅地等に係る特例の適用対象面積が330㎡までの部分に拡充されました。 　　※ 改正前は、特定居住用宅地等に係る特例の適用対象面積は240㎡ ② 特例の対象として選択する宅地等の全てが特定事業用等宅地等及び特定居住用宅地等である場合には、それぞれの適用対象面積まで適用可能とされました（最大730㎡）。 　　※ 改正前は、特定事業用等宅地等及び特定居住用宅地等に係る特例の適用対象面積は調整計算が必要でした（最大330㎡）。⇒図表1-6参照
平成30年4月1日以降 （平成30年度改正）	① 貸付事業用宅地等について、相続開始前3年以内に貸し付けを開始した不動産については、対象から除外されることとなりました。ただし、事業的規模で貸付けを行っている場合は除かれます。 　　※ 改正前は、貸付事業用宅地等について、貸付開始期間の要件はありませんでした。 ② 特定居住用宅地等の特例のうち、「3年内家なき子」の要件について、「相続開始前3年以内に、その者の3親等内の親族又はその者と特別な関係のある法人が有する国内にある家屋に居住したことがないこと及び相続開始時において居住の用に供していた家屋を過去に所有していたことがないこと」とされました。 　　※ 改正前は、「相続開始前3年以内に日本国内にあるその人又はその人の配偶者の所有する家屋に居住したことがない者」でした。

Ⅱ　特定事業用宅地等

1．特定事業用宅地等の概要

特定事業用宅地等とは、被相続人等の事業の用[(1)]に供されていた宅地等[(2)]で、次の①又は②に掲げる要件のいずれかを満たすものをいいます。

① 被相続人の事業の用に供されていた宅地等

　被相続人の親族[(3)]が相続又は遺贈により取得し[(4)]、被相続人の事業を相続税の申告期限までに引き継ぎ[(5)]、その宅地等を相続税の申告期限まで保有し[(6)]当該事業を営んでいる[(7)]こと

② 被相続人と生計を一にする親族の事業の用に供されていた宅地等

　その事業を行っていた生計を一にする親族[(3)]が相続又は遺贈により取得し[(4)]、相続開始前から行っていた自己の事業を相続税の申告期限まで継続し[(8)]その宅地等を相続税の申告期限まで保有すること[(9)]また、その生計を一にする親族が、生前、被相続人に対して当該宅地等に係る地代又は当該宅地等の上に建築されている建物に係る家賃の支払がないこと

図表2-1　特定事業用宅地等の要件

区　　分	特例の適用要件	
被相続人の事業の用に供されていた宅地等	事業期間要件	相続開始前3年以内に新たに事業の用に供された宅地等※1でないこと
	取得者要件	被相続人の親族であること
	事業承継要件	被相続人の事業を相続税の申告期限までに承継し※2※3、かつ、申告期限まで当該事業を営んでいること
	保有継続要件	その宅地等を相続税の申告期限まで保有していること
被相続人と生計を一にする親族の事業の用に供されていた宅地等	事業期間要件	相続開始前3年以内に新たに事業の用に供された宅地等※1でないこと
	取得者要件	その事業を行っていた生計を一にする親族であること
	事業継続要件	相続開始前から行っていた自己の事業を相続税の申告期限まで継続※2※3すること
	保有継続要件	その宅地等を相続税の申告期限まで保有していること
	無償使用要件	被相続人に対して当該宅地等に係る地代又は当該宅地等の上に建築されている建物に係る家賃の支払がないこと

※1　当該宅地等の上で事業の用に供されている減価償却資産の価値が、当該宅地等の相続時の価額の15%以上である場合を除きます。なお、この要件は平成31年4月1日以降の相続から追加

されました。

※2　転業した場合の事業承継（継続）要件⇒図表2-2（25頁）

※3　被相続人の事業を承継した取得者が申告期限までに死亡した場合は、取得者の相続人が申告期限まで事業を承継する必要がありますが、被相続人と生計を一にする親族が事業を行っていた場合は、その者が死亡した日まで事業を継続していれば、事業継続要件を満たします。

(1)　事業の用

①　不動産貸付業、駐車場業、自転車駐車場業及び準事業（事業と称するに至らない不動産の貸付けその他これに類する行為で相当の対価を得て継続的に行うもの（措令40の2①））を除きます（措令40の2⑥）。

②　被相続人等の営む事業に従事する使用人の寄宿舎等（被相続人等の親族のみが使用していたものを除きます）の敷地の用に供されていた宅地等は、被相続人等の当該事業に係る事業用宅地等に当たります（措通69の4-6）。

③　郵政民営化法に規定する郵便局舎に貸し付けている宅地（特定宅地等）は、特定事業用宅地等に該当するとみなされます（郵政民営化法180）。

☞24頁 税理士のアドバイス② 参照

(2)　事業の用に供されていた宅地等

「事業の用に供されていた宅地等」には、事業用建物等の建築中等に相続が開始した場合を含みます（措通69の4-5）。☞図表2-4（27頁）参照

また、平成31年4月1日以降の相続から、「相続開始前3年以内に新たに事業の用に供された宅地等（当該宅地等の上で事業の用に供されている減価償却資産の価額が、当該宅地等の相続時の価額の15％以上である場合を除く）を除く。」との要件が追加されました。ただし、同日前から事業の用に供されている宅地等については、従前どおりとなります（措法69の4③一、措令40の2、改正法附則79①②）。

☞95頁「Q&A5　財産管理人が被相続人の宅地を事業の用に供していた場合の小規模宅地等の特例の適用の可否」

☞95頁「Q&A6　私道部分に係る小規模宅地等の特例の適用の可否」

110頁「Q&A22　農機具置き場や農作業を行うための建物の敷地に係る小規模宅地等の特例」

(3)　親　族

「親族」には、当該親族から相続又は遺贈により当該宅地等を取得した当該親族の相続人を含みます（措法69の4③一）。

なお、親族の範囲については図表1-2（3頁）、図表1-3（4頁）参照

(4)　相続又は遺贈により取得

被相続人等の事業の用に供されていた宅地等のうち要件に該当する部分（被相続人の親族が取得した持分の割合に応ずる部分に限ります）をいいます（措令40の2⑦）。

Ⅱ　特定事業用宅地等

(5)　申告期限までに引き継ぎ

　被相続人の事業用宅地等を相続等により取得した親族が申告期限までに死亡した場合は、その相続人が事業を承継することが必要です（措通69の4-15）。

(6)　申告期限まで保有

　申告期限までに宅地の一部を譲渡又は貸付けをした場合⇒図表2-2（25頁）参照

　☞82頁「記載例7　申告期限までに宅地等の一部の譲渡があった場合」

(7)　当該事業を営んでいる

　「当該事業を営んでいる」とは、申告期限まで被相続人の事業を営んでいることですが、次のような場合にも一定の要件を満たせば適用があります。

　①　被相続人の事業の一部を転業又は廃業した場合⇒図表2-2参照
　②　災害のため申告期限において事業が休止している場合⇒図表2-3参照
　③　申告期限までに建替え工事に着手した場合⇒図表2-4参照
　④　宅地等を取得した親族が就学等により事業主となっていない場合（措通69の4-20）

(8)　自己の事業を相続税の申告期限まで継続

　①　申告期限までに宅地等を取得した生計を一にする親族が死亡した場合は、死亡の日まで事業継続すること（措法69の4③一ロ）
　②　自己の事業の一部を廃業した場合⇒図表2-2参照
　③　災害のため申告期限において事業が休止している場合⇒図表2-3参照
　④　申告期限までに建替え工事に着手された場合⇒図表2-4参照

(9)　申告期限まで保有

　申告期限までに宅地の一部を譲渡又は貸付けをした場合⇒図表2-2参照

☞　**税理士のアドバイス②**

一定の郵便局舎の敷地の用に供されている宅地等とは

　平成19年9月30日以前に被相続人又は被相続人の相続人と旧日本郵政公社との間の賃貸借契約に基づき郵便局の用に供するため貸し付けられていた一定の建物の敷地の用に供されていた宅地等のうち、平成19年10月1日から相続の開始の直前までの間において、一定の賃貸借契約に基づき引き続き郵便局の用に供するため郵便局株式会社に対して貸し付けられていた一定の建物（以下「郵便局舎」といいます。）の敷地の用に供されていた宅地等で、その宅地等を取得した相続人から相続の開始の日以後5年以上その郵便局舎を郵便局株式会社が引き続き

借り受けることにより、その宅地等を同日以後5年以上郵便局舎の敷地の用に供する見込みであることについて総務大臣の証明がなされた宅地等については、特定事業用宅地等に該当するものとして、この特例の適用を受けることができます。

2．申告期限までに転業又は廃業があった場合

　申告期限までに、事業の用に供されていた宅地等を取得した親族が当該宅地等の上で営まれていた被相続人の事業の一部を他の事業に転業しているときであっても、当該親族は当該被相続人の事業を営んでいるものとして扱われます。

　なお、当該宅地等が被相続人の営む2以上の事業の用に供されていた場合において、当該宅地等を取得した親族が申告期限までにそれらの事業の一部を廃止したときにおけるその廃止に係る事業以外の事業の用に供されていた当該宅地等の部分については、当該宅地等の部分を取得した当該親族について要件を満たす限り、特定事業用宅地等に該当します（措通69の4−16）。⇒図表2−2参照

3．申告期限までに宅地等の一部の譲渡又は貸付けがあった場合

　被相続人等の事業用宅地等の一部が申告期限までに譲渡され、又は他に貸し付けられ、事業の用に供されていた宅地等を取得した親族（被相続人の事業を引き継いだ親族の場合には、その親族の相続人を含みます）の事業の用に供されなくなったときであっても、当該譲渡され、又は貸し付けられた宅地等の部分以外の宅地等の部分については、当該親族について要件を満たす限り、特定事業用宅地等に該当します（措通69の4−18）。

図表2−2　事業を転業又は廃業等した場合の事業承継（継続）要件の判定

相続開始前の事業者	転廃業区分		事業承継（継続）要件の判定
被相続人	全部転業※2、廃業		転業又は廃業した全部が×
	一部転業※1	貸付事業	転業部分は×、それ以外の部分は○
		貸付事業以外	転業部分を含め全部が○
	一部廃業、譲渡		廃業、譲渡部分は×、それ以外の部分は○
生計一親族	全部転業※2、廃業		貸付事業への転業は×、それ以外の転業は○、廃業は×
	一部転業※1	貸付事業	転業部分は×、それ以外の部分は○
		貸付事業以外	転業部分を含め全部が○
	一部廃業、譲渡		廃業、譲渡部分は×、それ以外の部分は○

Ⅱ　特定事業用宅地等

※1　被相続人の事業の一部を他の特定事業用に転業しても、事業承継要件を満たしますが（措通69の4-16）、貸付事業へ一部転業した場合は、特定事業用への転業とはならないので、転業した部分は事業継続要件を満たさないことになります（措通69の4-18）。

※2　被相続人の事業を転業した場合は、被相続人の事業承継要件を満たしませんが、事業を行っていた生計を一にする親族が転業した場合には、事業を継続してさえいれば（事業継続要件）、同一の事業を継続する必要がありません。

4．災害のため事業が休止された場合

被相続人等の事業の用に供されていた施設が災害により損害を受けたため、申告期限において当該事業が休業中である場合には、事業の用に供されていた宅地等を取得した親族（被相続人の事業を引き継いだ親族の場合には、その親族の相続人を含みます）により当該事業の再開のための準備が進められていると認められるときに限り、当該施設の敷地は、当該申告期限においても当該親族の当該事業の用に供されているものとして扱われます（措通69の4-17）。

図表2-3　災害のために申告期限において事業を休止している場合

区　　分	事業承継（継続）要件の判定
被相続人の事業の用に供されていた施設が災害により申告期限において事業が休業中である場合	事業を承継した親族（その親族の相続人を含みます）により当該事業の再開のための準備が進められていると認められるときは、事業承継要件を満たしていると取り扱われます。
被相続人と生計を一にする親族の事業の用に供されていた施設が災害により申告期限※において事業が休業中である場合	生計を一にする親族により当該事業の再開のための準備が進められていると認められるときは、事業承継要件を満たしていると取り扱われます。

※　その者が申告期限までに死亡している場合は、死亡の日（措法69の4③-ロ）。

5．事業用建物等の建築中等に相続が開始した場合

被相続人等の事業の用に供されている建物等の移転又は建替えのため当該建物等を取り壊し、又は譲渡し、これらの建物等に代わるべき建物等（被相続人又は被相続人の親族の所有に係るものに限ります）の建築中に、又は当該建物等の取得後被相続人等が事業の用に供する前に被相続人について相続が開始した場合で、相続開始直前において被相続人等の当該建物等に係る事業の準備行為の状況からみて当該建物等を速やかにその事業の用に供することが確実であったと認められるときは、当該建物等の敷地の用に供されていた宅地等は、事業用宅地等に該当するものとして扱われます。

なお、当該被相続人と生計を一にしていた親族又は当該建物等若しくは当該建物等の敷地の用に供されていた宅地等を相続若しくは遺贈により取得した親族が、当該建物等を相続税の申告期限までに事業の用に供しているとき（申告期限において当該建物等を

事業の用に供していない場合であっても、それが当該建物等の規模等からみて建築に相当の期間を要するものであるときは、当該建物等の完成後速やかに事業の用に供することが確実であると認められるときを含みます）は、当該相続開始直前において当該被相続人等が当該建物等を速やかにその事業の用に供することが確実であったものとして扱われます（措通69の4-5）。⇒図表2-4参照

> （注）建築中又は取得に係る建物等のうちに被相続人等の事業の用に供されると認められる部分以外の部分があるときは、事業用宅地等の部分は、当該建物等の敷地のうち被相続人等の事業の用に供されると認められる当該建物等の部分に対応する部分に限られます。

6. 申告期限までに事業用建物等を建て替えた場合

事業の用に供されていた宅地等を取得した親族（被相続人の事業を引き継いだ親族の場合には、その親族の相続人を含みます）の事業の用に供されている建物等が申告期限までに建替え工事に着手した場合に、当該宅地等のうち当該親族により当該事業の用に供されると認められる部分については、当該申告期限においても当該親族の事業の用に供されているものとして取り扱われます（措通69の4-19）。

図表2-4　建物等の建替え等の場合の取扱い

区　　分	事業継続要件の取扱い
被相続人等の事業の用に供されている建物等の移転又は建替えのため当該建物等を取り壊し、又は譲渡し、これらの建物等に代わるべき建物等※1の建築中※2に、又は当該建物等の取得後被相続人等が事業の用に供する前に被相続人について相続が開始した場合（措通69の4-5）	相続開始直前において被相続人等の当該建物等に係る事業の準備行為の状況からみて建物等を速やかにその事業の用に供することが確実であったと認められるとき※3は、当該建物等の敷地の用に供されていた宅地等※4は、事業用宅地等に該当します。
被相続人等の事業の用に供されていた建物等が申告期限までに建替え工事に着手した場合（措通69の4-19）	当該宅地等のうち当該親族により事業の用に供されると認められる部分については、申告期限においても親族の事業の用に供されているものとして取り扱われます。

※1　被相続人又は被相続人の親族の所有に係るものに限ります。

※2　この取扱いは事業用建物が建築中の場合の取扱いであり、相続開始時に建物の建築請負契約を締結していたとしても、建築工事着工前の場合にはこの取扱いを適用することはできません。

※3　生計を一にしていたその被相続人の親族又は当該建物等若しくは当該建物等の敷地の用に供されていた宅地等を相続若しくは遺贈により取得した被相続人の親族が、当該建物等を相続税の申告期限までに事業の用に供しているとき（申告期限において当該建物等を事業の用に供していない場合でも、建物等の規模等からみて建築に相当の期間を要することによるものであり、建物等の完成後速やかに事業の用に供することが確実であると認められるときを含みます）をいいます。

Ⅱ　特定事業用宅地等

※4　建築中又は取得に係る建物等のうちに被相続人等の事業の用に供されると認められる部分以外の部分があるときは、当該建物等の敷地のうち被相続人等の事業の用に供されると認められる当該建物等の部分に対応する部分に限られます。

7．宅地等を取得した親族が申告期限までに死亡した場合

　事業用宅地等を相続又は遺贈により取得した親族が相続税の申告期限までに死亡した場合には、当該親族から相続又は遺贈により当該宅地等を取得した当該親族の相続人が、租税特別措置法第69条の4第3項の要件を満たせば、当該宅地等は同項第1号に規定する特定事業用宅地等又は同項第4号に規定する貸付事業用宅地等に当たります（措通69の4-15）。

　　(注)　相続人について租税特別措置法第69条の4第3項の要件に該当するかどうかを判定する場合において、同項第1号又は第4号の申告期限は、相続税法第27条第2項（相続税の申告書）の規定による申告期限をいい、また、被相続人の事業（措令第40条の2第1項に規定する事業を含みます）を引き継ぐとは、当該相続人が被相続人の事業を直接引き継ぐ場合も含まれます。

8．宅地等を取得した親族が事業主となっていない場合

　事業を営んでいるかどうかは、事業主として当該事業を行っているかどうかにより判定しますが、事業用宅地を取得した親族が就学中であることその他当面事業主となれないことについてやむを得ない事情があるため、当該親族の親族が事業主となっている場合には、事業用宅地を取得した親族が当該事業を営んでいるものとして取り扱われます（措通69の4-20）。

　　(注)　事業を営んでいるかどうかは、会社等に勤務するなど他に職を有し、又は当該事業の他に主たる事業を有している場合であっても、その事業の事業主となっている限りこれに該当します。

図表2-5　事業の用に供されていた宅地の適用分類

建物所有者	地代	相続開始時の事業者	家賃	財産取得者	取得者要件 保有	取得者要件 事業	減額割合	土地評価	事例
被相続人		被相続人		親族	○		80%	自用地	92
				親族		×	0%	自用地	93
				上記以外			0%	自用地	94
		生計を一にする親族	有償※1	生計一親族			0%	貸家建付地	95
				上記以外の親族	○		50%	貸家建付地	96
			無償	生計一親族	○		80%	自用地	97
				生計一親族		×	0%	自用地	98
				上記以外			0%	自用地	99
		上記以外	有償※1	生計一親族	○		50%	貸家建付地	100
				上記以外の親族	○		50%	貸家建付地	101
			無償				0%	自用地	102
生計を一にする親族	無償	被相続人	有償	生計一親族			0%	自用地	103
				上記以外			0%	自用地	104
			無償	親族	○		80%	自用地	105
				親族		×	0%	自用地	106
				上記以外			0%	自用地	107
		生計を一にする親族		生計一親族	○		80%	自用地	108
				生計一親族		×	0%	自用地	109
				上記以外			0%	自用地	110
		上記以外	有償※1	生計一親族	○		50%	自用地	111
				上記以外			0%	自用地	112
			無償				0%	自用地	113
	有償※1			生計一親族			0%	貸宅地	114
				上記以外の親族	○		50%	貸宅地	115
生計を別にする親族	無償	被相続人	有償				0%	自用地	116
			無償	親族	○		80%	自用地	117
				親族		×	0%	自用地	118
				上記以外			0%	自用地	119
		生計を一にする親族	有償				0%	自用地	120
			無償	生計一親族	○		80%	自用地	121
				生計一親族		×	0%	自用地	122
				上記以外			0%	自用地	123
		上記以外					0%	自用地	124
	有償※1			生計一親族	○		50%	貸宅地	125
				上記以外の親族	○		50%	貸宅地	126
第三者	無償						0%	自用地	127
	有償※1			生計一親族	○		50%	貸宅地	128
				上記以外の親族	○		50%	貸宅地	129

事例の数字は、「第2部　事例編」の該当事例の番号になります。

※1　地代や家賃等が有償のケースについては、その他の貸付事業用宅地要件を満たしているものとします。

Ⅲ　特定同族会社事業用宅地等

1．特定同族会社事業用宅地等の概要

　特定同族会社事業用宅地等とは、相続開始の直前に被相続人等が特定の同族会社(1)の事業の用に供されていた宅地等(2)で、当該宅地等を相続又は遺贈により取得した当該被相続人の財務省令で定める親族(3)が相続開始時から申告期限まで引き続き有し、かつ、申告期限まで引き続き当該法人の事業の用に供されているもの（政令で定める部分(4)に限ります）をいいます。

⑴　特定の同族会社

　相続開始直前に被相続人及び被相続人の親族その他当該被相続人と特別の関係のある者の持株割合・出資割合（議決権に制限のある株式又は出資を含めないで計算した割合）が50％を超える法人（申告期限において清算中の法人を除きます）であること。

　なお、この場合の被相続人と特別の関係のある者とは、被相続人と婚姻の届出をしていないが事実上婚姻関係と同様の事情にある者、被相続人の使用人、被相続人の親族及びこれら以外の者で被相続人から受けた金銭等により生計を維持しているもの及びこれらの者と生計を一にする親族、被相続人が法人の発行済株式又は出資の総数の50％超を有する当該法人等をいいます（措法69の4③三、措令40の2⑬⑭）。

⑵　法人の事業の用に供されていた宅地等

　法人の事業の用に供されていた宅地等とは、次に掲げる宅地等のうち法人の事業の用に供されていたものをいいます（措通69の4-23）。

①　当該法人に相当の対価※を得て継続的に貸し付けられていた宅地等

②　当該法人の事業の用に供されていた建物等で、被相続人が所有していたもの又は被相続人と生計を一にしていたその被相続人の親族が所有していたもの（当該親族が当該建物等の敷地を被相続人から無償で借り受けていた場合における当該建物等に限ります）で、当該法人に相当の対価※を得て継続的に貸し付けられていたものの敷地の用に供されていたもの

　　※　相当の対価とは、少なくとも固定資産税や減価償却費を超える程度のものであると考えられます。この金額以下であれば「賃貸借」ではなく「使用貸借」であると認められます。判例でも、「建物の借主が当該建物に賦課された固定資産税等の公租公課を負担していたとしても、当該負担が建物の使用収益に対する対価の意味をもつものと認める特段の事情のないかぎり、当該貸借関係は賃貸借ではなく、使用貸借であると認めるのが相当であると判示しています（最高裁昭和41年10月27日判決）。

☞95頁「Q&A5　財産管理人が被相続人の宅地を事業の用に供していた場合の小規模宅地等の特例の適用の可否」

☞95頁「Q&A6　私道部分に係る小規模宅地等の特例の適用の可否」

(3)　財務省令で定める親族

　財務省令で定める親族とは、相続税の申告期限においてその法人の役員（法人の取締役、執行役、会計参与、監査役、理事、監事等をいい、清算人を除きます）である親族をいいます（措規23の2⑤）。

(4)　政令で定める部分

　政令で定める部分は、法人の事業の用に供されていた宅地等のうち租税特別措置法第69の4第3項第3号に定める要件に該当する部分（同号に定める要件に該当する同号に規定する被相続人の親族が相続又は遺贈により取得した持分の割合に応ずる部分に限ります）です（措令40の2⑮）。

図表3-1　特定同族会社事業用宅地等の要件

区　　分			特例の適用要件
特定同族会社要件			相続開始直前に被相続人※1及び被相続人の親族その他当該被相続人と特別の関係のある者の持株割合・出資割合（議決権に制限のある株式又は出資を含めないで計算した割合）が50%を超える法人であること
	事業要件		特定同族会社の事業の用（不動産貸付業、駐車場業、自転車駐車場業及び準事業を除きます）に供されていること
取得者要件	法人役員要件		相続税の申告期限においてその法人の役員※2であること
	保有継続要件		相続税の申告期限まで保有していること
	事業継続要件		申告期限まで引き続き当該法人の事業の用に供していること※3
賃貸要件	宅地	被相続人所有	法人の事業の用に供されていた宅地を相当の対価を得て当該法人に継続的に賃貸していたこと
	建物	被相続人所有	法人の事業の用に供されていた建物を相当の対価を得て当該法人に継続的に賃貸していたこと
		生計を一にする親族所有	当該親族が敷地を被相続人から無償で借り受けていること

※1　被相続人が当該会社の株式等を全く所有していない場合であっても、被相続人の親族が当該会社の株式等を50%超を保有していれば特定同族要件を満たします。

※2　相続開始時点で被相続人や財産を取得した被相続人の親族が当該会社の役員でなくても、相続税の申告期限において宅地等を取得した者が当該会社の役員であれば法人役員要件を満たします。

31

Ⅲ　特定同族会社事業用宅地等

※3　被相続人等が特定の同族会社に賃貸していた宅地等であることは要件となっていますが、相続開始後に当該宅地等を取得した親族が事業の用に供していることが要件となっていませんので、当該宅地等を取得した親族が当該特定の同族会社に無償で使用させても、法人の事業の用に供されていれば事業継続要件を満たします。

2．特定の同族会社とは

　相続開始の直前に被相続人及び当該被相続人の親族その他当該被相続人と特別の関係がある者[1]が有する株式の総数又は出資の総額[2]が当該株式又は出資に係る法人の発行済株式の総数又は出資の総額[2]の10分の5を超える法人（申告期限において清算中の法人を除きます）（措法69の4③三）。

⑴　特別の関係がある者

　特別の関係がある者とは、次に掲げる者をいいます（措令40の2⑬）。

①　被相続人と婚姻の届出をしていないが事実上婚姻関係と同様の事情にある者

②　被相続人の使用人

③　被相続人の親族及び②に掲げる者以外の者で被相続人から受けた金銭その他の資産によって生計を維持しているもの

④　③に掲げる者と生計を一にするこれらの者の親族

⑤　次に掲げる法人

　　イ　被相続人（当該被相続人の親族及び当該被相続人に係る上記に掲げる者を含みます。以下同じ）が法人の発行済株式又は出資（当該法人が有する自己の株式又は出資を除きます）の総数又は総額（発行済株式総数等）の10分の5を超える数又は金額の株式又は出資を有する場合における当該法人

　　ロ　被相続人及びこれとイの関係がある法人が他の法人の発行済株式総数等の10分の5を超える数又は金額の株式又は出資を有する場合における当該他の法人

　　ハ　被相続人及びこれとイ又はロの関係がある法人が他の法人の発行済株式総数等の10分の5を超える数又は金額の株式又は出資を有する場合における当該他の法人

⑵　株式の総数又は出資の総額

　株式若しくは出資又は発行済株式には、議決権に制限のある株式又は出資として次のものは含みません（措令40の2⑭、措規23の2⑥⑦）

①　議決権制限株式又は出資（会社法108①三）

②　議決権全部制限株式又は出資（会社法105①三）

③　議決権を有しないものとされる者が有する株式（会社法308①）

④　自己株式（会社法308②）

⑤　単位未満株式等（会社法308ただし書き）

⑥　その他議決権のない株式等

3．法人の事業の用に供されていた宅地等とは

　法人の事業の用に供されていた宅地等とは、次に掲げる宅地等のうち租税特別措置法第69条の4第3項第3号に規定する法人（申告期限において清算中の法人を除きます）の事業の用に供されていたものをいいます（措通69の4-23）。

①　当該法人に貸し付けられていた宅地等（当該貸付けが租税特別措置法第69条の4第1項に規定する事業に該当する場合に限ります）

②　当該法人の事業の用に供されていた建物等で、被相続人が所有していたもの又は被相続人と生計を一にしていたその被相続人の親族が所有していたもの（当該親族が当該建物等の敷地を被相続人から無償で借り受けていた場合における当該建物等に限ります）で、当該法人に貸し付けられていたもの（当該貸付けが租税特別措置法第69条の4第1項に規定する事業に該当する場合に限ります）の敷地の用に供されていたもの

③　法人の事業には、不動産貸付業その他租税特別措置法施行令第40条の2第6項に規定する駐車場、自転車駐車場及び準事業が含まれません。

④　法人の社宅等（被相続人等の親族のみが使用していたものを除きます）の敷地の用に供されていた宅地等は、当該法人の事業の用に供されていた宅地等に該当します（措通69の4-24）。

☞102頁「Q&A16　特定同族会社に貸し付けられていた建物が相続税の申告期限までに建て替えられた場合の小規模宅地等の特例」

図表3-2　法人の事業の用に供されていた宅地等の範囲

土地所有者	建物所有者	法人の事業の用に供されていた宅地等の要件
被相続人	当該法人	当該法人に相当の対価を得て継続的に貸し付けられていた宅地等であること
被相続人	被相続人	当該法人の事業の用に供されていた建物等で、被相続人が所有していたもので、当該法人に相当の対価を得て継続的に貸し付けられていたものの敷地であること
被相続人	生計一親族	当該法人の事業の用に供されていた建物等で、被相続人と生計を一にしていたその被相続人の親族が所有していたもの（当該親族が当該建物等の敷地を被相続人から無償で借り受けていた場合における当該建物等に限ります）で、当該法人に相当の対価を得て継続的に貸し付けられていたものの敷地であること

Ⅲ 特定同族会社事業用宅地等

図表3-3　同族会社事業の用に供されていた宅地の適用分類

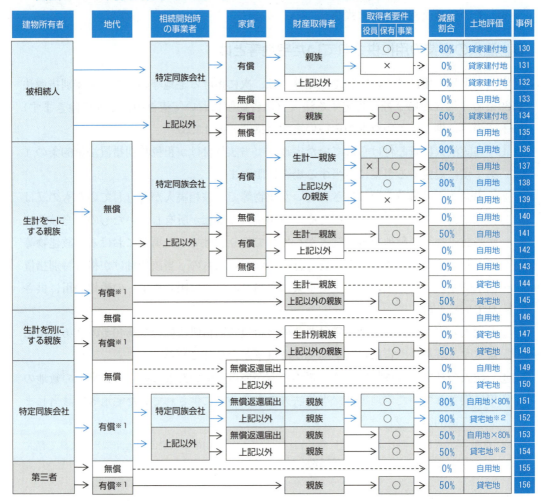

※1　地代や家賃等が有償のケースについては、その他の貸付事業用宅地要件を満たしているものとします。

※2　借地権が設定されている土地について、収受している地代の額が相当の地代の額に満たない場合の当該土地に係る貸宅地の価額は、当該土地の自用地としての価額から借地権の価額（相当の地代に満たない地代を支払っている場合の借地権の評価）を控除した金額（以下この注において「地代調整貸宅地価額」といいます）によって評価します。ただし、その金額が当該土地の自用地としての価額の100分の80に相当する金額を超える場合は、当該土地の自用地としての価額の100分の80に相当する金額によって評価します。なお、被相続人が同族関係者となっている同族会社に対し土地を貸し付けている場合には、43年直資3-22通達の適用があります。この場合において、同通達中「相当の地代」とあるのは「相当の地代に満たない地代」と、「自用地としての価額」とあるのは「地代調整貸宅地価額」と、「その価額の20％に相当する金額」とあるのは「その地代調整貸宅地価額と当該土地の自用地としての価額の100分の80に相当する金額との差額」と、それぞれ読み替えるものとします（相当地代通達7）。

Ⅳ　特定居住用宅地等

1．特定居住用宅地等の概要

　特定居住用宅地等とは、被相続人等の居住の用に供されていた宅地等[(1)]で、当該被相続人の配偶者又は次に掲げる要件のいずれかを満たす当該被相続人の親族（当該被相続人の配偶者を除きます）が相続又は遺贈により取得したもの[(2)]をいいます。

① 　被相続人及び被相続人と生計を一にする親族の居住の用に供されていた宅地等で、被相続人の配偶者が取得したもの。

　　イ　特に要件なし

② 　被相続人の居住の用に供されていた宅地等で、同居親族が取得したもの。

　　イ　当該親族が相続開始の直前において被相続人の居住の用に供されていた1棟の建物[(3)]に被相続人と同居し、

　　ロ　相続開始時から申告期限まで引き続き当該宅地等を有し、

　　ハ　当該建物に居住していること。

③ 　被相続人の居住の用に供されていた宅地等で、同居親族以外の一定の親族が取得したもの。

　　イ　被相続人の居住の用に供されていた宅地等を取得した親族が相続開始前3年以内に日本国内にあるその者又はその者の配偶者の所有する家屋[(4)]（相続開始直前において被相続人の居住の用に供されていた家屋を除きます）に居住したことがない者（制限納税義務者のうち日本国籍を有しない者を除きます）で、

　　ロ　相続開始時から申告期限まで引き続き当該宅地等を有し、

　　ハ　当該被相続人の配偶者又は相続開始の直前において当該被相続人の居住の用に供されていた家屋に居住していた法定相続人[(5)]がいないこと。

④ 　被相続人と生計を一にする親族の居住の用に供されていた宅地等で、その生計を一にする親族が取得したもの。

　　イ　相続開始時から相続税の申告期限まで保有し、

　　ロ　居住の用に供したこと、

　　ハ　その生計を一にする親族が、生前、被相続人に対して当該宅地等に係る地代又は当該宅地等の上に建築されている建物に係る家賃の支払がないこと。

Ⅳ　特定居住用宅地等

図表4-1　特定居住用宅地等の要件

区　分	取得者	特例適用要件	
被相続人の居住用宅地等	配偶者	要件なし	
	同居親族	居住継続要件	被相続人と同居し、相続開始前から申告期限まで、引き続きその家屋に居住していること
		保有継続要件	相続開始時から相続税の申告期限までその宅地等を保有していること
	同居親族以外の一定の親族	親族要件	被相続人の配偶者又は相続開始直前において被相続人と同居していた法定相続人がいないこと
			制限納税義務者で日本国籍を有しない者でないこと
			相続開始前3年以内に日本国内にある自己又は自己の配偶者の所有に係る家屋に居住したことがないこと※
		保有継続要件	相続開始時から相続税の申告期限までその宅地等を有していること
生計を一にする親族の居住用宅地等	配偶者	要件なし	
	生計一にする親族	居住継続要件	相続開始前から申告期限まで、引き続きその家屋に居住していること
		保有継続要件	相続開始時から申告期限までその宅地等を保有していること
		無償使用要件	被相続人に対して当該宅地等に係る地代又は当該宅地上の建物に係る家賃の支払がないこと

※　平成30年4月1日以降の相続から、「相続開始前3年以内に、その者の3親等内の親族又はその者と特別の関係のある法人が所有する国内にある家屋に居住したことがなく、相続開始時において居住の用に供していた家屋を過去に所有していたことがないこと」に改正されました。

(1)　被相続人等の居住の用に供されていた宅地等

① 被相続人等の居住の用に供されていた宅地等とは

被相続人等の居住の用に供されていた宅地等とは、次に掲げる宅地等をいいます（措通69の4-7）。

イ　相続の開始の直前において、被相続人等の居住の用に供されていた家屋で、被相続人が所有していたもの（被相続人と生計を一にしていたその被相続人の親族が居住の用に供していたものである場合には、当該親族が被相続人から無償で借り受けていたものに限ります）又は被相続人の親族が所有していたもの（当該家屋を所有していた被相続人の親族が当該家屋の敷地を被相続人から無償で借り受けており、かつ、被相続人等が当該家屋を当該親族から借り受けていた場合には、無償で借り受けていたときにおける当該家屋に限ります）の敷地の用に供されて

いた宅地等

ロ　租税特別措置法施行令第40条の２第２項に定める事由により被相続人の居住の用に供されなくなる直前まで、被相続人の居住の用に供されていた家屋で、被相続人が所有していたもの又は被相続人の親族が所有していたもの（当該家屋を所有していた被相続人の親族が当該家屋の敷地を被相続人から無償で借り受けており、かつ、被相続人が当該家屋を当該親族から借り受けていた場合には、無償で借り受けていたときにおける当該家屋に限ります）の敷地の用に供されていた宅地等（被相続人の居住の用に供されなくなった後、租税特別措置法第69条の４第１項に規定する事業の用又は新たに被相続人等以外の者の居住の用に供された宅地等を除きます）

（注）上記イ及びロの宅地等のうちに被相続人等の居住の用以外の用に供されていた部分があるときは、当該被相続人等の居住の用に供されていた部分に限られますが、当該居住の用に供されていた部分が、被相続人の居住の用に供されていた１棟の建物（建物の区分所有等に関する法律第１条の規定に該当する建物を除きます）に係るものである場合には、当該１棟の建物の敷地の用に供されていた宅地等のうち当該被相続人の親族の居住の用に供されていた部分が含まれます。

☞95頁「Q&A6　私道部分に係る小規模宅地等の特例の適用の可否」

☞97頁「Q&A9　小規模宅地等の特例の対象となる「被相続人等の居住の用に供されていた宅地等」の判定」

☞98頁「Q&A10　入院により空家となっていた建物の敷地についての小規模宅地等の特例」

☞100頁「Q&A13　特定居住用宅地等の要件の一つである「相続開始時から申告期限まで引き続き当該建物に居住していること」の意義」

☞102頁「Q&A15　単身赴任中の相続人が取得した被相続人の居住用宅地等についての小規模宅地等の特例」

図表4-2　被相続人等の居住の用に供されていた宅地等の判定

居住者	家屋所有者	地代	家賃	判定	摘　要
被相続人等	被相続人	－	－	該当	
生計一親族		－	無償	該当	
		－	有償	非該当	貸家建付地
被相続人等	親族	無償	無償	該当	
		無償	有償	非該当	
		有償	－	非該当	貸地

②　居住の用に供されていた宅地等が２以上ある場合

被相続人又は当該被相続人と生計を一にしていた当該被相続人の親族（被相続人等）の居住の用に供されていた宅地等が２以上ある場合には、被相続人等が主としてその居住の用に供していた１の宅地等をいいます（措令40の２⑧）。

なお、詳細については、「２．居住の用に供されていた宅地が複数ある場合」を参

Ⅳ　特定居住用宅地等

照してください。

③　被相続人が老人ホーム等に入居又は入所した場合

　被相続人が老人ホーム等に入居又は入所したことにより、被相続人が居住の用に供することができない場合（事業の用又は被相続人等（被相続人と入居又は入所の直前において生計を一にし、かつ、引き続き居住している当該被相続人の親族を含みます）以外の者の居住の用に供されている場合を除きます）は、居住の用に供されなくなる直前の被相続人の居住の用に供されていた宅地等をいいます（措令40の2②③）。なお、詳細については、「3．老人ホーム等に入居していた場合」を参照してください。

⑵　取得したもの

　被相続人等の居住の用に供されていた宅地等のうち、被相続人の配偶者及び被相続人の親族が相続若しくは遺贈により取得した持分の割合に応ずる部分（措法第69条の4第3項第2号の要件に該当する部分）に限ります（措令40の2⑨）。

⑶　居住の用に供されていた1棟の建物

　居住の用に供されていた1棟の建物とは、被相続人、被相続人の配偶者又は親族の居住の用に供されていた次の部分に限ります（措令40の2⑩、措通69の4-7の3）。

①　被相続人の居住の用に供されていた1棟の建物が区分所有建物である場合は、当該被相続人の居住の用に供されていた部分

②　①以外の場合は、被相続人又は当該被相続人の親族の居住の用に供されていた部分

☞105頁「Q&A18　区分所有建物の登記がされていない1棟の建物の敷地の場合」

☞106頁「Q&A19　区分所有建物の登記がされている1棟の建物の敷地の場合」

☞108頁「Q&A20　区分所有建物の登記がされていない1棟の建物の敷地を租税特別措置法69条の4③ニロの親族が取得した場合」

☞73頁「記載例4　マンションの区分所有権の数戸を取得した場合」

⑷　その者又はその者の配偶者の所有する家屋

　平成30年4月1日から、「その者又はその者の配偶者の所有する家屋」が「当該親族、当該親族の配偶者、当該親族の3親等内の親族又は当該親族と特別の関係がある法人として政令で定める法人が所有する家屋」に改正され、「当該被相続人の相続開始時に当該親族が居住している家屋を相続開始前のいずれの時においても所有していたことがないこと」の要件が付け加えられました。

　なお、平成32年（2020年）3月31日までの間に相続等により取得する場合には、平成30年3月31日において改正前の特定居住用宅地等の要件を満たしていた宅地等については、改正後の要件を満たしているものとして扱うとの経過措置があります。

　改正後の要件の詳細については、「4．同居親族以外の一定の親族（家なき子）が取得した場合」を参照。

(5) 法定相続人

法定相続人とは、相続の放棄があった場合には、その放棄がなかったものとした場合における相続人をいいます（措令40の2⑪）。

2. 居住の用に供されていた宅地が複数ある場合

被相続人又は当該被相続人と生計を一にしていた当該被相続人の親族（被相続人等）の居住の用に供されていた宅地等が2以上ある場合には、政令で定める次の宅地等をいいます（措法69の4③二、措令40の2⑧）。

① 被相続人の居住の用に供されていた宅地等が2以上ある場合（③の場合を除きます）は、当該被相続人が主としてその居住の用に供していた1の宅地等

② 被相続人と生計を一にしていた親族の居住の用に供されていた宅地等が2以上ある場合（③の場合を除きます）は、当該親族が主としてその居住の用に供していた1の宅地等（当該親族が2人以上ある場合には、当該親族ごとにそれぞれ主としてその居住の用に供していた1の宅地等。③において同じ）

③ 被相続人及び当該被相続人と生計を一にしていた当該被相続人の親族の居住の用に供されていた宅地等が2以上ある場合は、次に掲げる場合の区分に応じそれぞれ次に定める宅地等

　イ 当該被相続人が主としてその居住の用に供していた1の宅地等と当該親族が主としてその居住の用に供していた1の宅地等とが同一である場合は、当該1の宅地等

　ロ イに掲げる場合以外の場合は、当該被相続人が主としてその居住の用に供していた1の宅地等及び当該親族が主としてその居住の用に供していた1の宅地等

図表4-3　居住の用に供されていた宅地が複数ある場合の判定

区　　分	特定居住用宅地の判定
被相続人の居住の用に供されていた宅地等が2以上ある場合	被相続人が主としてその居住の用に供していた1の宅地等
生計を一にしていた親族の居住の用に供されていた宅地等が2以上ある場合	親族が主としてその居住の用に供していた1の宅地等 なお、生計を一にする親族が2人以上ある場合には、その親族ごとにそれぞれ主としてその居住の用に供していた1の宅地等
被相続人及び当該被相続人と生計を一にしていた当該被相続人の親族の居住の用に供されていた宅地等が2以上ある場合	被相続人が主としてその居住の用に供していた1の宅地等と生計を一にする親族が主としてその居住の用に供していた1の宅地等とが同一である場合は、当該1の宅地等
	上記以外の場合は、被相続人が主としてその居住の用に供していた1の宅地等及び生計を一にする親族が主としてその居住の用に供していた1の宅地等

Ⅳ　特定居住用宅地等

3. 老人ホーム等に入居していた場合

　被相続人等の居住の用には、居住の用に供することができない事由[(1)]により相続の開始の直前において当該被相続人の居住の用に供されていなかった場合（政令で定める用途に供されている場合[(2)]を除きます）における当該事由により居住の用に供されなくなる直前の当該被相続人の居住の用を含みます。

⑴　居住の用に供することができない事由
　被相続人の居住の用に供することができなかった事由が、次の①又は②のような事由であること（措令40の2②）。

①　介護保険法第19条第1項に規定する要介護認定[※1]又は同条第2項に規定する要支援認定[※1]を受けていた被相続人その他これに類する被相続人として財務省令で定めるもの[※2]が次に掲げる住居又は施設に入居又は入所をしていたこと。

　イ　老人福祉法第5条の2第6項に規定する認知症対応型老人共同生活援助事業が行われる住居、同法第20条の4に規定する養護老人ホーム、同法第20条の5に規定する特別養護老人ホーム、同法第20条の6に規定する軽費老人ホーム又は同法第29条第1項に規定する有料老人ホーム

　ロ　介護保険法第8条第28項に規定する介護老人保健施設

　ハ　高齢者の居住の安定確保に関する法律第5条第1項に規定するサービス付き高齢者向け住宅（イに規定する有料老人ホームを除きます）

②　障害者の日常生活及び社会生活を総合的に支援するための法律第21条第1項に規定する障害支援区分の認定[※2]を受けていた被相続人が同法第5条第11項に規定する障害者支援施設（同条第10項に規定する施設入所支援が行われるものに限ります）又は同条第17項に規定する共同生活援助を行う住居に入所又は入居をしていたこと。

　※1　被相続人が、租税特別措置法施行令第40条の2第2項第1号に規定する要介護認定若しくは要支援認定又は同項第2号に規定する障害者支援区分の認定を受けていたかどうかは、被相続人が、当該被相続人の相続の開始の直前において認定を受けていたかにより判定します（措通69の4-7の2）。

　※2　財務省令で定める被相続人は、相続の開始の直前において、介護保険法施行規則第140条の62の4第2号に該当していた者をいいます（措規23の2②）。

☞98頁「Q&A11　老人ホームへの入所により空家となっていた建物の敷地についての小規模宅地等の特例（平成26年1月1日以後に相続又は遺贈により取得する場合の取扱い）」

☞99頁「Q&A12　老人ホームに入所していた被相続人が要介護認定の申請中に死亡した場合の小規模宅地等の特例」

☞111頁「Q&A23　老人ホームに入居中に自宅を相続した場合の小規模宅地等についての相続税の課税価格の計算の特例（租税特別措置法第69条の4）の適用について」

図表4-4　被相続人が居住に供せない場合とは

区　　分	入居又は入所施設等
介護保険法に規定する要介護認定又は要支援認定を受けていた被相続人その他これに類する被相続人として財務省令で定めるもの	老人福祉法に規定する認知症対応型老人共同生活援助事業が行われる住居、養護老人ホーム、特別養護老人ホーム、軽費老人ホーム又は有料老人ホーム
	介護保険法に規定する介護老人保健施設又は介護医療院（30年度改正追加）
	高齢者の居住の安定確保に関する法律に規定するサービス付き高齢者向け住宅
障害者の日常生活及び社会生活を総合的に支援するための法律に規定する障害支援区分の認定を受けていた被相続人	障害者支援施設（施設入所支援が行われるものに限る。）又は共同生活援助を行う住居

⑵　政令で定める用途に供されている場合

　政令で定める用途とは、事業の用又は被相続人及び生計を一にする親族（被相続人と老人ホーム等の入居又は入所の直前において生計を一にし、かつ、居住の用に供されていた建物に引き続き居住している当該被相続人の親族を含みます）以外の者の居住の用に供されている場合をいいます（措令40の2③）。

図表4-5　老人ホーム等に入居後の居住用宅地の判定

老人ホーム等入居前の居住者	相続開始時の居住者	財産取得者	特例適否	備考
被相続人	配偶者	配偶者	○	
	生計一親族A	生計一親族A	○	（注1）
	生計一親族B	生計別親族B	×	（注3）
	なし（空家）※1	家なき子C※2	○	（注4）
被相続人と生計一親族A	配偶者	配偶者	○	
	生計一親族A	生計一親族A	○	（注1）
	生計別親族B	生計別親族B	×	（注3）
	なし（空家）※1	家なき子C※2	○	（注4）

被相続人と 生計一親族B	配偶者	配偶者	○	
	生計一親族A	生計一親族A	○	（注1）
	生計別親族B	生計別親族B	×	（注3）
	なし（空家）※1	家なき子C※2	○	（注4）

※1　相続開始時に配偶者はいない（亡くなっている）ものとします。

※2　家なき子は、設例以外の条件を満たしているものとします。

（注1）被相続人と生計を一にしていた親族であつて、相続開始時から申告期限まで引き続き当該宅地等を有し、かつ、相続開始前から申告期限まで引き続き当該宅地等を自己の居住の用に供していること（措法69の4③二ハ）。

（注2）被相続人等の居住の用に供されていた宅地等で、当該被相続人の配偶者又は一定の要件を満たす親族（被相続人の配偶者を除きます）が相続又は遺贈により取得したものであること（措法69の4③二）。

（注3）事業の用又は被相続人及び生計を一にする親族（被相続人と老人ホーム等の入居又は入所の直前において生計を一にし、かつ、居住の用に供されていた建物に引き続き居住している当該被相続人の親族を含みます）以外の者の居住の用に供されている場合を除きます（措令40の2③、措法69の4①）。

（注4）家なき子の要件は、「被相続人の配偶者又は相続開始の直前において被相続人の居住の用に供されていた家屋に居住していた親族（法定相続人）がいない場合」で「相続開始前3年以内に相続税法の施行地内にある当該親族、当該親族の配偶者、当該親族の三親等内の親族又は当該親族と特別の関係がある法人が所有する家屋（相続開始の直前において被相続人の居住の用に供されていた家屋を除きます）に居住したことがないこと」になっています（措法69の4③二ロ）。

4. 同居親族以外の一定の親族（家なき子）が取得した場合

被相続人の親族（当該被相続人の居住の用に供されていた宅地等を取得した者であつて財務省令で定めるもの[(1)]に限ります）が次に掲げる①〜③の要件の全てを満たす場合（当該被相続人の配偶者又は相続開始の直前において当該被相続人の居住の用に供されていた家屋に居住していた親族[(2)]で政令で定める者[(3)]がいない場合に限ります。以下「家なき子」といいます）、その親族（当該被相続人の配偶者を除きます）が相続又は遺贈により取得したものは特定居住用宅地等に該当します（措法69の4③二ロ）。

なお、令和2年3月31日までの間に相続等により取得する場合には、平成30年3月31日において改正前の特定居住用宅地等の要件を満たしていた宅地等については、改正後の要件を満たしているものとして扱うとの経過措置[(6)]があります。

①　相続開始前3年以内に相続税法の施行地内にある当該親族、当該親族の配偶者[(4)]、当該親族の3親等内の親族又は当該親族と特別の関係がある法人として政令で定める法人[(5)]が所有する家屋（相続開始の直前において当該被相続人の居住の用に供されていた家屋を除きます）に居住したことがないこと。

②　当該被相続人の相続開始時に当該親族（家なき子）が居住している家屋を相続開始前のいずれの時においても所有していたことがないこと。

③　相続開始時から申告期限まで引き続き当該宅地等を有していること。

図表4-6　家なき子の要件一覧

被相続人の親族で右の全ての要件を満たすもの	相続税法第1条の3第1項第1号若しくは第2号の規定に該当する者又は同項第4号の規定に該当する者のうち日本国籍を有する者であること。
	相続開始前3年以内に相続税法の施行地内にある当該親族、当該親族の配偶者、当該親族の3親等内の親族又は当該親族と特別の関係がある法人として政令で定める法人が所有する家屋（相続開始の直前において当該被相続人の居住の用に供されていた家屋を除きます）に居住したことがないこと。
	相続開始時に当該親族が居住している家屋を相続開始前のいずれの時においても所有していたことがないこと。
	相続開始時から申告期限まで引き続き当該宅地等を有していること。
被相続人の配偶者がいないこと。	
相続開始の直前において当該被相続人の居住の用に供されていた家屋で被相続人と共に起居していた法定相続人がいないこと。	

(1)　財務省令で定めるもの

　財務省令で定めるものとは、相続税法第1条の3第1項第1号（居住無制限納税義務者）若しくは第2号（非居住無制限納税義務者）の規定に該当する者又は同項第4号（非居住制限納税義務者）の規定に該当する者のうち日本国籍を有する者をいいます（措規23の2④）。

図表4-7　納税義務者の区分別の特例適用可否

納税義務者区分	国　籍	課税財産	特例適用の可否
居住無制限納税義務者（相法1の3①一）	日本国籍	国内及び国外財産	○
	外国籍		○
非居住無制限納税義務者（相法1の3①二）	日本国籍	国内及び国外財産	○
	外国籍		○
居住制限納税義務者（相法1の3①三）	日本国籍	国内財産	×
	外国籍		×
非居住制限納税義務者（相法1の3①四）	日本国籍	国内財産	○
	外国籍		×

Ⅳ　特定居住用宅地等

図表4-8　納税義務者区分

納税義務者区分	相続時住所	納税義務者の内容	
居住無制限 納税義務者 （相法1の3①一）	日本国内	一時居住者※1でない個人	
		一時居住者※1である個人（被相続人が一時居住被相続人※2又は非居住被相続人※3である場合を除きます）	
非居住無制限 納税義務者 （相法1の3①二）	日本国外	日本国籍	相続開始前10年以内のいずれかの時において日本国内に住所を有していたことがあるもの
			相続開始前10年以内のいずれかの時においても日本国内に住所を有していたことがないもの（当該相続又は遺贈に係る被相続人が一時居住被相続人又は非居住被相続人である場合を除きます）
		日本国籍を有しない個人（当該相続又は遺贈に係る被相続人が一時居住被相続人又は非居住被相続人である場合を除きます）	
居住制限 納税義務者 （相法1の3①三）	日本国内	国内財産を取得した個人（居住無制限納税義務者を除きます）	
非居住制限 納税義務者 （相法1の3①四）	日本国外	国内財産を取得した個人（非居住無制限納税義務者を除きます）	

※1　一時居住者とは、相続開始の時に在留資格（出入国管理及び難民認定法の在留資格をいいます）を有する人（日本国籍を有しない者）で、その相続の開始前15年以内に日本国内に住所を有していた期間の合計が10年以下の人をいいます。

※2　一時居住被相続人とは、相続開始時において在留資格を有し、かつ、国内に住所を有する者であって、相続開始前15年以内において日本国内に住所を有していた期間が10年以下である者をいいます。

※3　非居住被相続人とは、相続開始の時に日本国内に住所を有していなかった被相続人で、①相続の開始前10年以内に日本国内に住所を有していたことがある人のうち、その相続の開始前15年以内に日本国内に住所を有していた期間の合計が10年以下の人（その期間引き続き日本国籍を有していなかった人に限ります）又は、②その相続の開始前10年以内に日本国内に住所を有していたことがない人をいいます。

図表4-9　納税義務者区分の概要表

相続人 被相続人	国内に住所あり	国内に住所あり 一時居住者	国内に住所なし 日本国籍あり 相続開始前10年以内 国内住所あり	国内に住所なし 日本国籍あり 相続開始前10年以内 国内住所なし	国内に住所なし 日本国籍なし
国内に住所あり	居住無制限納税義務者	居住無制限納税義務者	非居住無制限納税義務者	非居住無制限納税義務者	非居住無制限納税義務者
一時居住被相続人	居住無制限納税義務者	居住制限納税義務者	非居住無制限納税義務者	非居住無制限納税義務者	非居住制限納税義務者
国内に住所なし　相続開始前10年以内に国内に住所あり	居住無制限納税義務者	居住無制限納税義務者	非居住無制限納税義務者	非居住無制限納税義務者	非居住無制限納税義務者※
非居住被相続人	居住無制限納税義務者	居住制限納税義務者	非居住制限納税義務者	非居住制限納税義務者	非居住制限納税義務者
国内に住所なし　相続開始前10年以内に国内に住所なし	居住無制限納税義務者	居住制限納税義務者	非居住制限納税義務者	非居住制限納税義務者	非居住制限納税義務者

※　経過措置として、平成29年4月1日から平成34年（2022年）3月31日までの間の相続等については、日本国内に住所及び日本国籍を有しない者が、平成29年4月1日から相続の時まで引き続き日本国内に住所及び日本国籍を有しない者から相続若しくは遺贈又は贈与により取得した国外財産に対しては、相続税又は贈与税は課されません（平成29年所得税法等の一部を改正する法律附則31②）。

(2)　被相続人の居住の用に供されていた家屋に居住していた親族

　被相続人の居住の用に供されていた家屋に居住していた親族とは、当該被相続人に係る相続の開始の直前において当該家屋で被相続人と共に起居していたものをいいます。この場合において、当該被相続人の居住の用に供されていた家屋については、当該被相続人が1棟の建物でその構造上区分された数個の部分の各部分（以下「独立部分」といいます）を独立して住居その他の用途に供することができるものの独立部分の一に居住していたときは、当該独立部分をいいます（措通69の4-21）。

(3)　政令で定める者

　政令で定める者とは、当該被相続人の民法の規定による相続人（相続の放棄があった場合には、その放棄がなかったものとした場合における相続人）をいいます（措令40の2⑪）。

(4)　当該親族の配偶者

　当該親族の配偶者とは、相続の開始の直前において租税特別措置法第69条の4第3項第2号ロに規定する親族（家なき子）の配偶者である者をいいます（措通69の4-22）。

Ⅳ　特定居住用宅地等

(5)　政令で定める法人

政令で定める法人とは、次に掲げる法人をいいます（措令40の2⑫）。

① 租税特別措置法第69条の4第3項第2号ロに規定する親族（家なき子）及び次に掲げる者（以下「親族等」といいます）が法人の発行済株式又は出資（当該法人が有する自己の株式又は出資を除きます）の総数又は総額（以下「発行済株式総数等」といいます）の10分の5を超える数又は金額の株式又は出資を有する場合における当該法人

イ 当該親族の配偶者

ロ 当該親族の3親等内の親族

ハ 当該親族と婚姻の届出をしていないが事実上婚姻関係と同様の事情にある者

ニ 当該親族の使用人

ホ イからニまでに掲げる者以外の者で当該親族から受けた金銭その他の資産によって生計を維持しているもの

ヘ ハからホまでに掲げる者と生計を一にするこれらの者の配偶者又は3親等内の親族

② 親族等及びこれと①の関係がある法人が他の法人の発行済株式総数等の10分の5を超える数又は金額の株式又は出資を有する場合における当該他の法人

③ 親族等及びこれと①②の関係がある法人が他の法人の発行済株式総数等の10分の5を超える数又は金額の株式又は出資を有する場合における当該他の法人

④ 親族等が理事、監事、評議員その他これらの者に準ずるものとなっている持分の定めのない法人

(6)　経過措置

平成30年所得税法等の一部を改正する法律附則第118条第2項に規定する特定居住用宅地等に係る経過措置（経過措置対象宅地等）については、次の経過措置が設けられています。

① 個人が平成30年4月1日から令和2年3月31日までの間に相続又は遺贈により取得をした経過措置対象宅地等については、租税特別措置法第69条の4第3項第2号に規定する親族に係る要件は、同号イからハまでに掲げる要件のいずれか又は平成30年改正法による改正前の租税特別措置法第69条の4第3項第2号ロに掲げる要件とされます。

② 個人が令和2年4月1日以後に相続又は遺贈により取得をした財産のうちに経過措置対象宅地等がある場合において、同年3月31日において当該経過措置対象宅地等の上に存する建物の新築又は増築その他の工事が行われており、かつ、当該工事の完了前に相続又は遺贈があったときは、その相続又は遺贈に係る相続税の申告期限までに当該個人が当該建物を自己の居住の用に供したときは、当該経過措置対

象宅地等は相続開始の直前において当該相続又は遺贈に係る被相続人の居住の用に供されていたものと、当該個人は租税特別措置法第69条の４第３項第２号イに掲げる要件を満たす親族とそれぞれみなされます（措通69の４-22の２）。

(注１) 経過措置対象宅地等とは、平成30年３月31日に相続又は遺贈があったものとした場合に、平成30年改正法による改正前の租税特別措置法第69条の４第１項に規定する特例対象宅地等（同条第３項第２号に規定する特定居住用宅地等のうち同号ロに掲げる要件を満たすものに限ります）に該当することとなる宅地等をいいます。

(注２)「工事の完了」とは、新築又は増築その他の工事に係る請負人から新築された建物の引渡しを受けたこと又は増築その他の工事に係る部分につき引渡しを受けたことをいいます。

（参考）特定居住用宅地等に係る経過措置

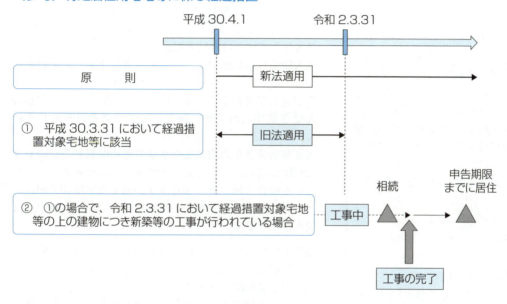

図表４-10　家なき子の特例要件の留意事項

要件区分	留意事項
被相続人の親族であること	□ 家なき子は、被相続人の親族でないと適用がありません。 □ 被相続人の子でなくても、親族（父母や兄弟姉妹など）であれば適用があります。
日本国籍を有する者であること	□ 家なき子は、日本国籍を有していれば、海外に居住していても適用できる場合があります。 □ 日本国籍と外国国籍とを併有する重国籍者も日本国籍を有する個人に含まれます（相基通１の３・１の４共-7）。
被相続人の配偶者がいないこと	□ 家なき子は、被相続人の配偶者が生きている場合は、配偶者がその場所に居住していなくても適用がありません。

Ⅳ　特定居住用宅地等

相続開始の直前において被相続人の居住の用に供されていた家屋に居住していた法定相続人がいないこと	☐ 1棟の建物でその構造上区分された数個の部分（2世帯住宅など）のうち、被相続人の居住の用に供していた以外の独立部分に法定相続人が居住していたときは、家なき子の適用があります。 ☐ 法定相続人以外の親族（例えば、子が法定相続人の場合の父母や兄弟姉妹など）が、被相続人と同居していた場合は、適用があります。 ☐ 相続放棄があった場合は、その放棄がなかったものとした場合における法定相続人で検討します。
相続開始前3年以内に相続税法の施行地内にある家なき子、その配偶者、その親族の3親等内の親族又はその親族と特別の関係がある法人が所有する家屋（相続開始の直前において当該被相続人の居住の用に供されていた家屋を除きます）に居住したことがないこと※	☐ 家なき子は、国外に所有する家屋に居住していても適用があります。 ☐ 家なき子やその配偶者等が居住用家屋を有していたり、居住していたとしても、相続開始前3年以内にその家屋に居住していなければ適用があります。 ☐ 相続開始以前に離婚している配偶者や死別した配偶者が所有する家屋に居住していても適用があります。 ☐ 被相続人が所有する家屋に住んでいた場合でも、被相続人は3親等内の親族に該当しますので適用がありません※。 ☐ 相続開始前3年以内に家なき子やその配偶者等が所有する家屋に居住していても、その家屋に被相続人が居住している場合（例えば、家なき子が建てた家屋に被相続人と同居していたが、転勤のため居住していない場合）は、適用があります。
相続開始時に家なき子が居住している家屋を相続開始前のいずれの時においても所有していたことがないこと※	☐ 相続開始時に居住している家屋を過去に所有していれば、相続開始前3年以内に自己の所有する家屋に居住していなくても適用がありません※。 ☐ 配偶者、3親等内の親族又はその親族と特別の関係がある法人が所有する家屋については、この要件の適用がありません。 ☐ 上記の3年以内の要件と異なり、居住している家屋については、国外の家屋を含みます。
相続開始時から申告期限まで引き続き当該宅地等を有していること	相続開始時から申告期限までに賃貸の用や事業の用に供した場合であっても、申告期限まで保有を継続していれば、要件を満たします。

※　令和2年3月31日までの間に相続等により取得する場合には、平成30年3月31日において改正前の特定居住用宅地等の要件を満たしていた宅地等については、改正後の要件を満たしているものとして扱うとの経過措置があります。

5.　居住用建物の建築中等に相続が開始した場合

　被相続人等の居住の用に供されると認められる建物※1の建築中又は当該建物の取得後被相続人等が居住する前に被相続人について相続が開始した場合には、当該建物の敷

地の用に供されていた宅地等が居住用宅地等に当たるかどうかについては、次のように取り扱われます。

当該相続開始直前において当該被相続人等の当該建物等に係る準備行為の状況からみて当該建物等を速やかにその居住の用に供することが確実であった※2と認められるときは、当該建物等の敷地の用に供されていた宅地等は、居住用宅地等に該当するものとして取り扱われます※3。

また、居住用宅地等の部分については、当該建築中又は取得に係る建物等のうちに被相続人等の居住に供されると認められる部分以外の部分があるときは、居住用宅地等の部分は、当該建物等の敷地のうち被相続人等の居住の用に供されると認められる当該建物等の部分に対応する部分に限られます（措通69の4-8）。

※1　被相続人又は被相続人の親族の所有に係るものに限ります。

※2　被相続人と生計を一にしていたその被相続人の親族又は当該建物等若しくは当該建物等の敷地の用に供されていた宅地等を相続若しくは遺贈により取得した被相続人の親族が、当該建物等を相続税の申告期限までに居住の用に供しているとき（申告期限において当該建物等を居住の用に供していない場合であっても、それが当該建物等の規模等からみて建築に相当の期間を要することによるものであるときは、当該建物等の完成後速やかに居住の用に供することが確実であると認められるときを含みます）は、当該相続開始直前において当該被相続人等が当該建物等を速やかにその居住の用に供することが確実であったものとして差し支えありません。

※3　相続の開始の直前において被相続人等が自己の居住の用に供している建物（被相続人等の居住の用に供されると認められる建物の建築中等に限り一時的に居住の用に供していたにすぎないと認められる建物を除きます）を所有していなかった場合に限り適用があります。

図表4-11　居住用建物の建築中等に相続が開始した場合の留意事項

要件区分	留意事項
被相続人等の居住の用に供されると認められる建物の建築中又は当該建物の取得後被相続人等が居住する前に被相続人について相続が開始した場合	□　当該建物は、被相続人又は被相続人の親族の所有に係るものに限ります。 □　「建築中」とは、居住していた建物を建て替えしている場合や居住用建物を所有していなかった被相続人等が新たに居住用建物を建築している場合も含みます。
相続の開始の直前において被相続人等が自己の居住の用に供している建物を所有していないこと	□　被相続人又は被相続人と生計を一にしていた親族（被相続人等）の居住の用に供されると認められる建物の建築中等に限り一時的に居住の用に供していたにすぎないと認められる建物を除きます。

相続開始直前において当該被相続人等の当該建物等に係る準備行為の状況からみて当該建物等を速やかにその居住の用に供することが確実であったと認められること	☐ 当該建物等を速やかにその居住の用に供することが確実であったと認められるとは、被相続人と生計を一にしていたその被相続人の親族又は当該建物等若しくは当該建物等の敷地の用に供されていた宅地等を相続若しくは遺贈により取得した被相続人の親族が、当該建物等を相続税の申告期限までに居住の用に供すること。 ☐ 申告期限において居住の用に供していない場合でも、当該建物等の規模等からみて建築に相当の期間を要するものであるときは、当該建物等の完成後速やかに居住の用に供することが確実であると認められるときを含みます。
当該建築中又は取得に係る建物等のうちに被相続人等の居住に供されると認められる部分以外の部分があるとき	☐ 居住用宅地等の部分は、当該建物等の敷地のうち被相続人等の居住の用に供されると認められる当該建物等の部分に限ります。

6. 申告期限までに居住用建物等を建て替えた場合

　特定居住用宅地等の要件の判定において、親族の居住の用に供されている建物等が申告期限までに建替え工事に着手された場合に、当該宅地等のうち当該親族により当該居住の用に供されると認められる部分については、当該申告期限においても当該親族の当該居住の用に供されているものとして取り扱われます（措通69の4-19）。

　なお、配偶者は居住継続要件が必要ないので、申告期限までに居住用建物等を建て替えたとしても問題になりません。

7. 店舗兼住宅等の敷地の持分について贈与税の配偶者控除等の適用を受けたもの等の居住の用に供されていた部分の範囲

　店舗兼住宅等の敷地の用に供されていた宅地等で相続の開始の年の前年以前に被相続人からのその持分の贈与につき贈与税の配偶者控除（相法21の6①）の適用を受けたもの（相基通21の6-3（店舗兼住宅等の持分の贈与があった場合の居住用部分の判定）のただし書の取扱いを適用して贈与税の申告があったものに限ります）又は相続の開始の年に被相続人からのその持分の贈与につき相続税法第19条第2項第2号の規定により特定贈与財産に該当することとなったもの（相基通19-10（店舗兼住宅等の持分の贈与を受けた場合の特定贈与財産の判定）の後段の取扱いを適用して相続税の申告があったものに限ります）であっても、被相続人等の居住の用に供されていた部分の判定は、当該相続の開始の直前における現況によって行います（措通69の4-9）。

　例えば、過去に贈与税の配偶者控除の特例（相法21の6①）により店舗兼住宅等の敷地のうち居住用部分を優先的に贈与を受けていたとしても、相続税の小規模宅地等の特例の適用については、店舗部分と居住用部分の持分割合が同じものとして計算できます。

☞88頁「記載例9　店舗兼住宅の敷地の持分の贈与について贈与税の配偶者控除の適用を受けていた場合」参照

8．二世帯住宅の取扱い

二世帯住宅の特例の適用関係は次のとおりです。

図表4-12　二世帯住宅の居住用宅地の判定

設　例			相続開始前居住者	取得者（持分）	適否	備　　考
①	区分登記していない建物※1	1階	被相続人	配偶者（1/2）	○	（注2）
		2階	親族A（生計一）	親族A（1/2）	○	（注1）
②	同　上	1階	被相続人	配偶者（1/2）	○	（注2）
		2階	親族B（生計別）	親族B（1/2）	○	（注1）
③	同　上	1階	被相続人	配偶者（1/2）	○	（注2）
		2階	親族C（法定相続人以外）	親族C（1/2）	○	（注1）
④	同　上	1階	被相続人※2	家なき子D（1/2）	○	（注2）
		2階	親族C（法定相続人以外）	親族C（1/2）	○	（注1）
⑤	同　上	1階	被相続人※2	家なき子D（1/2）	○	（注2）
		2階	親族A又はB	親族A、B（1/2）	○	（注1）
⑥	同　上	1階	被相続人※2	親族A（1/2）	×	（注3）
		2階	家なき子D※3	家なき子D（1/2）	○	（注1、2、4）
⑦	区分登記している建物※4	1階	被相続人	配偶者（1/1）	○	（注2）
		2階	親族A（生計一）	親族A（1/1）	○	
⑧	同　上	1階	被相続人	配偶者（1/1）	○	（注2）
		2階	親族B（生計別）	親族B（1/1）	×	（注5）
⑨	同　上	1階	被相続人	配偶者（1/1）	○	（注2）
		2階	親族C（法定相続人以外）	親族C（1/1）	×	（注5）
⑩	同　上	1階	被相続人※2	家なき子D（1/1）	○	（注2）
		2階	親族C（法定相続人以外）	親族C（1/1）	×	（注1）

51

Ⅳ　特定居住用宅地等

⑪	同　上	1階	被相続人※2	家なき子D（1/1）	○	（注2）
		2階	親族A（生計一）	親族A（1/1）	○	（注3）
⑫	同　上	1階	被相続人※2	親族A（1/1）	×	（注3）
		2階	家なき子D※3	家なき子D（1/1）	×	（注2、4）

※1　1階と2階は独立した建物であり、被相続人が所有するものであるとします。

※2　相続開始時に配偶者はいない（亡くなっている）ものとします。

※3　家なき子は、設例以外の条件を満たしているものとします。

※4　敷地件の設定があるものとします。

（注1）居住の用に供されていた部分が被相続人の居住の用に供されていた1棟の建物（区分所有建物を除きます）に係るものである場合には、当該1棟の建物の敷地の用に供されていた宅地等のうち当該被相続人の親族の居住の用に供されていた部分を含みます（措令40の2④）。なお、親族であれば、法定相続人以外の親族も含まれます。

（注2）家なき子の要件は、「被相続人の配偶者又は相続開始の直前において被相続人の居住の用に供されていた家屋に居住していた親族（法定相続人）がいない場合」で「相続開始前3年以内に相続税法の施行地内にある当該親族、当該親族の配偶者、当該親族の三親等内の親族又は当該親族と特別の関係がある法人が所有する家屋（相続開始の直前において被相続人の居住の用に供されていた家屋を除きます。）に居住したことがないこと」になっています（措法69の4③二ロ）。

（注3）被相続人と生計を一にしていた親族であつて、相続開始時から申告期限まで引き続き当該宅地等を有し、かつ、相続開始前から申告期限まで引き続き当該宅地等を自己の居住の用に供していること（措法69の4③二ハ）。

（注4）上記（注2）の「相続開始の直前において被相続人の居住の用に供されていた家屋」については、「被相続人が1棟の建物でその構造上区分された数個の部分の各部分を独立して住居その他の用途に供することができるものの独立部分の一に居住していたときは、当該独立部分をいうものとする（措通69の4-21）。」となっていますので、被相続人と異なる独立した建物部分に居住する場合は含まれないものと考えられます。

（注5）被相続人の居住の用に供されていた1棟の建物が区分所有建物である場合、当該被相続人の居住の用に供されていた部分となります（措令40の2⑩）。

IV 特定居住用宅地等

図表4-13 居住の用に供されていた宅地の適用分類

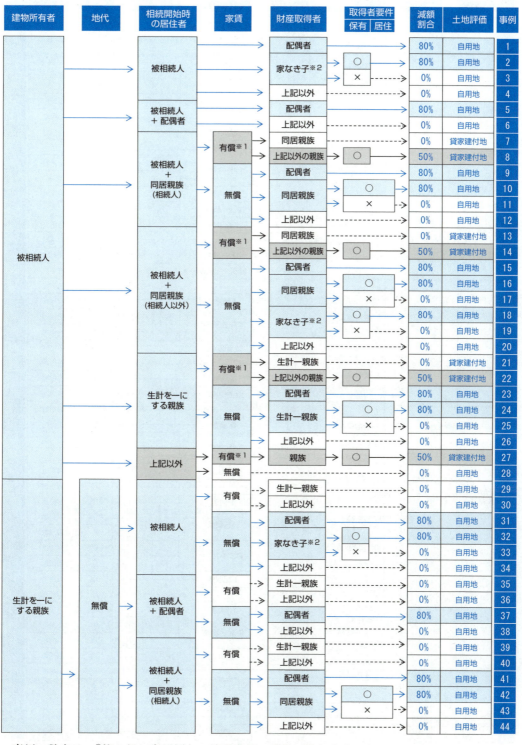

事例の数字は、「第2部 事例編」の該当事例の番号になります。

Ⅳ 特定居住用宅地等

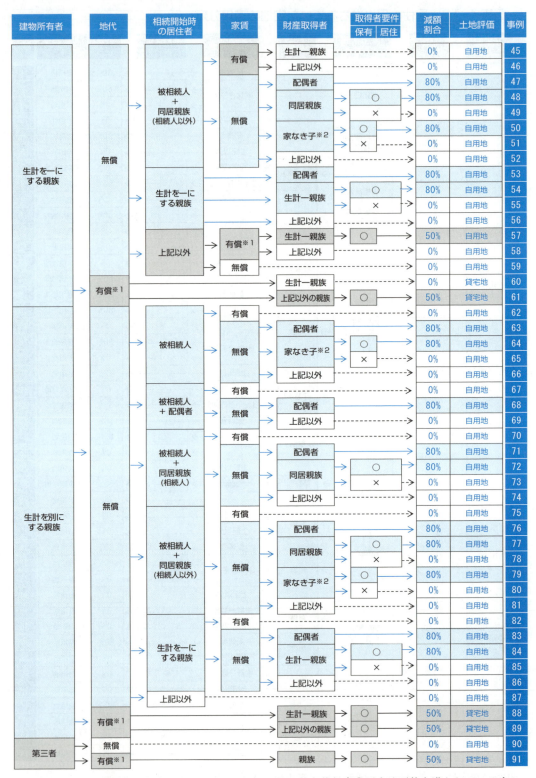

※1　地代や家賃等が有償のケースについては、その他の貸付事業用宅地要件を満たしているものとします。
※2　「家なき子」に該当する場合、被相続に配偶者がいないことが要件となります。

Ⅴ　貸付事業用宅地等

1．貸付事業用宅地等の概要

　　貸付事業用宅地等とは、被相続人等の貸付事業(1)の用に供されていた宅地等(2)で、次に掲げる要件のいずれかを満たす当該被相続人の親族が相続又は遺贈により取得したものをいいます。

① 被相続人の貸付事業の用に供されていた宅地等
　イ　当該親族が、相続開始時から相続税の申告期限までの間に当該宅地等に係る被相続人の貸付事業を引き継ぎ、
　ロ　相続税の申告期限まで引き続き当該宅地等を有し、
　ハ　当該貸付事業の用に供していること。
② 被相続人と生計を一にする親族の貸付事業の用に供されていた宅地等
　イ　当該被相続人と生計を一にしていた者で、
　ロ　相続開始時から相続税の申告期限まで引き続き当該宅地等を有し、
　ハ　相続開始前から相続税の申告期限まで引き続き当該宅地等を自己の貸付事業の用に供していること。
　ニ　生計を一にする親族が、生前、被相続人に対して当該宅地等に係る地代又は当該宅地等の上に建築されている建物に係る家賃の支払がないこと(3)

(1)　貸付事業

　　貸付事業とは、不動産貸付業、その他政令で定めるもの（駐車場業、自転車駐車場及び準事業）に限ります（「貸付事業」といいます。措令40の2⑥）。

　　また、特定同族会社事業用宅地等を除き、政令で定める部分（被相続人等の事業の用に供されていた宅地等のうち措法69の4第3項第4号に定める要件に該当する部分（被相続人の親族が相続又は遺贈により取得した持分の割合に応ずる部分に限ります））に限ります（措令40の2⑦⑱）。

　　なお、平成30年4月1日以降の相続から、「相続開始前3年以内に、新たに貸付事業の用に供された宅地等（相続開始の日まで3年を超えて引き続き特定貸付事業（貸付事業のうち準事業以外のもの）を行っていた被相続人等の当該貸付事業の用に供されていたものを除きます）を除きます」との要件が追加されました。

　　☞110頁「Q&A21　事業的規模でない不動産貸付けの場合」

Ⅴ　貸付事業用宅地等

⑵　被相続人等の貸付事業の用に供されていた宅地等

　平成30年4月1日以降の相続から、「相続開始前3年以内に、新たに貸付事業の用に供された宅地等（相続開始の日まで3年を超えて引き続き特定貸付事業（貸付事業のうち準事業以外のもの）を行っていた被相続人等の当該貸付事業の用に供されていたものを除く）を除く。」との要件が追加されました。

　☞95頁「Q&A5　財産管理人が被相続人の宅地を事業の用に供していた場合の小規模宅地等の特例の適用の可否」
　☞95頁「Q&A6　私道部分に係る小規模宅地等の特例の適用の可否」

⑶　家賃の支払がないこと

　生計を一にする親族が地代又は家賃を支払っている場合には、被相続人の貸付事業に該当することになりますが、当該宅地等をその生計を一にする親族が取得した場合、賃貸人と賃借人が同一人となり、相続開始後貸付事業を継続することができないため、貸付事業用宅地等には該当しません。

図表5-1　貸付事業用宅地等の要件

区　　分		特例適用要件
被相続人の貸付事業の用に供されていた宅地等	貸付期間要件	相続開始前3年以内に、新たに貸付事業の用に供された宅地等（相続開始の日まで3年を超えて引き続き特定貸付事業を行っていた被相続人等の当該貸付事業の用に供されていたものを除きます※2）でないこと※1
	事業承継要件	被相続人の貸付事業を申告期限までに承継し、かつ、その申告期限までその貸付事業を行っていること
	保有継続要件	その宅地等を申告期限まで有していること
被相続人と生計を一にする親族の貸付事業の用に供されていた宅地等	貸付期間要件	相続開始前3年以内に、新たに貸付事業の用に供された宅地等（相続開始の日まで3年を超えて引き続き特定貸付事業※2を行っていた被相続人等の当該貸付事業の用に供されていたものを除きます）でないこと※1
	事業継続要件	相続開始前から申告期限まで、その宅地等を自己の貸付事業の用に供していること
	保有継続要件	その宅地等を申告期限まで有していること
	無償使用要件	被相続人に対して当該宅地等に係る地代又は当該宅地上の建物に係る家賃の支払がないこと（被相続人の貸付事業の用となる）

　※1　平成30年4月1日以降の相続から、この要件が追加されました。なお、施行日（平成30年4月1日）から令和3年3月31日までの間に相続又は遺贈により取得をする宅地等に係る新租税特別措置法第69条の4第3項第4号の規定の適用については、同号中「相続開始前3年以内」

とあるのは、「平成30年4月1日以後」に新たに貸付事業の用に供されたものとする経過措置が設けられています（平成30年所得税法等の一部を改正する法律附則118④、措通69の4-24の8）。

※2　特定貸付事業とは、租税特別措置法第69条の4第3項第4号に規定する貸付事業のうち準事業以外のものをいいます（措令40の2⑯）。

区　分	用　語　の　定　義
貸付事業	不動産貸付業、駐車場業、自転車駐車場及び準事業（措法69の4③四、措令40の2⑥）
特定貸付事業※3	貸付事業のうち準事業以外のもの（措令40の2⑯）
準事業※3	事業と称するに至らない不動産の貸付けその他これに類する行為で相当の対価を得て継続的に行うもの（措令40の2①）

※3　特定貸付事業及び準事業の判定については、「5．特定貸付事業とは」を参照してください。

2．不動産貸付業等の範囲

被相続人等の不動産貸付業、駐車場業又は自転車駐車場業については、その規模、設備の状況及び営業形態等を問わずすべて貸付事業用宅地等となり、特定事業用宅地等には該当しません（措通69の4-13）。

ただし、下宿等のように部屋を使用させるとともに食事を供する事業は、租税特別措置法第69条の4第3項第1号及び第4号に規定する「不動産貸付業その他政令で定めるもの」に当たりませんので、貸付事業に該当しません（措通69の4-14）。

3．被相続人等の貸付事業の用に供されていた宅地等

被相続人等の貸付事業の用に供されていた宅地等とは、相続開始の日まで3年を超えて引き続き貸付事業の用に供されていたもの及び相続開始の日まで3年を超えて引き続き特定貸付事業を行っていた被相続人等の当該貸付事業の用に供されていたものをいいます。したがって、被相続人等が相続開始の日まで3年を超えて引き続き特定貸付事業を行っていた場合、3年以内に貸付事業の用に供した宅地等であっても被相続人等の貸付事業の用に供されていた宅地等に該当します。

また、被相続人等の貸付事業の用に供されていた宅地等に該当するかどうかは、当該宅地等が相続開始の時において現実に貸付事業の用に供されていたかどうかで判定しますが、貸付事業の用に供されていた宅地等には、当該貸付事業に係る建物等のうちに相続開始の時において一時的に賃貸されていなかったと認められる部分がある場合における当該部分に係る宅地等の部分が含まれます（措通69の4-24の2）。

（注）措置法通達69の4-5の取扱いがある場合を除き、新たに貸付事業の用に供する建物等を建築中である場合や、新たに建築した建物等に係る賃借人の募集その他の貸付事業の準備行為が行われているに過ぎない場合には、当該宅地等は貸付事業の用に供されていた宅地等に該当しません。

Ⅴ　貸付事業用宅地等

図表5-2　被相続人等の貸付事業の用に供されていた宅地等

被相続人等の貸付事業区分		貸付期間要件
相続開始3年以内に貸付事業に供された宅地等※1	3年を超えて引き続き特定貸付事業を行っていた被相続人等	該　当
	上記以外の被相続人等	非該当
相続開始前3年を超えて引き続き貸付事業に供された宅地等※2		該　当

※1　相続開始前3年以内に宅地等が新たに被相続人等が行う特定貸付事業の用に供された場合において、その供された時から相続開始の日までの間に当該被相続人等が行う貸付事業が特定貸付事業に該当しないこととなったときは、当該宅地等は、相続開始の日まで3年を超えて引き続き特定貸付事業を行っていた被相続人等の貸付事業の用に供されたものに該当せず、租税特別措置法第69条の4第3項第4号に規定する貸付事業用宅地等の対象となる宅地等から除かれます（措通69の4-24の5）。

☞59頁「（参考2）特定貸付事業が引き続き行われていない場合の取扱い」

（注）被相続人等が行っていた特定貸付事業が措通69の4-24の3に掲げる場合に該当する場合には、当該特定貸付事業は、引き続き行われているものに該当します。

※2　相続開始前3年を超えて引き続き被相続人等の貸付事業の用に供されていた宅地等については、特定貸付事業以外の貸付事業に係るものであっても、租税特別措置法第69条の4第3項第4号イ又はロに掲げる要件を満たす親族が取得した場合には、同号に規定する貸付事業用宅地等に該当します（措通69の4-24の7）。

（注）被相続人等の貸付事業の用に供されていた宅地等が措置法通達69の4-24の3に掲げる場合に該当する場合には、当該宅地等は引き続き貸付事業の用に供されていた宅地等に該当します。

4. 新たに貸付事業の用に供されたか否かの判定

　租税特別措置法第69条の4第3項第4号の「新たに貸付事業の用に供された」※1とは、貸付事業の用以外の用に供されていた宅地等が貸付事業の用に供された場合又は宅地等若しくはその上にある建物等につき「何らの利用がされていない場合」※2の当該宅地等が貸付事業の用に供された場合をいいます（措通69の4-24の3）。

※1　賃貸借契約等につき更新がされた場合は、新たに貸付事業の用に供されたときに該当しませんので、賃貸が継続していたものとして相続開始前3年以内の判定を行います。

※2　次に掲げる場合のように、建物等が一時的に賃貸されていなかったに過ぎないと認められるときには、当該建物等に係る宅地等は、「何らの利用がされていない場合」に該当しません。

①　継続的に賃貸されていた建物等につき賃借人が退去をした場合において、その退去後速やかに新たな賃借人の募集が行われ、賃貸されていたとき（新たな賃借人が入居するまでの間、当該建物等を貸付事業の用以外の用に供していないときに限ります）。

②　継続的に賃貸されていた建物等につき建替えが行われた場合（措通69の4-5の取扱いを参照）において、建物等の建替え後速やかに新たな賃借人の募集が行われ、賃貸されていたとき（当該建替え後の建物等を貸付事業の用以外の用に供していないときに限ります）。なお、建替え後の建物等の敷地の用に供された宅地等のうちに、建替え前の建物等の敷地の用に供されていなかった宅地等が含まれるときは、当該供されていなかった宅地等については、新たに貸付事業の用に供された宅地等に該当しますので注意が必要です。

③ 継続的に賃貸されていた建物等が災害により損害を受けたため、当該建物等に係る貸付事業を休業した場合（措通69の4-17の取扱いを参照）において、当該貸付事業の再開のための当該建物等の修繕その他の準備が行われ、当該貸付事業が再開されていたとき（休業中に当該建物等を貸付事業の用以外の用に供していないときに限ります）

（参考１）賃借人の退去があった場合の「新たに貸付事業の用に供された」時

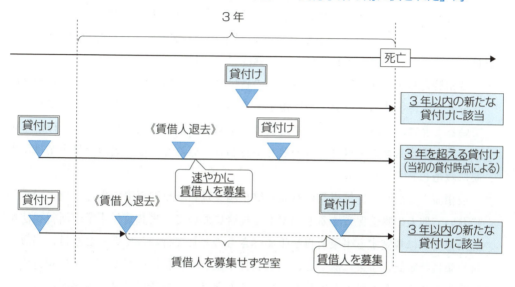

（参考２）特定貸付事業が引き続き行われていない場合の取扱い

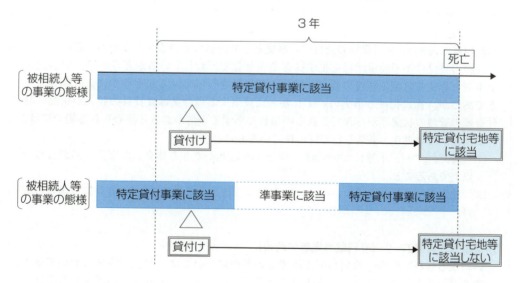

Ⅴ　貸付事業用宅地等

5.　特定貸付事業とは

　特定貸付事業とは、貸付事業のうち準事業以外のものをいいますが、被相続人等の貸付事業が準事業以外の貸付事業に当たるかどうかについては、社会通念上、事業と称するに至る程度の規模で当該貸付事業が行われていたかどうかにより判定することになります。なお、この判定に当たっては、次によりますが、所得税基本通達26-9（建物の貸付けが事業として行われているかどうかの判定）及び27-2（有料駐車場等の所得）の取扱いがあることに注意が必要です（措通69の4-24の4）。

① 　被相続人等が行う貸付事業が不動産の貸付けである場合において、当該不動産の貸付けが所得税法第26条第1項に規定する不動産所得を生ずべき事業として行われているときは、当該貸付事業は特定貸付事業に該当し、当該不動産の貸付けが不動産所得を生ずべき事業以外のものとして行われているときは、当該貸付事業は準事業に該当します。

② 　被相続人等が行う貸付事業の対象が駐車場又は自転車駐車場であって自己の責任において他人の物を保管するものである場合において、当該貸付事業が所得税法第27条第1項に規定する事業所得を生ずべきものとして行われているときは、当該貸付事業は特定貸付事業に該当し、当該貸付事業が所得税法第35条第1項に規定する雑所得を生ずべきものとして行われているときは、当該貸付事業は準事業に該当します。

　≪参考通達≫
　所得税基本通達26-9　（建物の貸付けが事業として行われているかどうかの判定）
　建物の貸付けが不動産所得を生ずべき事業として行われているかどうかは、社会通念上事業と称するに至る程度の規模で建物の貸付けを行っているかどうかにより判定すべきであるが、次に掲げる事実のいずれか一に該当する場合又は賃貸料の収入の状況、貸付資産の管理の状況等からみてこれらの場合に準ずる事情があると認められる場合には、特に反証がない限り、事業として行われているものとする。
　(1)　貸間、アパート等については、貸与することができる独立した室数がおおむね10以上であること。
　(2)　独立家屋の貸付けについては、おおむね5棟以上であること。（有料駐車場等の所得）

　所得税基本通達27-2　（有料駐車場等の所得）
　いわゆる有料駐車場、有料自転車置場等の所得については、自己の責任において他人の物を保管する場合の所得は事業所得又は雑所得に該当し、そうでない場合の所得は不動産所得に該当する。

（参考）貸付事業の態様と所得区分

貸付けの態様		事業的規模	事業と称するに至らないもの
不動産の貸付		不動産貸付事業 〔不動産所得を 生ずべき事業〕	準事業 〔不動産所得を 生ずべき事業以外〕
駐車場・ 自転車駐車場	（下記以外）		
	自己の責任に おいて他人の 物を保管	駐車場業 自転車駐車場業 【事業所得を生ずべきもの】	準事業 【雑所得を生ずべきもの】

6. 経過措置

　平成30年所得税法等の一部を改正する法律附則第118条第4項の規定により、平成30年4月1日から令和3年3月31日までの間に相続又は遺贈により取得をした宅地等については、平成30年4月1日以後に新たに貸付事業の用に供されたもの（相続開始の日まで3年を超えて引き続き特定貸付事業を行っていた被相続人等の当該特定貸付事業の用に供されたものを除きます）が、租税特別措置法第69条の4第3項第4号に規定する貸付事業用宅地等の対象となる宅地等から除かれます（措通69の4-24の8）。

（参考）貸付事業用宅地等に係る経過措置

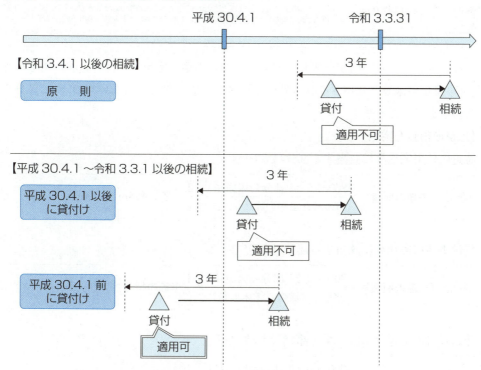

（注）上記は、被相続人等が相続開始前3年を超えて特定貸付事業を行っていない場合のもの

Ⅵ 申告書等の記載例

記載例 1　複数の利用区分が存する場合

　被相続人甲は、自己の所有する土地（600㎡）の上に建物１棟を所有し、その建物について下図のように利用していた。配偶者乙と子丙は、土地及び建物の共有持分２分の１をそれぞれ相続により取得し、相続税の申告期限まで有している。
　乙は、上記建物に申告期限まで引き続き居住しているほか、甲の貸付事業を丙とともに引き継ぎ、乙・丙ともに申告期限まで引き続き貸付事業の用に供している。
　また、甲が上記建物で営んでいた書籍・雑誌小売業については丙が事業を承継し、申告期限まで引き続き営んでいる。
　この場合に小規模宅地等の特例の対象（特定事業用宅地等、特定居住用宅地等及び貸付事業用宅地等）として選択できるのはどの部分か。

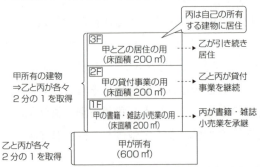

甲と乙の居住の用に供されていた部分に相当する宅地等の相続税評価額　20,000,000 円
甲の貸付事業の用に供されていた部分に相当する宅地等の相続税評価額　15,800,000 円
甲の書籍・雑誌小売業の用に供されていた部分に相当する宅地等の相続税評価額
　　　　　　　　　　　　　　　　　　　　　　　　　　　　　　　　20,000,000 円

　本件の場合の乙及び丙が取得した宅地を「特定事業用宅地等」、「特定居住用宅地等」、「貸付事業用宅地等」及び「それ以外の宅地等（減額対象とならないもの）」に区分すると次のとおりとなります。

〔乙が取得した宅地〕

特定居住用宅地等に該当する部分（３F）

$$600㎡（宅地の面積）\times \frac{200㎡（３F部分の床面積）}{600㎡（建物の総床面積）} \times \frac{1}{2}（乙の持分）=100㎡$$

貸付事業用宅地等に該当する部分（２F）

$$600㎡（宅地の面積）\times \frac{200㎡（２F部分の床面積）}{600㎡（建物の総床面積）} \times \frac{1}{2}（乙の持分）=100㎡$$

それ以外の宅地等に該当する部分（１F）

$$600㎡（宅地の面積）\times \frac{200㎡（１F部分の床面積）}{600㎡（建物の総床面積）} \times \frac{1}{2}（乙の持分）=100㎡$$

※　乙は、甲の書籍・雑誌小売業を承継していないことから乙が取得した部分のうち１F部分に相

VI　申告書等の記載例

当する部分（100㎡）は特定事業用宅地等には該当しないため、当該部分（100㎡）については小規模宅地等の特例の適用はありません。

〔丙が取得した宅地〕

特定事業用宅地等に該当する部分（1F）

$$600㎡（宅地の面積）\times \frac{200㎡（1F部分の床面積）}{600㎡（建物の総床面積）}\times \frac{1}{2}（丙の持分）＝100㎡$$

貸付事業用宅地等に該当する部分（2F）

$$600㎡（宅地の面積）\times \frac{200㎡（2F部分の床面積）}{600㎡（建物の総床面積）}\times \frac{1}{2}（丙の持分）＝100㎡$$

それ以外の宅地等に該当する部分（3F）

$$600㎡（宅地の面積）\times \frac{200㎡（3F部分の床面積）}{600㎡（建物の総床面積）}\times \frac{1}{2}（丙の持分）＝100㎡$$

※　丙が取得した部分のうち3F部分に相当する部分（100㎡）は特定居住用宅地等の要件を満たしていないことから当該部分（100㎡）については、小規模宅地等の特例の適用はありません。

　上記のとおり、乙が取得した宅地（600㎡×1/2＝300㎡）のうち「3F部分」に相当する部分（100㎡）が特定居住用宅地等として、「2F部分」に相当する部分（100㎡）については貸付事業用宅地等として、また、丙が取得した宅地（600㎡×1/2＝300㎡）のうち「1F」に相当する部分（100㎡）については特定事業用宅地等として、「2F部分」に相当する部分（100㎡）については貸付事業用宅地等として、小規模宅地等の特例の適用を選択することができます。

　ただし、小規模宅地等の特例の適用に当たっては、限度面積要件があるため、乙及び丙が取得した部分のうち特例の選択が可能な部分のすべてを小規模宅地等の特例の適用対象として選択することはできません。

　仮に、乙が取得した部分のうち特定居住用宅地等（100㎡）のすべてと貸付事業用宅地等（100㎡）のうち89.3939㎡、丙が取得した部分のうち特定事業用宅地等（100㎡）のすべてを選択して、小規模宅地等の特例の適用を受ける場合の相続税の申告書第11・11の2表の付表1及び第11・11の2表の付表1（別表）の記載は64～65頁のとおりです。

【限度面積の計算】

　100㎡×200/330＋100㎡×200/400＋89.3939㎡≦200㎡

（平成22年7月13日「資産課税課情報第18号」に加筆）

63

Ⅵ　申告書等の記載例

小規模宅地等についての課税価格の計算明細書

FD3545

被相続人　甲

○この申告書は機械で読み取りますので、黒ボールペンで記入してください。

この表は、小規模宅地等の特例（租税特別措置法第69条の4第1項）の適用を受ける場合に記入します。
なお、被相続人から、相続、遺贈又は相続時精算課税に係る贈与により取得した財産のうちに、「特定計画山林の特例」又は「特定事業用資産の特例」の対象となり得る財産がある場合には、第11・11の2表の付表2を作成します（第11・11の2表の付表2を作成する場合には、この表の「1　特例の適用にあたっての同意」欄の記入を要しません。）。

1　特例の適用にあたっての同意

この欄は、小規模宅地等の特例の対象となり得る宅地等を取得した全ての人が次の内容に同意する場合に、その宅地等を取得した全ての人の氏名を記入します。

私（私たち）は、「2　小規模宅地等の明細」の①欄の取得者が、小規模宅地等の特例の適用を受けるものとして選択した宅地等又はその一部（「2　小規模宅地等の明細」の⑤で選択した宅地等）の全てが限度面積要件を満たすものであることを確認の上、その取得者が小規模宅地等の特例の適用を受けることに同意します。

氏名	乙	丙	

（注）1　小規模宅地等の特例の対象となり得る宅地等を取得した全ての人の同意がなければ、この特例の適用を受けることはできません。
　　　2　上記の各欄に記入しきれない場合には、第11・11の2表の付表1（続）を使用します。

2　小規模宅地等の明細

この欄は、小規模宅地等についての特例の対象となり得る宅地等を取得した人のうち、その特例の適用を受ける人が選択した小規模宅地等の明細等を記載し、相続税の課税価格に算入する価額を計算します。

「小規模宅地等の種類」欄は、選択した小規模宅地等の種類に応じて次の1～4の番号を記入します。
小規模宅地等の種類：1 特定居住用宅地等、2 特定事業用宅地等、3 特定同族会社事業用宅地等、4 貸付事業用宅地等

選択した小規模宅地等	小規模宅地等の種類1～4の番号を記入します。	① 特例の適用を受ける取得者の氏名〔事業内容〕 ② 所在地番 ③ 取得者の持分に応ずる宅地等の面積 ④ 取得者の持分に応ずる宅地等の価額	⑤ ④のうち小規模宅地等（限度面積要件を満たす宅地等）の面積 ⑥ ④のうち小規模宅地等（④×⑤／③）の価額 ⑦ 課税価格の計算に当たって減額される金額（⑥×⑨） ⑧ 課税価格に算入する価額（④－⑦）
	1	① 乙　〔　　　〕	⑤ 100.　　　　㎡
		② 東京都練馬区練馬	⑥ 100000000 円
		③ 100.　　㎡	⑦ 80000000 円
		④ 100000000 円	⑧ 20000000 円
	4	① 乙　〔　貸家　〕	⑤ 89.393939 ㎡
		② 東京都練馬区練馬	⑥ 70621221 円
		③ 100.　　㎡	⑦ 35310606 円
		④ 79000000 円	⑧ 43689400 円
	2	① 丙　〔　書籍、雑誌小売　〕	⑤ 100.　　　　㎡
		② 東京都練馬区練馬	⑥ 100000000 円
		③ 100.　　㎡	⑦ 80000000 円
		④ 100000000 円	⑧ 20000000 円

（注）1　①欄の〔　〕は、選択した小規模宅地等が被相続人等の事業用宅地等（2、3又は4）である場合に、相続開始の直前にその宅地等の上で行われていた被相続人等の事業について、例えば、飲食サービス業、法律事務所、貸家などのように具体的に記入します。
　　　2　小規模宅地等を選択する一の宅地等が共有である場合又は一の宅地等が貸家建付地である場合において、その評価額の計算上「賃貸割合」が1でないときには、第11・11の2表の付表1（別表）を作成します。
　　　3　⑧欄の金額を第11表の「財産の明細」の「価額」欄に転記します。
　　　4　上記の各欄に記入しきれない場合には、第11・11の2表の付表1（続）を使用します。

○「限度面積要件」の判定

上記「2　小規模宅地等の明細」の⑤欄で選択した宅地等の全てが限度面積要件を満たすものであることを、この表の各欄を記入することにより判定します。

※の項目は記入する必要がありません。

小規模宅地等の区分	被相続人等の居住用宅地等	被相続人等の事業用宅地等		
小規模宅地等の種類	1 特定居住用宅地等	2 特定事業用宅地等	3 特定同族会社事業用宅地等	4 貸付事業用宅地等
⑨ 減額割合	80/100	80/100	80/100	50/100
⑩ ⑤の小規模宅地等の面積の合計	100 ㎡	100 ㎡	㎡	89.393939 ㎡
⑪限度面積 イ 小規模宅地等のうちに4貸付事業用宅地等がない場合	〔1の⑩の面積〕 ≦330㎡	〔2の⑩及び3の⑩の面積の合計〕 ㎡ ≦ 400㎡		
⑪限度面積 ロ 小規模宅地等のうちに4貸付事業用宅地等がある場合	〔1の⑩の面積〕 100 ㎡×200/330 +	〔2の⑩及び3の⑩の面積の合計〕 100 ㎡×200/400 +		〔4の⑩の面積〕 89.393939 ㎡ ≦ 200㎡

（注）限度面積は、小規模宅地等の種類（「4 貸付事業用宅地等」の選択の有無）に応じて、⑪欄（イ又はロ）により判定を行います。「限度面積要件」を満たす場合に限り、この特例の適用を受けることができます。

※ 税務署整理欄	年分				名簿番号				申告年月日									一連番号		グループ番号		補完	

第11・11の2表の付表1（平30.7）

（資4-20-12-3-1-A4統一）

第11・11の2表の付表1（平成27年分以降用）

Ⅵ　申告書等の記載例

小規模宅地等についての課税価格の計算明細書（別表）

被相続人　甲

第11・11の2表の付表1（別表）（平成27年分以降用）

この計算明細は、特例の対象として小規模宅地等を選択する一の宅地等（注）が、次のいずれかに該当する場合に一の宅地等ごとに作成します。
1　相続又は遺贈により一の宅地等を2人以上の相続人又は受遺者が取得している場合
2　一の宅地等の全部又は一部が、貸家建付地である場合において、貸家建付地の評価額の計算上「賃貸割合」が「1」でない場合
　（注）　一の宅地等とは、一棟の建物又は構築物の敷地をいいます。ただし、マンションなどの区分所有建物の場合には、区分所有された建物の部分に係る敷地をいいます。

1　一の宅地等の所在地、面積及び評価額
　一の宅地等について、宅地等の「所在地」、「面積」及び相続開始の直前における宅地等の利用区分に応じて「面積」及び「評価額」を記入します。
　(1)　「①宅地等の面積」欄は、一の宅地等が持分である場合には、持分に応ずる面積を記入してください。
　(2)　上記2に該当する場合には、⑪欄については、⑤欄の面積を基に自用地として評価した金額を記入してください。

宅地等の所在地	東京都練馬区練馬		①宅地等の面積		600.0000 ㎡
	相続開始の直前における宅地等の利用区分		面積（㎡）	評価額（円）	
A	①のうち被相続人等の事業の用に供されていた宅地等（B、C及びDに該当するものを除きます。）	②	200.0000	⑧	20,000,000
B	①のうち特定同族会社の事業（貸付事業を除きます。）の用に供されていた宅地等	③		⑨	
C	①のうち被相続人等の貸付事業の用に供されていた宅地等（相続開始の時において継続的に貸付事業の用に供されていると認められる部分の敷地）	④	200.0000	⑩	15,800,000
D	①のうち被相続人等の貸付事業の用に供されていた宅地等（Cに該当する部分以外の部分の敷地）	⑤		⑪	
E	①のうち被相続人等の居住の用に供されていた宅地等	⑥	200.0000	⑫	20,000,000
F	①のうちAからEの宅地等に該当しない宅地等	⑦		⑬	

2　一の宅地等の取得者ごとの面積及び評価額
　上記のAからFまでの宅地等の面積及び評価額を、宅地等の取得者ごとに記入します。
　(1)　「持分割合」欄は、宅地等の取得者が相続又は遺贈により取得した持分割合を記入します。一の宅地等を1人で取得した場合には、「1/1」と記入します。
　(2)　「1　持分に応じた宅地等」は、上記のAからFまでに記入した一の宅地等の「面積」及び「評価額」を「持分割合」を用いてあん分して計算した「面積」及び「評価額」を記入します。
　(3)　「2　左記の宅地等のうち選択特例対象宅地等」は、「1　持分に応じた宅地等」に記入した「面積」及び「評価額」のうち、特例の対象として選択する部分を記入します。なおBの宅地等の場合は、上段に「特定同族会社事業用宅地等」として選択する部分の、下段に「貸付事業用宅地等」として選択する部分の「面積」及び「評価額」をそれぞれ記入します。
　　　「2　特例の対象のうち選択特例対象宅地等」に記入した宅地等の「面積」及び「評価額」は、「申告書第11・11の2表の付表1」の「2小規模宅地等の明細」の「③取得者の持分に応ずる宅地等の面積」欄及び「④取得者の持分に応ずる宅地等の価額」欄に転記します。
　(4)　「3　特例の対象とならない宅地等（1-2）」には、「1　持分に応じた宅地等」のうち「2　左記の宅地等のうち選択特例対象宅地等」欄に記入した以外の宅地等について記入します。この欄に記入した「面積」及び「評価額」は、申告書第11表に転記します。

宅地等の取得者氏名	乙		⑭持分割合	1/2		
	1　持分に応じた宅地等		2　左記の宅地等のうち選択特例対象宅地等		3　特例の対象とならない宅地等（1-2）	
	面積（㎡）	評価額（円）	面積（㎡）	評価額（円）	面積（㎡）	評価額（円）
A	②×⑭ 100.000000	⑧×⑭ 10,000,000			100.000000	10,000,000
B	③×⑭	⑨×⑭				
C	④×⑭ 100.000000	⑩×⑭ 7,900,000	100.000000	7,900,000		
D	⑤×⑭	⑪×⑭				
E	⑥×⑭ 100.000000	⑫×⑭ 10,000,000	100.000000	10,000,000		
F	⑦×⑭	⑬×⑭				

宅地等の取得者氏名	丙		⑮持分割合	1/2		
	1　持分に応じた宅地等		2　左記の宅地等のうち選択特例対象宅地等		3　特例の対象とならない宅地等（1-2）	
	面積（㎡）	評価額（円）	面積（㎡）	評価額（円）	面積（㎡）	評価額（円）
A	②×⑮ 100.000000	⑧×⑮ 10,000,000	100.000000	10,000,000		
B	③×⑮	⑨×⑮				
C	④×⑮ 100.000000	⑩×⑮ 7,900,000			100.000000	7,900,000
D	⑤×⑮	⑪×⑮				
E	⑥×⑮ 100.000000	⑫×⑮ 10,000,000			100.000000	10,000,000
F	⑦×⑮	⑬×⑮				

第11・11の2表の付表1（別表）（平30.7）　　　　　　　　　　　　　　　（資4-20-12-3-5-A4統一）

Ⅵ 申告書等の記載例

記載例2 被相続人の共有する土地が被相続人等の居住の用と貸付事業の用に供されていた場合

被相続人甲は、配偶者乙と共有する土地の上に建物2棟を所有し、1棟（A建物）は甲と乙の居住の用に供し、他の1棟（B建物）は甲の貸付事業の用に供していた。

乙は、甲が所有する土地の共有持分、A建物及びB建物を相続により取得し、A建物は引き続き居住の用に供し、B建物は、甲の貸付事業を引き継ぎ、引き続き貸付事業の用に供している。この場合に特定居住用宅地等と貸付事業用宅地等に該当する部分はどの部分となるか。

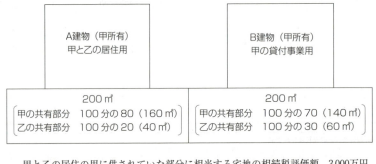

甲と乙の居住の用に供されていた部分に相当する宅地の相続税評価額　3,000万円
甲の貸付事業の用に供されていた部分に相当する宅地の相続税評価額　2,400万円

一般的に、土地の共有持分権者がその土地に有する権利は、その土地のすべてに均等に及ぶと解されています。そうすると、本件の場合は、土地に係る甲の共有持分は、A建物の敷地とB建物の敷地に均等に及んでいると考えるのが相当です。

したがって、乙が取得した甲の共有持分のうち、A建物の敷地部分に相当する部分（160㎡）が特定居住用宅地等として、B建物の敷地部分に相当する部分（140㎡）が貸付事業用宅地等として、小規模宅地等の特例の適用を選択することができます。

ただし、小規模宅地等の特例の適用に当たっては、限度面積要件があるため、乙が取得した特例の選択が可能な部分のすべてを小規模宅地等の特例の適用対象として選択することはできません。

仮に、特定居住用宅地等（160㎡）のすべてと貸付事業用宅地等（140㎡）のうち（103.0303㎡）を選択して、小規模宅地等の特例の適用を受ける場合の相続税の申告書第11・11の2表の付表1の記載は次頁のとおりです。

【限度面積の計算】
　160㎡×200/330＋103.0303㎡≦200㎡

Ⅵ　申告書等の記載例

小規模宅地等についての課税価格の計算明細書

FD3545

被相続人　甲

この表は、小規模宅地等の特例（租税特別措置法第69条の4第1項）の適用を受ける場合に記入します。
なお、被相続人から、相続、遺贈又は相続時精算課税に係る贈与により取得した財産のうちに、「特定計画山林の特例」又は「特定事業用資産の特例」の対象となり得る財産がある場合には、第11・11の2表の付表2を作成します（第11・11の2表の付表2を作成する場合には、この表の「1　特例の適用にあたっての同意」欄の記入を要しません。）。

1　特例の適用にあたっての同意
この欄は、小規模宅地等の特例の対象となり得る宅地等を取得した全ての人が次の内容に同意する場合に、その宅地等を取得した全ての人の氏名を記入します。
　私（私たち）は、「2　小規模宅地等の明細」の①欄の取得者が、小規模宅地等の特例の適用を受けるものとして選択した宅地等又はその一部（「2　小規模宅地等の明細」の⑤欄で選択した宅地等）の全てが限度面積要件を満たすものであることを確認の上、その取得者が小規模宅地等の特例の適用を受けることに同意します。

氏名	Z		

（注）1　小規模宅地等の特例の対象となり得る宅地等を取得した全ての人の同意がなければ、この特例の適用を受けることはできません。
　　　2　上記の各欄に記入しきれない場合には、第11・11の2表の付表1（続）を使用します。

2　小規模宅地等の明細
この欄は、小規模宅地等についての特例の対象となり得る宅地等を取得した人のうち、その特例の適用を受ける人が選択した小規模宅地等の明細等を記載し、相続税の課税価格に算入する価額を計算します。
「小規模宅地等の種類」欄は、選択した小規模宅地等の種類に応じて次の1～4の番号を記入します。
　小規模宅地等の種類：1 特定居住用宅地等、2 特定事業用宅地等、3 特定同族会社事業用宅地等、4 貸付事業用宅地等

選択した小規模宅地等

小規模宅地等の種類（1～4の番号を記入します。）		
① 特例の適用を受ける取得者の氏名〔事業内容〕	⑤ ③のうち小規模宅地等（限度面積要件を満たす宅地等）の面積	
② 所在地番	⑥ ④のうち小規模宅地等（④×⑤／③）の価額	
③ 取得者の持分に応ずる宅地等の面積	⑦ 課税価格の計算に当たって減額される金額（⑥×⑨）	
④ 取得者の持分に応ずる宅地等の価額	⑧ 課税価格に算入する価額（④－⑦）	

種類	記載欄	値
1	① Z〔　〕	⑤ 160．㎡
	② 東京都練馬区練馬	⑥ 240000000 円
	③ 160．㎡	⑦ 192000000 円
	④ 240000000 円	⑧ 48000000 円
4	① Z〔貸家〕	⑤ 103.0303 ㎡
	② 東京都練馬区練馬	⑥ 123636336 円
	③ 140．㎡	⑦ 61818168 円
	④ 168000000 円	⑧ 106181882 円
	① 〔　〕	⑤ ．㎡
	②	⑥ 円
	③ ．㎡	⑦ 円
	④ 円	⑧ 円

（注）1　①欄の「〔　〕」は、選択した小規模宅地等が被相続人等の事業用宅地等（2、3又は4）である場合に、相続開始の直前にその宅地等の上で行われていた被相続人等の事業について、例えば、飲食サービス業、法律事務所、貸家などのように具体的に記入します。
　　　2　小規模宅地等を選択する一の宅地等が共有である場合又は一の宅地等が貸家建付地である場合において、その評価額の計算上「賃貸割合」が1でないときには、第11・11表の付表1（別表）を作成します。
　　　3　⑧欄の金額を第11表の「財産の明細」の「価額」欄に転記します。
　　　4　上記の各欄に記入しきれない場合には、第11・11の2表の付表1（続）を使用します。

○「限度面積要件」の判定
上記「2 小規模宅地等の明細」の⑤欄で選択した宅地等の全てが限度面積要件を満たすものであることを、この表の各欄を記入することにより判定します。

小規模宅地等の区分	被相続人等の居住用宅地等	被相続人等の事業用宅地等		
小規模宅地等の種類	1 特定居住用宅地等	2 特定事業用宅地等	3 特定同族会社事業用宅地等	4 貸付事業用宅地等
⑨ 減額割合	80/100	80/100	80/100	50/100
⑩ ⑤の小規模宅地等の面積の合計	160 ㎡	㎡	㎡	103.0303 ㎡
⑪ 限度面積 イ　小規模宅地等のうちに4貸付事業用宅地等がない場合	[1]の⑩の面積 ≦330㎡	[2]の⑩及び[3]の⑩の面積の合計 ㎡ ≦ 400㎡		
⑪ 限度面積 ロ　小規模宅地等のうちに4貸付事業用宅地等がある場合	[1]の⑩の面積 160 ㎡×200/330	[2]の⑩及び[3]の⑩の面積の合計 ㎡×200/400	+	[4]の⑩の面積 103.0303 ㎡ ≦ 200㎡

（注）限度面積は、小規模宅地等の種類（「4 貸付事業用宅地等」の選択の有無）に応じて、⑪欄（イ又はロ）により判定を行います。「限度面積要件」を満たす場合に限り、この特例の適用を受けることができます。

※税務署整理欄	年分	名簿番号	申告年月日	一連番号	グループ番号	補完

第11・11の2表の付表1（平30.7）
（資4-20-12-3-1-A4統一）

◯この申告書は機械で読み取りますので、黒ボールペンで記入してください。

※の項目は記入する必要がありません。

第11・11の2表の付表1（平成27年分以降用）

Ⅰ　小規模宅地等の特例の概要
Ⅱ　特定事業用宅地等
Ⅲ　特定同族会社事業用宅地等
Ⅳ　特定居住用宅地等
Ⅴ　貸付事業用宅地等
Ⅵ　申告書等の記載例
Ⅶ　質疑応答

Ⅵ 申告書等の記載例

　なお、相続税の申告書第11・11の２表の付表１（別表）は、次の①又は②に該当する場合に作成することとされていることから、本件の場合はその作成を要しません。

①　相続又は遺贈により一の宅地等を２以上の相続人又は受遺者が取得している場合

②　一の宅地等の全部又は一部が、貸家建付地である場合において、貸家建付地の評価額の計算上「賃貸割合」が「１」でない場合

※　一の宅地等とは、一棟の建物又は構築物の敷地をいう。ただし、マンションなどの区分所有建物の場合には、区分所有された建物の部分に係る敷地をいう。

〔甲の共有持分の利用状況〕

　　A建物（居住用）の敷地部分　　　200㎡×（80÷100）＝160㎡

　　B建物（貸付事業用）の敷地部分　　200㎡×（70÷100）＝140㎡

〔甲の共有持分の価額〕

　　A建物の敷地部分　30,000,000円×（80÷100）＝24,000,000円

　　B建物の敷地部分　24,000,000円×（70÷100）＝16,800,000円

（平成22年７月13日「資産課税課情報第18号」に加筆）

記載例 3　特定同族会社事業用宅地等と貸付事業用宅地等が混在する場合

被相続人甲は、自己の所有する土地（400㎡）の上に建物１棟を所有し、甲が発行済株式総数の60％の株式を有する会社Ａ社に対してその建物を相当の対価を得て貸し付けていた。

Ａ社は、甲から借受けた建物の１階を日用雑貨小売業の店舗として利用し、２階をＢ社に貸し付けている。甲の子乙（乙は相続税の申告期限においてＡ社の役員となっている）及び子丙（丙は相続税の申告期限においてＡ社の役員ではない）は、甲がＡ社に貸し付けていた建物とその敷地について、各々２分の１を相続により取得した。

また、乙及び丙は、相続開始時から申告期限まで引き続きその建物をＡ社に貸し付けており、Ａ社は申告期限まで引き続きその建物の１階を日用雑貨小売業の店舗として利用し、２階をＢ社に貸し付けている。

この場合、小規模宅地等の特例の適用対象として選択できる部分はどの部分か。

```
┌────────────────────────┐
│  A社がB社に貸付け（300㎡）   │
├────────────────────────┤  ⇒ 甲所有の建物
│                        │    ⇒乙及び丙が各々
│  A社が日用雑貨小売業の店舗    │      2分の1を取得
│  として利用（300㎡）        │
└────────────────────────┘
┌────────────────────────┐
│     甲が所有（400㎡）       │
│ ⇒乙及び丙が各々2分の1を取得   │
│ （相続税評価額 40,000,000円）  │
└────────────────────────┘
```

　特定同族会社事業用宅地等に該当するためには、その宅地等が「法人の事業の用に供されていた宅地等」であるという要件があります（措法69の４③三）。

　この場合の「法人の事業」からは、不動産貸付業、駐車場業、自転車駐車場業及び準事業が除かれています（措法69の４③一、措令40の２⑥）。

　また、特定同族会社事業用宅地等に該当するためには、「当該宅地等を相続又は遺贈により取得した当該被相続人の親族（申告期限において当該法人の法人税法第２条第15号に規定する役員（清算人を除きます）である者に限ります）が相続開始時から申告期限まで引き続き有し、かつ、申告期限まで引き続き当該法人の事業の用に供されているもの」という要件があります（措法69の４③三、措規23の２⑤）。

　したがって、本件の場合、乙が相続により取得した部分（400㎡×１/２＝200㎡）のうち、Ａ社が日用雑貨小売業の店舗として利用している部分（100㎡）は、特定同族会社事業用宅地等として、小規模宅地等の特例の適用を選択することができます。

　また、丙が相続により取得した部分（400㎡×１/２＝200㎡）のうち、Ａ社が日用雑貨小売業の店舗として利用している部分（100㎡）は、丙が申告期限においてＡ社の役員になっていないため特定同族会社事業用宅地等には該当しないものの、Ａ社がＢ社に貸し付けている部分（200㎡）と同様に、貸付事業用宅地等として、小規模宅地等の特例の適用を選択することができます。

　ただし、小規模宅地等の特例の適用に当たっては、限度面積要件があるため、乙及び丙が取得した特例の選択が可能な部分のすべてを小規模宅地等の特例の適用対象として選択することはできません。

Ⅵ　申告書等の記載例

　仮に、特定同族会社事業用宅地等（100㎡）と貸付事業用宅地等（300㎡）のうち限度
面積要件を満たした150㎡を選択（選択に当たっては、乙の取得した部分について75㎡、
丙の取得した部分について75㎡とします）して、小規模宅地等の特例の適用を受ける場
合の相続税の申告書第11・11の２表の付表１及び第11・11の２表の付表１（別表）の記
載は71～72頁のとおりです。

【限度面積の計算】
　100㎡×200/400＋75㎡＋75㎡≦200㎡

（平成22年７月13日「資産課税課情報第18号」に加筆）

小規模宅地等についての課税価格の計算明細書

FD3545

被相続人 **甲**

第11・11の2表の付表1（平成27年分以降用）

この表は、小規模宅地等の特例（租税特別措置法第69条の4第1項）の適用を受ける場合に記入します。
なお、被相続人から、相続、遺贈又は相続時精算課税に係る贈与により取得した財産のうちに、「特定計画山林の特例」又は「特定事業用資産の特例」の対象となり得る財産がある場合には、第11・11の2表の付表2を作成します（第11・11の2表の付表2を作成する場合には、この表の「1 特例の適用にあたっての同意」欄の記入を要しません。）。

○この申告書は機械で読み取りますので、黒ボールペンで記入してください。

1 特例の適用にあたっての同意

この欄は、小規模宅地等の特例の対象となり得る宅地等を取得した全ての人が次の内容に同意する場合に、その宅地等を取得した全ての人の氏名を記入します。

私（私たち）は、「2 小規模宅地等の明細」の①欄の取得者が、小規模宅地等の特例の適用を受けるものとして選択した宅地等又はその一部（「2 小規模宅地等の明細」の⑤欄で選択した宅地等）の全てが限度面積要件を満たすものであることを確認の上、その取得者が小規模宅地等の特例の適用を受けることに同意します。

氏名	乙	丙	

（注）1 小規模宅地等の特例の対象となり得る宅地等を取得した全ての人の同意がなければ、この特例の適用を受けることはできません。
2 上記の各欄に記入しきれない場合には、第11・11の2表の付表1（続）を使用します。

2 小規模宅地等の明細

この欄は、小規模宅地等についての特例の対象となり得る宅地等を取得した人のうち、その特例の適用を受ける人が選択した小規模宅地等の明細等を記載し、相続税の課税価格に算入する価額を計算します。

「小規模宅地等の種類」欄は、選択した小規模宅地等の種類に応じて次の1～4の番号を記入します。
小規模宅地等の種類：1 特定居住用宅地等、2 特定事業用宅地等、3 特定同族会社事業用宅地等、4 貸付事業用宅地等

選択した小規模宅地等

小規模宅地等の種類（1～4の番号を記入します。）	① 特例の適用を受ける取得者の氏名 〔事業内容〕 ② 所在地番 ③ 取得者の持分に応ずる宅地等の面積 ④ 取得者の持分に応ずる宅地等の価額	⑤ ③のうち小規模宅地等（「限度面積要件」を満たす宅地等）の面積 ⑥ ④のうち小規模宅地等（④×⑤／③）の価額 ⑦ 課税価格の計算に当たって減額される金額（⑥×⑨） ⑧ 課税価格に算入する価額（④－⑦）
3	① 乙 〔日用雑貨小売〕	⑤ 100. ㎡
	② 東京都練馬区練馬	⑥ 10000000 円
	③ 100. ㎡	⑦ 8000000 円
	④ 10000000 円	⑧ 2000000 円
4	① 乙 〔貸家〕	⑤ 75. ㎡
	② 東京都練馬区練馬	⑥ 7500000 円
	③ 100. ㎡	⑦ 3750000 円
	④ 10000000 円	⑧ 6250000 円
4	① 丙 〔貸家〕	⑤ 75. ㎡
	② 東京都練馬区練馬	⑥ 7500000 円
	③ 200. ㎡	⑦ 3750000 円
	④ 20000000 円	⑧ 16250000 円

（注）1 ①欄の「〔 〕」は、選択した小規模宅地等が被相続人等の事業用宅地等（2、3又は4）である場合に、相続開始の直前にその宅地等の上で行われていた被相続人等の事業について、例えば、飲食サービス業、法律事務所、貸家などのように具体的に記入します。
2 小規模宅地等を選択する一の宅地等が共有である場合又は一の宅地等が貸家建付地である場合において、その評価額の計算上「賃貸割合」が1でないときには、第11・11の2表の付表1（別表）を作成します。
3 ⑧欄の金額を第11表の「財産の明細」の「価額」欄に転記します。
4 上記の各欄に記入しきれない場合には、第11・11の2表の付表1（続）を使用します。

○ 「限度面積要件」の判定

上記「2 小規模宅地等の明細」の⑤欄で選択した宅地等の全てが限度面積要件を満たすものであることを、この表の各欄を記入することにより判定します。

※の項目は記入する必要がありません。

小規模宅地等の区分	被相続人等の居住用宅地等	被相続人等の事業用宅地等		
小規模宅地等の種類	1 特定居住用宅地等	2 特定事業用宅地等	3 特定同族会社事業用宅地等	4 貸付事業用宅地等
⑨ 減額割合	$\frac{80}{100}$	$\frac{80}{100}$	$\frac{80}{100}$	$\frac{50}{100}$
⑩ ⑤の小規模宅地等の面積の合計	㎡	㎡	100 ㎡	150 ㎡
⑪ 限度面積 イ 小規模宅地等のうちに4貸付事業用宅地等がない場合	〔1の⑩の面積〕 ≦330㎡	〔2の⑩及び3の⑩の面積の合計〕 ㎡ ≦ 400㎡		
⑪ 限度面積 ロ 小規模宅地等のうちに4貸付事業用宅地等がある場合	〔1の⑩の面積〕 ㎡×$\frac{200}{330}$ +	〔2の⑩及び3の⑩の面積の合計〕 100 ㎡×$\frac{200}{400}$ +		〔4の⑩の面積〕 150 ㎡ ≦ 200㎡

（注）限度面積は、小規模宅地等の種類（「4 貸付事業用宅地等」の選択の有無）に応じて、⑪欄（イ又はロ）により判定を行います。「限度面積要件」を満たす場合に限り、この特例の適用を受けることができます。

※ 税務署整理欄	年分	名簿番号	申告年月日	一連番号	グループ番号	補完

第11・11の2表の付表1（平30.7）

（資4－20－12－3－1－A4統一）

Ⅵ　申告書等の記載例

小規模宅地等についての課税価格の計算明細書（別表）　　被相続人　甲

第11・11の2表の付表1（別表）（平成27年分以降用）

　この計算明細は、特例の対象として小規模宅地等を選択する一の宅地等（注）が、次のいずれかに該当する場合に一の宅地等ごとに作成します。
1　相続又は遺贈により一の宅地等を2人以上の相続人又は受遺者が取得している場合
2　一の宅地等の全部又は一部が、貸家建付地である場合において、貸家建付地の評価額の計算上「賃貸割合」が「1」でない場合
　（注）　一の宅地等とは、一棟の建物又は構築物の敷地をいいます。ただし、マンションなどの区分所有建物の場合には、区分所有された建物の部分に係る敷地をいいます。

1　一の宅地等の所在地、面積及び評価額
　一の宅地等について、宅地等の「所在地」、「面積」及び相続開始の直前における宅地等の利用区分に応じて「面積」及び「評価額」を記入します。
　(1)　「①宅地等の面積」欄は、一の宅地等が持分である場合には、持分に応ずる面積を記入してください。
　(2)　上記2に該当する場合には、⑪欄については、⑤欄の面積を基に自用地として評価した金額を記入してください。

宅地等の所在地	**東京都練馬区練馬**	①宅地等の面積		400.0000 ㎡
	相続開始の直前における宅地等の利用区分	面積（㎡）	評価額（円）	
A	①のうち被相続人等の事業の用に供されていた宅地等（B、C及びDに該当するものを除きます。）	②	⑧	
B	①のうち特定同族会社の事業（貸付事業を除きます。）の用に供されていた宅地等	③　200.0000	⑨　20,000,000	
C	①のうち被相続人等の貸付事業の用に供されていた宅地等（相続開始の時において継続的に貸付事業の用に供されていると認められる部分の敷地）	④　200.0000	⑩　20,000,000	
D	①のうち被相続人等の貸付事業の用に供されていた宅地等（Cに該当する部分以外の部分の敷地）	⑤	⑪	
E	①のうち被相続人等の居住の用に供されていた宅地等	⑥	⑫	
F	①のうちAからEの宅地等に該当しない宅地等	⑦	⑬	

2　一の宅地等の取得者ごとの面積及び評価額
　上記のAからFまでの宅地等の「面積」及び「評価額」を、宅地等の取得者ごとに記入します。
　(1)　「持分割合」欄は、宅地等の取得者が相続又は遺贈により取得した持分割合を記入します。一の宅地等を1人で取得した場合には、「1/1」と記入します。
　(2)　「1　持分に応じた宅地等」は、上記のAからFまでに記入した一の宅地等の「面積」及び「評価額」を「持分割合」を用いてあん分して計算した「面積」及び「評価額」を記入します。
　(3)　「2　左記の宅地等のうち選択特例対象宅地等」は、「1　持分に応じた宅地等」に記入した「面積」及び「評価額」のうち、特例の対象として選択する部分を記入します。なおBの宅地等の場合は、上段に「特定同族会社事業用宅地等」として選択する部分の、下段に「貸付事業用宅地等」として選択する部分の「面積」及び「評価額」をそれぞれ記入します。
　　「2　左記の宅地等のうち選択特例対象宅地等」に記入した宅地等の「面積」及び「評価額」は、「申告書第11・11の2表の付表1」の「2小規模宅地等の明細」の「③取得者の持分に応ずる宅地等の面積」欄及び「④取得者の持分に応ずる宅地等の価額」欄に転記します。
　(4)　「3　特例の対象とならない宅地等（1-2）」には、「1　持分に応じた宅地等」のうち「2　左記の宅地等のうち選択特例対象宅地等」欄に記入した以外の宅地等について記入します。この欄に記入した「面積」及び「評価額」は、申告書第11表に転記します。

宅地等の取得者氏名	**乙**		⑭持分割合	**1/2**		
	1　持分に応じた宅地等		2　左記の宅地等のうち選択特例対象宅地等		3　特例の対象とならない宅地等（1-2）	
	面積（㎡）	評価額（円）	面積（㎡）	評価額（円）	面積（㎡）	評価額（円）
A	②×⑭	⑧×⑭				
B	③×⑭　100.000000	⑨×⑭　10,000,000	100.000000	10,000,000		
C	④×⑭　100.000000	⑩×⑭　10,000,000	100.000000	10,000,000		
D	⑤×⑭	⑪×⑭				
E	⑥×⑭	⑫×⑭				
F	⑦×⑭	⑬×⑭				

宅地等の取得者氏名	**丙**		⑮持分割合	**1/2**		
	1　持分に応じた宅地等		2　左記の宅地等のうち選択特例対象宅地等		3　特例の対象とならない宅地等（1-2）	
	面積（㎡）	評価額（円）	面積（㎡）	評価額（円）	面積（㎡）	評価額（円）
A	②×⑮	⑧×⑮				
B	③×⑮　100.000000	⑨×⑮　10,000,000	100.000000	10,000,000		
C	④×⑮　100.000000	⑩×⑮　10,000,000	100.000000	10,000,000		
D	⑤×⑮	⑪×⑮				
E	⑥×⑮	⑫×⑮				
F	⑦×⑮	⑬×⑮				

第11・11の2表の付表1（別表）（平30.7）　　　　　　　　　　（資4-20-12-3-5-A4統一）

Ⅵ　申告書等の記載例

記載例 4　マンションの区分所有権の数戸を取得した場合

　　被相続人甲は、1棟の建物に構造上区分された数戸の部分で独立して住居、店舗、事務所又は倉庫その他建物としての用途に供することができるもの（いわゆるマンション）について全40戸のうち3戸を有していた。

　　なお、その敷地利用権（所有権）は、マンションの敷地（1,000㎡）に対してそれぞれ40分の1となっている。甲は3戸のうち1戸を甲とその配偶者乙及び子丙の居住の用に、残り2戸を甲の貸付事業の用に供していた。

　　乙は、甲が所有していた3戸のうち居住の用に供していた1戸を相続により取得し、申告期限まで引き続き自己の居住の用に供している。丙は、残り2戸を相続により取得し、申告期限まで引き続き貸付事業の用に供している。

　　相続税の申告に当たり、乙は相続により取得した1戸に対応する敷地について特定居住用宅地等として選択し（特定居住用宅地等の要件は満たしている）、丙は相続により取得した2戸に対応する敷地について貸付事業用宅地等として選択し（貸付事業用宅地等の要件は満たしている）小規模宅地等の特例の適用を受ける。

　　この場合の相続税の申告書第11・11の2表の付表1及び第11・11の2表の付表1（別表）の記載はどのようにすればよいか。

　　甲と乙の居住の用に供されていた部分に相当する宅地等の相続税評価額　2,000万円
　　甲の貸付事業の用に供されていた部分に相当する宅地等の相続税評価額　1,580万円
　　※　上記各相続税評価額は、1戸分に対応する部分のものである。

　本件の場合の相続税の申告書第11・11の2表の付表1の記載は次頁のとおりです。

　なお、相続税の申告書第11・11の2表の付表1（別表）は、次の①又は②に該当する場合に作成することとされていることから、本件の場合はその作成を要しません。

① 　相続又は遺贈により一の宅地等を2以上の相続人又は受遺者が取得している場合

② 　一の宅地等の全部又は一部が、貸家建付地である場合において、貸家建付地の評価額の計算上「賃貸割合」が「1」でない場合

※ 　一の宅地等とは、1棟の建物又は構築物の敷地をいう。ただし、マンションなどの区分所有建物の場合には、区分所有された建物の部分に係る敷地をいう。

【限度面積の計算】

$25㎡ \times 200/400 + 25㎡ + 25㎡ \leq 200㎡$

（平成22年7月13日「資産課税課情報第18号」に加筆）

73

Ⅵ　申告書等の記載例

小規模宅地等についての課税価格の計算明細書

FD3545

被相続人　甲

この表は、小規模宅地等の特例（租税特別措置法第69条の4第1項）の適用を受ける場合に記入します。
なお、被相続人から、相続、遺贈又は相続時精算課税に係る贈与により取得した財産のうちに、「特定計画山林の特例」又は「特定事業用資産の特例」の対象となり得る財産がある場合には、第11・11の2表の付表2を作成します（第11・11の2表の付表2を作成する場合には、この表の「1　特例の適用にあたっての同意」欄の記入を要しません。）。

1　特例の適用にあたっての同意

この欄は、小規模宅地等の特例の対象となり得る宅地等を取得した全ての人が次の内容に同意する場合に、その宅地等を取得した全ての人の氏名を記入します。

　私（私たち）は、「2　小規模宅地等の明細」の①欄の取得者が、小規模宅地等の特例の適用を受けるものとして選択した宅地等又はその一部（「2　小規模宅地等の明細」の⑤欄で選択した宅地等）の全てが限度面積要件を満たすものであることを確認の上、その取得者が小規模宅地等の特例の適用を受けることに同意します。

氏名	乙	丙	

（注）1　小規模宅地等の特例の対象となり得る宅地等を取得した全ての人の同意がなければ、この特例の適用を受けることはできません。
　　　2　上記の各欄に記入しきれない場合には、第11・11の2表の付表1（続）を使用します。

2　小規模宅地等の明細

この欄は、小規模宅地等についての特例の対象となり得る宅地等を取得した人のうち、その特例の適用を受ける人が選択した小規模宅地等の明細等を記載し、相続税の課税価格に算入する価額を計算します。

「小規模宅地等の種類」欄は、選択した小規模宅地等の種類に応じて次の1〜4の番号を記入します。
小規模宅地等の種類：①特定居住用宅地等、②特定事業用宅地等、③特定同族会社事業用宅地等、④貸付事業用宅地等

選択した小規模宅地等

小規模宅地等の種類 1〜4の番号を記入します。	① 特例の適用を受ける取得者の氏名 〔事業内容〕 ② 所在地番 ③ 取得者の持分に応ずる宅地等の面積 ④ 取得者の持分に応ずる宅地等の価額	⑤ ③のうち小規模宅地等（限度面積要件を満たす宅地等）の面積 ⑥ ④のうち小規模宅地等（④×⑤／③）の価額 ⑦ 課税価格の計算に当たって減額される金額（⑥×⑨） ⑧ 課税価格に算入する価額（④−⑦）
1	① 乙 〔　　　　〕	⑤ 2 5 .　　　　　㎡
	② 東京都練馬区練馬	⑥ 2 0 0 0 0 0 0 0 円
	③ 　　2 5 .　　　　㎡	⑦ 1 6 0 0 0 0 0 0 円
	④ 　2 0 0 0 0 0 0 0 円	⑧ 4 0 0 0 0 0 0 円
4	① 丙 〔 貸家 〕	⑤ 2 5 .　　　　　㎡
	② 東京都練馬区練馬	⑥ 1 5 8 0 0 0 0 0 円
	③ 　　2 5 .　　　　㎡	⑦ 7 9 0 0 0 0 0 円
	④ 　1 5 8 0 0 0 0 0 円	⑧ 7 9 0 0 0 0 0 円
4	① 丙 〔 貸家 〕	⑤ 2 5 .　　　　　㎡
	② 東京都練馬区練馬	⑥ 1 5 8 0 0 0 0 0 円
	③ 　　2 5 .　　　　㎡	⑦ 7 9 0 0 0 0 0 円
	④ 　1 5 8 0 0 0 0 0 円	⑧ 7 9 0 0 0 0 0 円

（注）1　①欄の「〔　〕」は、選択した小規模宅地等が被相続人等の事業用宅地等（②、③又は④）である場合に、相続開始の直前にその宅地等の上で行われていた被相続人等の事業について、例えば、飲食サービス業、法律事務所、貸家などのように具体的に記入します。
　　　2　小規模宅地等を選択する一の宅地等が共有である場合又は一の宅地等が貸家建付地である場合において、その評価額の計算上「賃貸割合」が1でないときには、第11・11の2表の付表1（別表）を作成します。
　　　3　⑧欄の金額を第11表の「財産の明細」の「価額」欄に転記します。
　　　4　上記の各欄に記入しきれない場合には、第11・11の2表の付表1（続）を使用します。

○「限度面積要件」の判定

上記「2　小規模宅地等の明細」の⑤欄で選択した宅地等の全てが限度面積要件を満たすものであることを、この表の各欄を記入することにより判定します。

小規模宅地等の区分	被相続人等の居住用宅地等	被相続人等の事業用宅地等		
小規模宅地等の種類	① 特定居住用宅地等	② 特定事業用宅地等	③ 特定同族会社事業用宅地等	④ 貸付事業用宅地等
⑨ 減額割合	80/100	80/100	80/100	50/100
⑩ ⑤の小規模宅地等の面積の合計	25 ㎡	㎡	㎡	50 ㎡
⑪ 限度面積 イ 小規模宅地等のうちに④貸付事業用宅地等がない場合	［①の⑩の面積］ ≦330㎡	［②の⑩及び③の⑩の面積の合計］ ㎡ ≦ 400㎡		
⑪ 限度面積 ロ 小規模宅地等のうちに④貸付事業用宅地等がある場合	［①の⑩の面積］ 25 ㎡×200/330 ＋	［②の⑩及び③の⑩の面積の合計］ ㎡×200/400 ＋	［④の⑩の面積］ 50 ㎡	≦ 200㎡

（注）限度面積は、小規模宅地等の種類（「④貸付事業用宅地等」の選択の有無）に応じて、⑪欄（イ又はロ）により判定を行います。「限度面積要件」を満たす場合に限り、この特例の適用を受けることができます。

※ 税務署整理欄	年分	名簿番号	申告年月日	一連番号	グループ番号	補完

第11・11の2表の付表1（平30.7）

（資4−20−12−3−1−A4統一）

74

記載例 5　共有宅地についての小規模宅地等の特例の選択

　下図のような被相続人甲の居住の用に供されていた家屋の敷地について、特定居住用宅地等（配偶者乙、子丙が各々2分の1を相続により取得し、ともに特定居住用宅地等の要件は満たしている）として選択し、小規模宅地等の特例の適用を受ける場合の相続税の申告書第11・11の2表の付表1及び第11・11の2表の付表1（別表）の記載はどのようにすればよいか。

　土地（300㎡）の相続税評価額　60,000,000円

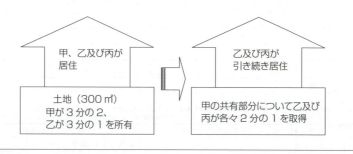

　相続税の申告書第11・11の2表の付表1及び第11・11の2表の付表1（別表）の記載は76～77頁のとおりです。なお、甲の持分のすべてを乙又は丙が単独で相続又は遺贈により取得した場合は、第11・11の2表の付表1（別表）の作成を要しません。

【限度面積の計算】
　100㎡×200/330＋100㎡×200/330≦200㎡

（平成22年7月13日「資産課税課情報第18号」に加筆）

Ⅵ　申告書等の記載例

小規模宅地等についての課税価格の計算明細書　　　FD3545

被相続人　甲

この表は、小規模宅地等の特例（租税特別措置法第69条の4第1項）の適用を受ける場合に記入します。
なお、被相続人から、相続、遺贈又は相続時精算課税に係る贈与により取得した財産のうちに、「特定計画山林の特例」又は「特定事業用資産の特例」の対象となり得る財産がある場合には、第11・11の2表の付表2を作成します（第11・11の2表の付表2を作成する場合には、この表の「1　特例の適用にあたっての同意」欄の記入を要しません。）。

1　特例の適用にあたっての同意

この欄は、小規模宅地等の特例の対象となり得る宅地等を取得した全ての人が次の内容に同意する場合に、その宅地等を取得した全ての人の氏名を記入します。
私（私たち）は、「2　小規模宅地等の明細」の①欄の取得者が、小規模宅地等の特例の適用を受けるものとして選択した宅地等又はその一部（「2　小規模宅地等の明細」の⑤欄で選択した宅地等）の全てが限度面積要件を満たすものであることを確認の上、その取得者が小規模宅地等の特例の適用を受けることに同意します。

氏名	乙	丙	

(注)　1　小規模宅地等の特例の対象となり得る宅地等を取得した全ての人の同意がなければ、この特例の適用を受けることはできません。
　　　2　上記の各欄に記入しきれない場合には、第11・11の2表の付表1（続）を使用します。

2　小規模宅地等の明細

この欄は、小規模宅地等についての特例の対象となり得る宅地等を取得した人のうち、その特例の適用を受ける人が選択した小規模宅地等の明細を記載し、相続税の課税価格に算入する価額を計算します。
「小規模宅地等の種類」欄は、選択した小規模宅地等の種類に応じて次の1～4の番号を記入します。
小規模宅地等の種類：1 特定居住用宅地等、2 特定事業用宅地等、3 特定同族会社事業用宅地等、4 貸付事業用宅地等

小規模宅地等の種類 1～4の番号を記入します。	① 特例の適用を受ける取得者の氏名　〔事業内容〕 ② 所在地番 ③ 取得者の持分に応ずる宅地等の面積 ④ 取得者の持分に応ずる宅地等の価額	⑤ ③のうち小規模宅地等（「限度面積要件」を満たす宅地等）の面積 ⑥ ④のうち小規模宅地等（④×⑤／③）の価額 ⑦ 課税価格の計算に当たって減額される金額（⑥×⑨） ⑧ 課税価格に算入する価額（④－⑦）
1	① 乙　〔　　　　〕 ② 東京都練馬区練馬 ③ 100. ㎡ ④ 200000000 円	⑤ 100. ㎡ ⑥ 200000000 円 ⑦ 160000000 円 ⑧ 40000000 円
1	① 丙　〔　　　　〕 ② 東京都練馬区練馬 ③ 100. ㎡ ④ 200000000 円	⑤ 100. ㎡ ⑥ 200000000 円 ⑦ 160000000 円 ⑧ 40000000 円
	① 　〔　　　　〕 ② ③ . ㎡ ④ 円	⑤ . ㎡ ⑥ 円 ⑦ 円 ⑧ 円

(注)　1　①欄の「〔　〕」は、選択した小規模宅地等が被相続人等の事業用宅地等（2、3又は4）である場合に、相続開始の直前にその宅地等の上で行われていた被相続人等の事業について、例えば、飲食サービス業、法律事務所、貸家などのように具体的に記入します。
　　　2　小規模宅地等を選択する一の宅地等が共有である場合又は一の宅地等が貸家建付地である場合において、その評価額の計算上「賃貸割合」が1でないときには、第11・11の2表の付表1（別表）を作成します。
　　　3　⑧欄の金額を第11表の「財産の明細」の「価額」欄に転記します。
　　　4　上記の各欄に記入しきれない場合には、第11・11の2表の付表1（続）を使用します。

○　「限度面積要件」の判定

上記「2　小規模宅地等の明細」の⑤欄で選択した宅地等の全てが限度面積要件を満たすものであることを、この表の各欄を記入することにより判定します。

小規模宅地等の区分	被相続人等の居住用宅地等	被相続人等の事業用宅地等		
小規模宅地等の種類	1 特定居住用宅地等	2 特定事業用宅地等	3 特定同族会社事業用宅地等	4 貸付事業用宅地等
⑨ 減額割合	80/100	80/100	80/100	50/100
⑩ ⑤の小規模宅地等の面積の合計	200 ㎡	㎡	㎡	㎡
⑪ イ 限度面積 小規模宅地等のうちに4貸付事業用宅地等がない場合	〔1の⑩の面積〕 200 ≦330㎡	〔2の⑩及び3の⑩の面積の合計〕 ㎡ ≦ 400㎡		
⑪ ロ 限度面積 小規模宅地等のうちに4貸付事業用宅地等がある場合	〔1の⑩の面積〕 ㎡×200/330 +	〔2の⑩及び3の⑩の面積の合計〕 ㎡×200/400 +	〔4の⑩の面積〕 ㎡ ≦ 200㎡	

(注)　限度面積は、小規模宅地等の種類（「4 貸付事業用宅地等」の選択の有無）に応じて、⑪欄（イ又はロ）により判定を行います。「限度面積要件」を満たす場合に限り、この特例の適用を受けることができます。

※ 税務署整理欄	年分	名簿番号	申告年月日	一連番号	グループ番号	補完

第11・11の2表の付表1（平30.7）　　　　　　　　　　　　　　　　　　　　　　　　　（資4－20－12－3－1－A4統一）

VI　申告書等の記載例

小規模宅地等についての課税価格の計算明細書（別表）

被相続人　　甲

第11・11の2表の付表1（別表）（平成27年分以降用）

　この計算明細は、特例の対象として小規模宅地等を選択する一の宅地等（注）が、次のいずれかに該当する場合に一の宅地等ごとに作成します。
1　相続又は遺贈により一の宅地等を2人以上の相続人又は受遺者が取得している場合
2　一の宅地等の全部又は一部が、貸家建付地である場合において、貸家建付地の評価額の計算上「賃貸割合」が「1」でない場合
　（注）　一の宅地等とは、一棟の建物又は構築物の敷地をいいます。ただし、マンションなどの区分所有建物の場合には、区分所有された建物の部分に係る敷地をいいます。

1　一の宅地等の所在地、面積及び評価額

　一の宅地等について、その宅地等の「所在地」、「面積」及び相続開始の直前における宅地等の利用区分に応じて「面積」及び「評価額」を記入します。
　(1)　「①宅地等の面積」欄は、一の宅地等が持分である場合には、持分に応ずる面積を記入してください。
　(2)　上記2に該当する場合には、⑪欄については、⑤欄の面積を基に自用地として評価した金額を記入してください。

宅地等の所在地	東京都練馬区練馬	①宅地等の面積			200.0000 ㎡
	相続開始の直前における宅地等の利用区分	面積（㎡）		評価額（円）	
A	①のうち被相続人等の事業の用に供されていた宅地等（B、C及びDに該当するものを除きます。）	②		⑧	
B	①のうち特定同族会社の事業（貸付事業を除きます。）の用に供されていた宅地等	③		⑨	
C	①のうち被相続人等の貸付事業の用に供されていた宅地等（相続開始の時において継続的に貸付事業の用に供されていると認められる部分の敷地）	④		⑩	
D	①のうち被相続人等の貸付事業の用に供されていた宅地等（Cに該当する部分以外の部分の敷地）	⑤		⑪	
E	①のうち被相続人等の居住の用に供されていた宅地等	⑥	200.0000	⑫	40,000,000
F	①のうちAからEの宅地等に該当しない宅地等	⑦		⑬	

2　一の宅地等の取得者ごとの面積及び評価額

　上記のAからFまでの宅地等の「面積」及び「評価額」を、宅地等の取得者ごとに記入します。
　(1)　「持分割合」欄は、宅地等の取得者が相続又は遺贈により取得した持分割合を記入します。一の宅地等を1人で取得した場合には、「1/1」と記入します。
　(2)　「1　持分に応じた宅地等」は、上記のAからFまでに記入した一の宅地等の「面積」及び「評価額」を「持分割合」を用いてあん分して計算した「面積」及び「評価額」を記入します。
　(3)　「2　左記の宅地等のうち選択特例対象宅地等」は、「1　持分に応じた宅地等」に記入した「面積」及び「評価額」のうち、特例の対象として選択する部分を記入します。なおBの宅地等の場合は、上段に「特定同族会社事業用宅地等」として選択する部分の、下段に「貸付事業用宅地等」として選択する部分の「面積」及び「評価額」をそれぞれ記入します。
　　「2　左記の宅地等のうち選択特例対象宅地等」に記入した宅地等の「面積」及び「評価額」は、「申告書第11・11の2表の付表1」の「2小規模宅地等の明細」の「③取得者の持分に応ずる宅地等の面積」欄及び「④取得者の持分に応ずる宅地等の価額」欄に転記します。
　(4)　「3　特例の対象とならない宅地等（1−2）」には、「1　持分に応じた宅地等」のうち「2　左記の宅地等のうち選択特例対象宅地等」欄に記入した以外の宅地等について記入します。この欄に記入した「面積」及び「評価額」は、申告書第11表に転記します。

宅地等の取得者氏名		Z	⑭持分割合		1/2		
	1　持分に応じた宅地等		2　左記の宅地等のうち選択特例対象宅地等		3　特例の対象とならない宅地等（1−2）		
	面積（㎡）	評価額（円）	面積（㎡）	評価額（円）	面積（㎡）	評価額（円）	
A	②×⑭	⑧×⑭					
B	③×⑭	⑨×⑭					
C	④×⑭	⑩×⑭					
D	⑤×⑭	⑪×⑭					
E	⑥×⑭ 100.000000	⑫×⑭ 20,000,000	100.000000	20,000,000			
F	⑦×⑭	⑬×⑭					

宅地等の取得者氏名		丙	⑮持分割合		1/2		
	1　持分に応じた宅地等		2　左記の宅地等のうち選択特例対象宅地等		3　特例の対象とならない宅地等（1−2）		
	面積（㎡）	評価額（円）	面積（㎡）	評価額（円）	面積（㎡）	評価額（円）	
A	②×⑮	⑧×⑮					
B	③×⑮	⑨×⑮					
C	④×⑮	⑩×⑮					
D	⑤×⑮	⑪×⑮					
E	⑥×⑮ 100.000000	⑫×⑮ 20,000,000	100.000000	20,000,000			
F	⑦×⑮	⑬×⑮					

第11・11の2表の付表1（別表）（平30.7）

（資4−20−12−3−5−A4統一）

Ⅵ　申告書等の記載例

記載例 6　共同住宅の一部が空室となっていた場合

　被相続人甲は、自己の所有する土地（200㎡）の上にアパート１棟（10室）を所有し、これを貸付事業の用に供していたが、相続開始の１か月前にこのアパートの１室が空室となり、相続開始の直前においては９室を貸し付けていた（この空室については、甲の大学生の子を住まわせるため新規の入居者の募集を中止していた）。
　上記アパートとその敷地（200㎡）については、甲の配偶者乙が相続により取得し、９室の貸付事業について乙が引き継ぎ、申告期限まで引き続き貸付事業を行っている。
　乙が貸付事業を引き継いだ部分について、貸付事業用宅地等（貸付事業用宅地等の要件は満たしている）として選択して小規模宅地等の特例の適用を受ける場合の相続税の申告書第11・11の２表の付表１及び第11・11の２表の付表１（別表）の記載はどのようにすればよいか。
　路線価　１㎡　200,000円、借地権割合　70%、借家割合　30%

本件における減額される金額及び課税価格に算入される金額は次のとおりです。

1　財産評価基本通達に基づき、土地の評価を行った場合の評価額

　貸家建付地の評価額

　@200,000円×200㎡＝40,000,000円

　40,000,000円×（1−0.7×0.3×（180㎡/200㎡））＝32,440,000円

2　貸付事業用宅地等について減額される金額等の計算

　(1)　空室に対応する敷地部分の評価額

　　@200,000円×20㎡＝4,000,000円……①

　(2)　賃貸中の部屋に対応する敷地部分の評価額

　　@200,000円×180㎡＝36,000,000円

　　36,000,000円×（1−0.7×0.3）＝28,440,000円……②

　(3)　小規模宅地等について減額される金額及び課税価格に算入される金額の計算

　　28,440,000円（②）×50%＝14,220,000円……減額される金額

　　28,440,000円−14,220,000円＝14,220,000円……③

　　4,000,000円（①）＋14,220,000円（③）＝18,220,000円……課税価格に算入される金額

【限度面積の計算】

　貸付事業用宅地等に相当する部分　　180㎡≦200㎡

　相続税の申告書第11・11の２表の付表１及び第11・11の２表の付表１（別表）の記載は80〜81頁のとおりです。

（参考）

　被相続人又は被相続人と生計を一にしていたその被相続人の親族（以下「被相続人等」という）の事業の用に供されていた宅地等とは、相続開始の直前において、被相続人等の事業の用に供されていた宅地等で、これらの宅地等のうち、被相続人等の事業の用に供されていた宅地等以外の用に供されていた部分があるときは、被相続人等の事業の用に供されていた部分に限られる（措令40の2②）。

　例えば、相続開始の直前に空室となったアパートの1室については、相続開始時において継続的に貸付事業の用に供していたものと取り扱うことができるか疑義が生ずるところであるが、空室となった直後から不動産業者を通じて新規の入居者を募集しているなど、いつでも入居可能な状態に空室を管理している場合は相続開始時においても被相続人の貸付事業の用に供されているものと認められ、また、申告期限においても相続開始時と同様の状況にあれば被相続人の貸付事業は継続されているものと認められる。

　したがって、そのような場合は、空室部分に対応する敷地部分も含めて、アパートの敷地全部が貸付事業用宅地等に該当することとなる。

（平成22年7月13日「資産課税課情報第18号」に加筆）

Ⅵ　申告書等の記載例

小規模宅地等についての課税価格の計算明細書

F D 3 5 4 5

被相続人　甲

この表は、小規模宅地等の特例（租税特別措置法第69条の４第１項）の適用を受ける場合に記入します。
なお、被相続人から、相続、遺贈又は相続時精算課税に係る贈与により取得した財産のうちに、「特定計画山林の特例」又は「特定事業用資産の特例」の対象となり得る財産がある場合には、第11・11の２表の付表２を作成します（第11・11の２表の付表２を作成する場合には、この表の「１　特例の適用にあたっての同意」欄の記入を要しません。）。

1　特例の適用にあたっての同意
この欄は、小規模宅地等の特例の対象となり得る宅地等を取得した全ての人が次の内容に同意する場合に、その宅地等を取得した全ての人の氏名を記入します。
私（私たち）は、「２　小規模宅地等の明細」の①欄の取得者が、小規模宅地等の特例の適用を受けるものとして選択した宅地等又はその一部（「２　小規模宅地等の明細」の⑤欄で選択した宅地等）の全てが限度面積要件を満たすものであることを確認の上、その取得者が小規模宅地等の特例の適用を受けることに同意します。

氏名	Ｚ		

(注)　1　小規模宅地等の特例の対象となり得る宅地等を取得した全ての人の同意がなければ、この特例の適用を受けることはできません。
　　　2　上記の各欄に記入しきれない場合には、第11・11の２表の付表１（続）を使用します。

2　小規模宅地等の明細
この欄は、小規模宅地等についての特例の対象となり得る宅地等を取得した人のうち、その特例の適用を受ける人が選択した小規模宅地等の明細等を記載し、相続税の課税価格に算入する価額を計算します。
「小規模宅地等の種類」欄は、選択した小規模宅地等の種類に応じて次の１〜４の番号を記入します。
小規模宅地等の種類：1 特定居住用宅地等、2 特定事業用宅地等、3 特定同族会社事業用宅地等、4 貸付事業用宅地等

選択した小規模宅地等

小規模宅地等の種類 1〜4の番号を記入します。	① 特例の適用を受ける取得者の氏名〔事業内容〕 ② 所在地番 ③ 取得者の持分に応ずる宅地等の面積 ④ 取得者の持分に応ずる宅地等の価額	⑤ ③のうち小規模宅地等（「限度面積要件」を満たす宅地等）の面積 ⑥ ④のうち小規模宅地等（④×⑨/⑧）の価額 ⑦ 課税価格の計算に当たって減額される金額（⑥×⑨） ⑧ 課税価格に算入する価額（④−⑦）
4	① Ｚ　〔　　貸家　　〕	⑤ 180. ㎡
	② 東京都練馬区練馬	⑥ 2 8 4 4 0 0 0 0 円
	③ 180. ㎡	⑦ 1 4 2 2 0 0 0 0 円
	④ 2 8 4 4 0 0 0 0 円	⑧ 1 4 2 2 0 0 0 0 円
	① 〔　　　　〕	⑤ ㎡
	②	⑥ 円
	③ ㎡	⑦ 円
	④ 円	⑧ 円
	① 〔　　　　〕	⑤ . ㎡
	②	⑥ 円
	③ . ㎡	⑦ 円
	④ 円	⑧ 円

(注)　1　①欄の「〔　〕」は、選択した小規模宅地等が被相続人等の事業用宅地等（2、3又は4）である場合に、相続開始の直前にその宅地等の上で行われていた被相続人等の事業について、例えば、飲食サービス業、法律事務所、貸家などのように具体的に記入します。
　　　2　小規模宅地等を選択する一の宅地等が共有である場合又は一の宅地等が貸家建付地である場合において、その評価額の計算上「賃貸割合」が１でないときには、第11・11の２表の付表１（別表）を作成します。
　　　3　⑧欄の金額を第11表の「財産の明細」の「価額」欄に転記します。
　　　4　上記の各欄に記入しきれない場合には、第11・11の２表の付表１（続）を使用します。

○「限度面積要件」の判定
上記「２　小規模宅地等の明細」の⑤欄で選択した宅地等の全てが限度面積要件を満たすものであることを、この表の各欄を記入することにより判定します。

小規模宅地等の区分	被相続人等の居住用宅地等	被相続人等の事業用宅地等		
小規模宅地等の種類	1 特定居住用宅地等	2 特定事業用宅地等	3 特定同族会社事業用宅地等	4 貸付事業用宅地等
⑨ 減額割合	80/100	80/100	80/100	50/100
⑩ ⑤の小規模宅地等の面積の合計	㎡	㎡	㎡	180 ㎡
⑪ 限度面積 小規模宅地等のうちに4貸付事業用宅地等がない場合	〔1の⑩の面積〕 ≦330㎡	〔2の⑩及び3の⑩の面積の合計〕 ㎡ ≦ 400㎡		
⑪ 限度面積 小規模宅地等のうちに4貸付事業用宅地等がある場合	〔1の⑩の面積〕 ㎡×200/330 ＋	〔2の⑩及び3の⑩の面積の合計〕 ㎡×200/400 ＋		〔4の⑩の面積〕 180 ㎡ ≦ 200㎡

(注)　限度面積は、小規模宅地等の種類（「4 貸付事業用宅地等」の選択の有無）に応じて、⑪欄（イ又はロ）により判定を行います。「限度面積要件」を満たす場合に限り、この特例の適用を受けることができます。

※税務署整理欄	年分		名簿番号		申告年月日		一連番号	グループ番号	補完

第11・11の２表の付表１（平30.7）

（資４−20−12−３−１−Ａ４統一）

○この申告書は機械で読み取りますので、黒ボールペンで記入してください。

第11・11の２表の付表１（平成27年分以降用）

※の項目は記入する必要がありません。

80

VI 申告書等の記載例

小規模宅地等についての課税価格の計算明細書（別表）

被相続人 甲

第11・11の2表の付表1（別表）（平成27年分以降用）

この計算明細は、特例の対象として小規模宅地等を選択する一の宅地等（注）が、次のいずれかに該当する場合に一の宅地等ごとに作成します。
1　相続又は遺贈により一の宅地等を2人以上の相続人又は受遺者が取得している場合
2　一の宅地等の全部又は一部が、貸家建付地である場合において、貸家建付地の評価額の計算上「賃貸割合」が「1」でない場合
（注）　一の宅地等とは、一棟の建物又は構築物の敷地をいいます。ただし、マンションなどの区分所有建物の場合には、区分所有された建物の部分に係る敷地をいいます。

1　一の宅地等の所在地、面積及び評価額

　一の宅地等について、宅地等の「所在地」、「面積」及び相続開始の直前における宅地等の利用区分に応じて「面積」及び「評価額」を記入します。
(1)　「①宅地等の面積」欄は、一の宅地等が持分である場合には、持分に応ずる面積を記入してください。
(2)　上記2に該当する場合には、⑪欄については、⑤欄の面積を基に自用地として評価した金額を記入してください。

宅地等の所在地	東京都練馬区練馬	①宅地等の面積	200.0000 ㎡

	相続開始の直前における宅地等の利用区分	面積（㎡）	評価額（円）
A	①のうち被相続人等の事業の用に供されていた宅地等 （B、C及びDに該当するものを除きます。）	②	⑧
B	①のうち特定同族会社の事業（貸付事業を除きます。）の用に供されていた宅地等	③	⑨
C	①のうち被相続人等の貸付事業の用に供されていた宅地等 （相続開始の時において継続的に貸付事業の用に供されていると認められる部分の敷地）	④　180.0000	⑩　28,440,000
D	①のうち被相続人等の貸付事業の用に供されていた宅地等 （Cに該当する部分以外の部分の敷地）	⑤　20.0000	⑪　4,000,000
E	①のうち被相続人等の居住の用に供されていた宅地等	⑥	⑫
F	①のうちAからEの宅地等に該当しない宅地等	⑦	⑬

2　一の宅地等の取得者ごとの面積及び評価額

　上記のAからFまでの宅地等の「面積」及び「評価額」を、宅地等の取得者ごとに記入します。
(1)　「持分割合」欄は、宅地等の取得者が相続又は遺贈により取得した持分割合を記入します。一の宅地等を1人で取得した場合には、「1/1」と記入します。
(2)　「1 持分に応じた宅地等」は、上記のAからFまでに記入した一の宅地等の「面積」及び「評価額」を「持分割合」を用いてあん分して計算した「面積」及び「評価額」を記入します。
(3)　「2 左記の宅地等のうち選択特例対象宅地等」は、「1 持分に応じた宅地等」に記入した「面積」及び「評価額」のうち、特例の対象として選択する部分を記入します。なおBの宅地等の場合は、上段に「特定同族会社事業用宅地等」として選択する部分の、下段に「貸付事業用宅地等」として選択する部分の「面積」及び「評価額」をそれぞれ記入します。
　　「2 左記の宅地等のうち選択特例対象宅地等」に記入した宅地等の「面積」及び「評価額」は、「申告書11・11の2表の付表1」の「2 小規模宅地等の明細」の③取得者の持分に応ずる宅地等の面積」欄及び「④取得者の持分に応ずる宅地等の価額」欄に転記します。
(4)　「3 特例の対象とならない宅地等（1－2）」には、「1 持分に応じた宅地等」のうち「2 左記の宅地等のうち選択特例対象宅地等」欄に記入した以外の宅地等について記入します。この欄に記入した「面積」及び「評価額」は、申告書第11表に転記します。

宅地等の取得者氏名	Z	⑭持分割合	1/1

	1　持分に応じた宅地等		2　左記の宅地等のうち選択特例対象宅地等		3　特例の対象とならない宅地等（1－2）	
	面積（㎡）	評価額（円）	面積（㎡）	評価額（円）	面積（㎡）	評価額（円）
A	②×⑭	⑧×⑭				
B	③×⑭	⑨×⑭				
C	④×⑭　180.000000	⑩×⑭　28,440,000	180.000000	28,440,000		
D	⑤×⑭　20.000000	⑪×⑭　4,000,000			20.000000	4,000,000
E	⑥×⑭	⑫×⑭				
F	⑦×⑭	⑬×⑭				

宅地等の取得者氏名		⑮持分割合	/

	1　持分に応じた宅地等		2　左記の宅地等のうち選択特例対象宅地等		3　特例の対象とならない宅地等（1－2）	
	面積（㎡）	評価額（円）	面積（㎡）	評価額（円）	面積（㎡）	評価額（円）
A	②×⑮	⑧×⑮				
B	③×⑮	⑨×⑮				
C	④×⑮	⑩×⑮				
D	⑤×⑮	⑪×⑮				
E	⑥×⑮	⑫×⑮				
F	⑦×⑮	⑬×⑮				

第11・11の2表の付表1（別表）（平30.7）　　　　　　　　　（資4－20－12－3－5－A4統一）

記載例 7　申告期限までに宅地等の一部の譲渡があった場合

　被相続人甲は、自己の所有する土地（400㎡）の上に建物1棟を所有し、その建物で日用品小売業を営んでいた。配偶者乙は、この土地の共有持分の4分の3と建物の全部を相続により取得し、甲が営んでいた日用品小売業を承継して、申告期限まで引き続き営んでいる。また、子丙は、土地の共有持分の4分の1を相続により取得したが、甲が営んでいた日用品小売業を承継していない。

　乙及び丙は、この宅地等の一部（50㎡）について隣地所有者から譲渡して欲しいとの申込みを受けたことから、申告期限までに譲渡契約を締結し、引渡しを完了した。乙が相続により取得した宅地等のうち譲渡をしていない部分について、小規模宅地等の特例の適用を受ける場合、相続税の申告書第11・11の2表の付表1及び第11・11の2表の付表1（別表）の記載はどのようにすればよいか。

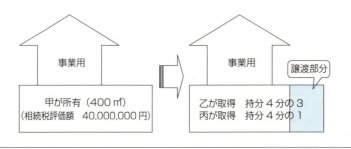

　特定事業用宅地等に該当するためには、「申告期限まで引き続き当該宅地等を有していること」という要件があります（措法69の4③一）。

　したがって、相続人が相続税の申告期限までに相続により取得した宅地等の一部を譲渡している場合には、譲渡した部分は特定事業用宅地等に該当しないこととなりますが、残りの部分については要件を満たしている限り特定事業用宅地等に該当することとなります。

　本件の場合は、乙が申告期限まで引き続き保有している部分（土地：｛（400㎡×3/4）－（50㎡×3/4）｝＝262.5㎡）は、特定事業用宅地等として小規模宅地等の特例の適用を受けることができます。

　なお、相続税の申告書第11・11の2表の付表1及び第11・11の2表の付表1（別表）の記載は83～84頁のとおりです。

【限度面積の計算】
　　特定事業用宅地等に相当する部分　　262.5㎡×200/400≦200㎡

（平成22年7月13日「資産課税課情報第18号」に加筆）

Ⅵ 申告書等の記載例

小規模宅地等についての課税価格の計算明細書

FD3545

被相続人 甲

この表は、小規模宅地等の特例（租税特別措置法第69条の４第１項）の適用を受ける場合に記入します。
なお、被相続人から、相続、遺贈又は相続時精算課税に係る贈与により取得した財産のうちに、「特定計画山林の特例」又は「特定事業用資産の特例」の対象となり得る財産がある場合には、第11・11の２表の付表２を作成します（第11・11の２表の付表２を作成する場合には、この表の「１　特例の適用にあたっての同意」欄の記入を要しません。）。

1 特例の適用にあたっての同意

この欄は、小規模宅地等の特例対象となり得る宅地等を取得した全ての人が次の内容に同意する場合に、その宅地等を取得した全ての人の氏名を記入します。

私（私たち）は、「２　小規模宅地等の明細」の①欄の取得者が、小規模宅地等の特例の適用を受けるものとして選択した宅地等又はその一部（「２　小規模宅地等の明細」の⑤欄で選択した宅地等）の全てが限度面積要件を満たすものであることを確認の上、その取得者が小規模宅地等の特例の適用を受けることに同意します。

氏名	Z	

(注) 1 小規模宅地等の特例の対象となり得る宅地等を取得した全ての人の同意がなければ、この特例の適用を受けることはできません。
2 上記の各欄に記入しきれない場合には、第11・11の２表の付表１（続）を使用します。

2 小規模宅地等の明細

この欄は、小規模宅地等についての特例の対象となり得る宅地等を取得した人のうち、その特例の適用を受ける人が選択した小規模宅地等の明細等を記載し、相続税の課税価格に算入する価額を計算します。

「小規模宅地等の種類」欄は、選択した小規模宅地等の種類に応じて次の１～４の番号を記入します。
小規模宅地等の種類： 1 特定居住用宅地等、 2 特定事業用宅地等、 3 特定同族会社事業用宅地等、 4 貸付事業用宅地等

選択した小規模宅地等	小規模宅地等の種類 1～4の番号を記入します。	① 特例の適用を受ける取得者の氏名〔事業内容〕 ② 所在地番 ③ 取得者の持分に応ずる宅地等の面積 ④ 取得者の持分に応ずる宅地等の価額	⑤ ③のうち小規模宅地等（限度面積要件を満たす宅地等）の面積 ⑥ ④のうち小規模宅地等（④×⑤/③）の価額 ⑦ 課税価格の計算に当たって減額される金額（⑥×⑨） ⑧ 課税価格に算入する価額（④－⑦）
	2	① Z 〔 日用品小売業 〕	⑤ 262.5 ㎡
		② 東京都練馬区練馬	⑥ 262500000 円
		③ 262.5 ㎡	⑦ 210000000 円
		④ 262500000 円	⑧ 52500000 円
		① 〔 〕	⑤ ㎡
		②	⑥ 円
		③ ㎡	⑦ 円
		④ 円	⑧ 円
		① 〔 〕	⑤ ㎡
		②	⑥ 円
		③ ㎡	⑦ 円
		④ 円	⑧ 円

(注) 1 ①欄の「〔 〕」は、選択した小規模宅地等が被相続人等の事業用宅地等（ 2 、 3 又は 4 ）である場合に、相続開始の直前にその宅地等の上で行われていた被相続人等の事業について、例えば、飲食サービス業、法律事務所、貸家などのように具体的に記入します。
2 小規模宅地等を選択する一の宅地等が共有である場合又は一の宅地等が貸家建付地である場合において、その評価額の計算上「賃貸割合」が１でないときには、第11・11の２表の付表１（別表）を作成します。
3 ⑧欄の金額を第11表の「財産の明細」の「価額」欄に転記します。
4 上記の各欄に記入しきれない場合には、第11・11の２表の付表１（続）を使用します。

○ 「限度面積要件」の判定

上記「２　小規模宅地等の明細」の⑤欄で選択した宅地等の全てが限度面積要件を満たすものであることを、この表の各欄を記入することにより判定します。

小規模宅地等の区分	被相続人等の居住用宅地等	被相続人等の事業用宅地等		
小規模宅地等の種類	1 特定居住用宅地等	2 特定事業用宅地等	3 特定同族会社事業用宅地等	4 貸付事業用宅地等
⑨ 減額割合	80/100	80/100	80/100	50/100
⑩ ⑤の小規模宅地等の面積の合計	㎡	262.5 ㎡	㎡	㎡

⑪ 限度面積	イ 小規模宅地等のうちに 4 貸付事業用宅地等がない場合	[1]の⑩の面積 ≦330㎡	[2]の⑩及び[3]の⑩の面積の合計 262.5 ㎡ ≦ 400㎡	
	ロ 小規模宅地等のうちに 4 貸付事業用宅地等がある場合	[1]の⑩の面積 ㎡×200/330 +	[2]の⑩及び[3]の⑩の面積の合計 ㎡×200/400 +	[4]の⑩の面積 ㎡ ≦ 200㎡

(注) 限度面積は、小規模宅地等の種類（「 4 貸付事業用宅地等」の選択の有無）に応じて、⑪欄（イ又はロ）により判定を行います。「限度面積要件」を満たす場合に限り、この特例の適用を受けることができます。

※ 税務署整理欄	年分		名簿番号		申告年月日		一連番号		グループ番号		補完	

第11・11の２表の付表１（平30.7）

(資４-20-12-３-１-Ａ４統一)

○ この申告書は機械で読み取りますので、黒ボールペンで記入してください。

※ の項目は記入する必要がありません。

第11・11の２表の付表１（平成27年分以降用）

Ⅰ 小規模宅地等の特例の概要

Ⅱ 特定事業用宅地等

Ⅲ 特定同族会社事業用宅地等

Ⅳ 特定居住用宅地等

Ⅴ 貸付事業用宅地等

Ⅵ 申告書等の記載例

Ⅶ 質疑応答

83

Ⅵ　申告書等の記載例

小規模宅地等についての課税価格の計算明細書（別表）　　被相続人　甲

第11・11の2表の付表1（別表）（平成27年分以降用）

この計算明細は、特例の対象として小規模宅地等を選択する一の宅地等（注）が、次のいずれかに該当する場合に一の宅地等ごとに作成します。
1　相続又は遺贈により一の宅地等を2人以上の相続人又は受遺者が取得している場合
2　一の宅地等の全部又は一部が、貸家建付地である場合において、貸家建付地の評価額の計算上「賃貸割合」が「1」でない場合
　（注）　一の宅地等とは、一棟の建物又は構築物の敷地をいいます。ただし、マンションなどの区分所有建物の場合には、区分所有された建物の部分に係る敷地をいいます。

1　一の宅地等の所在地、面積及び評価額
　一の宅地等について、宅地等の「所在地」、「面積」及び相続開始の直前における宅地等の利用区分に応じて「面積」及び「評価額」を記入します。
　(1)　「①宅地等の面積」欄は、一の宅地等が持分である場合には、持分に応ずる面積を記入してください。
　(2)　上記2に該当する場合には、⑪欄については、⑤の面積を基に自用地として評価した金額を記入してください。

宅地等の所在地	東京都練馬区練馬	①宅地等の面積		400.0000 ㎡
	相続開始の直前における宅地等の利用区分	面積（㎡）		評価額（円）
A	①のうち被相続人等の事業の用に供されていた宅地等（B、C及びDに該当するものを除きます。）	②	400.0000	⑧ 40,000,000
B	①のうち特定同族会社の事業（貸付事業を除きます。）の用に供されていた宅地等	③		⑨
C	①のうち被相続人等の貸付事業の用に供されていた宅地等（相続開始の時において継続的に貸付事業の用に供されていると認められる部分の敷地）	④		⑩
D	①のうち被相続人等の貸付事業の用に供されていた宅地等（Cに該当する部分以外の部分の敷地）	⑤		⑪
E	①のうち被相続人等の居住の用に供されていた宅地等	⑥		⑫
F	①のうちAからEの宅地等に該当しない宅地等	⑦		⑬

2　一の宅地等の取得者ごとの面積及び評価額
　上記のAからFまでの宅地等の「面積」及び「評価額」を、宅地等の取得者ごとに記入します。
　(1)　「持分割合」欄は、宅地等の取得者が相続又は遺贈により取得した持分割合を記入します。一の宅地等を1人で取得した場合には、「1/1」と記入します。
　(2)　「1　持分に応じた宅地等」は、上記のAからFまでに記入した一の宅地等の「面積」及び「評価額」を「持分割合」を用いてあん分して計算した「面積」及び「評価額」を記入します。
　(3)　「2　左記の宅地等のうち選択特例対象宅地等」は、「1　持分に応じた宅地等」に記入した「面積」及び「評価額」のうち、特例の対象として選択する部分を記入します。なおBの宅地等の場合は、上段に「特定同族会社事業用宅地等」として選択する部分の、下段に「貸付事業用宅地等」として選択する部分の「面積」及び「評価額」をそれぞれ記入します。
　　　「2　左記の宅地等のうち選択特例対象宅地等」に記入した宅地等の「面積」及び「評価額」は、「申告書第11・11の2表の付表1」の「2小規模宅地等の明細」の「③取得者の持分に応ずる宅地等の面積」欄及び「④取得者の持分に応ずる宅地等の価額」欄に転記します。
　(4)　「3　特例の対象とならない宅地等（1－2）」には、「1　持分に応じた宅地等」のうち「2　左記の宅地等のうち選択特例対象宅地等」欄に記入した以外の宅地等について記入します。この欄に記入した「面積」及び「評価額」は、申告書第11表に転記します。

宅地等の取得者氏名		乙	⑭持分割合	3/4		
		1　持分に応じた宅地等	2　左記の宅地等のうち選択特例対象宅地等		3　特例の対象とならない宅地等（1－2）	
		面積（㎡）／評価額（円）	面積（㎡）／評価額（円）		面積（㎡）／評価額（円）	
A	②×⑭ 300.000000	⑧×⑭ 30,000,000	262.500000	26,250,000	37.500000	3,750,000
B	③×⑭	⑨×⑭				
C	④×⑭	⑩×⑭				
D	⑤×⑭	⑪×⑭				
E	⑥×⑭	⑫×⑭				
F	⑦×⑭	⑬×⑭				

宅地等の取得者氏名		丙	⑮持分割合	1/4		
		1　持分に応じた宅地等	2　左記の宅地等のうち選択特例対象宅地等		3　特例の対象とならない宅地等（1－2）	
		面積（㎡）／評価額（円）	面積（㎡）／評価額（円）		面積（㎡）／評価額（円）	
A	②×⑮ 100.000000	⑧×⑮ 10,000,000			100.000000	10,000,000
B	③×⑮	⑨×⑮				
C	④×⑮	⑩×⑮				
D	⑤×⑮	⑪×⑮				
E	⑥×⑮	⑫×⑮				
F	⑦×⑮	⑬×⑮				

第11・11の2表の付表1（別表）（平30.7）　　　　　　　　（資4－20－12－3－5－A4統一）

記載例 8　被相続人等の居住用宅地等を共有で取得し、その1人に小規模宅地等の特例の適用がある場合

　被相続人甲は、自己の所有する土地（300㎡）の上に建物1棟を所有し、甲とその配偶者乙の居住の用に供していた。乙は、建物の全部と土地の共有持分2分の1を相続により取得し、申告期限までその建物を居住の用に供している。
　また、被相続人と生計を別にする子丙は、土地の共有持分2分の1を相続により取得したが、丙は自己が所有する建物に居住している。
　乙が取得した部分について特定居住用宅地等として（特定居住用宅地等の要件は満たしている）小規模宅地等の特例を選択して申告をするが、相続税の申告書第11・11の2表の付表1及び第11・11の2表の付表1（別表）の記載はどのようにすればよいか。

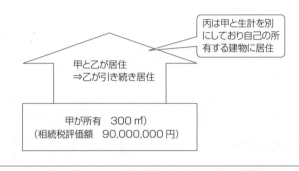

　相続税の申告書第11・11の2表の付表1及び第11・11の2表の付表1（別表）の記載は86～87頁のとおりです。

【限度面積の計算】
　　特定居住用宅地等に相当する部分　　150㎡×200/330≦200㎡

（平成22年7月13日「資産課税課情報第18号」に加筆）

Ⅵ　申告書等の記載例

小規模宅地等についての課税価格の計算明細書

被相続人　甲

FD3545

第11・11の2表の付表1（平成27年分以降用）

○この申告書は機械で読み取りますので、黒ボールペンで記入してください。

この表は、小規模宅地等の特例（租税特別措置法第69条の4第1項）の適用を受ける場合に記入します。
　なお、被相続人から、相続、遺贈又は相続時精算課税に係る贈与により取得した財産のうちに、「特定計画山林の特例」又は「特定事業用資産の特例」の対象となり得る財産がある場合には、第11・11の2表の付表2を作成します（第11・11の2表の付表2を作成する場合には、この表の「1　特例の適用にあたっての同意」欄の記入を要しません。）。

1　特例の適用にあたっての同意

この欄は、小規模宅地等の特例の対象となり得る宅地等を取得した全ての人が次の内容に同意する場合に、その宅地等を取得した全ての人の氏名を記入します。
　私（私たち）は、「2 小規模宅地等の明細」の①欄の取得者が、小規模宅地等の特例の適用を受けるものとして選択した宅地等又はその一部（「2 小規模宅地等の明細」の⑤欄で選択した宅地等）の全てが限度面積要件を満たすものであることを確認の上、その取得者が小規模宅地等の特例の適用を受けることに同意します。

氏名	Z		

（注）1　小規模宅地等の特例の対象となり得る宅地等を取得した全ての人の同意がなければ、この特例の適用を受けることはできません。
　　　2　上記の各欄に記入しきれない場合には、第11・11の2表の付表1（続）を使用します。

2　小規模宅地等の明細

この欄は、小規模宅地等についての特例の対象となり得る宅地等を取得した人のうち、その特例の適用を受ける人が選択した小規模宅地等の明細を記載し、相続税の課税価格に算入する価額を計算します。
　「小規模宅地等の種類」欄は、選択した小規模宅地等の種類に応じて次の1～4の番号を記入します。
　　小規模宅地等の種類：　1 特定居住用宅地等、2 特定事業用宅地等、3 特定同族会社事業用宅地等、4 貸付事業用宅地等

選択した小規模宅地等

小規模宅地等の種類 1～4の番号を記入します。	① 特例の適用を受ける取得者の氏名　〔事業内容〕 ② 所在地番 ③ 取得者の持分に応ずる宅地等の面積 ④ 取得者の持分に応ずる宅地等の価額	⑤ ③のうち小規模宅地等（「限度面積要件」を満たす宅地等）の面積 ⑥ ④のうち小規模宅地等（④×⑤／③）の価額 ⑦ 課税価格の計算に当たって減額される金額（⑥×⑨） ⑧ 課税価格に算入する価額（④－⑦）
1	① Z　〔　　　　　〕 ② 東京都練馬区練馬 ③ 150.　㎡ ④ 45000000 円	⑤ 150.　㎡ ⑥ 45000000 円 ⑦ 36000000 円 ⑧ 9000000 円
	① 〔　　　〕 ② ③ 　㎡ ④ 　円	⑤ 　㎡ ⑥ 　円 ⑦ 　円 ⑧ 　円
	① 〔　　　〕 ② ③ 　㎡ ④ 　円	⑤ 　㎡ ⑥ 　円 ⑦ 　円 ⑧ 　円

（注）1　①欄の「〔　〕」は、選択した小規模宅地等が被相続人等の事業用宅地等（2、3又は4）である場合に、相続開始の直前にその宅地等の上で行われていた被相続人等の事業について、例えば、飲食サービス業、法律事務所、貸家などのように具体的に記入します。
　　　2　小規模宅地等を選択する一の宅地等が共有である場合又は一の宅地等が貸家建付地である場合において、その評価額の計算上「賃貸割合」が1でないときには、第11・11の2表の付表1（別表）を作成します。
　　　3　⑧欄の金額を第11表の「財産の明細」の「価額」欄に転記します。
　　　4　上記の各欄に記入しきれない場合には、第11・11の2表の付表1（続）を使用します。

○　「限度面積要件」の判定

上記「2 小規模宅地等の明細」の⑤欄で選択した宅地等の全てが限度面積要件を満たすものであることを、この表の各欄を記入することにより判定します。

※の項目は記入する必要がありません。

小規模宅地等の区分	被相続人等の居住用宅地等	被相続人等の事業用宅地等		
小規模宅地等の種類	1 特定居住用宅地等	2 特定事業用宅地等	3 特定同族会社事業用宅地等	4 貸付事業用宅地等
⑨ 減額割合	80/100	80/100	80/100	50/100
⑩ ⑤の小規模宅地等の面積の合計	150 ㎡	㎡	㎡	㎡
⑪イ 限度面積 小規模宅地等のうちに4貸付事業用宅地等がない場合	〔1の⑩面積〕 150 ≦330㎡	〔2の⑩及び3の⑩の面積の合計〕 ㎡ ≦ 400㎡		
⑪ロ 限度面積 小規模宅地等のうちに4貸付事業用宅地等がある場合	〔1の⑩面積〕 ㎡×200/330 +	〔2の⑩及び3の⑩の面積の合計〕 ㎡×200/400 +		〔4の⑩面積〕 ㎡ ≦ 200㎡

（注）限度面積は、小規模宅地等の種類（「4 貸付事業用宅地等」の選択の有無）に応じて、⑪欄（イ又はロ）により判定を行います。「限度面積要件」を満たす場合に限り、この特例の適用の受けることができます。

※ 税務署整理欄	年分		名簿番号		申告年月日		一連番号	グループ番号	補完

第11・11の2表の付表1（平30.7）

（資4-20-12-3-1-A4統一）

86

Ⅵ 申告書等の記載例

小規模宅地等についての課税価格の計算明細書（別表）

被相続人 | 甲

第11・11の2表の付表1（別表）（平成27年分以降用）

この計算明細は、特例の対象として小規模宅地等を選択する一の宅地等（注）が、次のいずれかに該当する場合に一の宅地等ごとに作成します。
1 相続又は遺贈により一の宅地等を2人以上の相続人又は受遺者が取得している場合
2 一の宅地等の全部又は一部が、貸家建付地である場合において、貸家建付地の評価額の計算上「賃貸割合」が「1」でない場合
（注） 一の宅地等とは、一棟の建物又は構築物の敷地をいいます。ただし、マンションなどの区分所有建物の場合には、区分所有された建物の部分に係る敷地をいいます。

1 一の宅地等の所在地、面積及び評価額

一の宅地等について、宅地等の「所在地」、「面積」及び相続開始の直前における宅地等の利用区分に応じて「面積」及び「評価額」を記入します。
(1) 「①宅地等の面積」欄は、一の宅地等が持分である場合には、持分に応ずる面積を記入してください。
(2) 上記2に該当する場合には、⑪欄については、⑤欄の面積を基に自用地として評価した金額を記入してください。

宅地等の所在地	東京都練馬区練馬	①宅地等の面積		300.0000 ㎡
	相続開始の直前における宅地等の利用区分	面積（㎡）	評価額（円）	
A	①のうち被相続人等の事業の用に供されていた宅地等（B、C及びDに該当するものを除きます。）	②	⑧	
B	①のうち特定同族会社の事業（貸付事業を除きます。）の用に供されていた宅地等	③	⑨	
C	①のうち被相続人等の貸付事業の用に供されていた宅地等（相続開始の時において継続的に貸付事業の用に供されていると認められる部分の敷地）	④	⑩	
D	①のうち被相続人等の貸付事業の用に供されていた宅地等（Cに該当する部分以外の部分の敷地）	⑤	⑪	
E	①のうち被相続人等の居住の用に供されていた宅地等	⑥ 300.0000	⑫ 90,000,000	
F	①のうちAからEの宅地等に該当しない宅地等	⑦	⑬	

2 一の宅地等の取得者ごとの面積及び評価額

上記のAからFまでの宅地等の「面積」及び「評価額」を、宅地等の取得者ごとに記入します。
(1) 「持分割合」欄は、宅地等の取得者が相続又は遺贈により取得した持分割合を記入します。一の宅地等を1人で取得した場合には、「1/1」と記入します。
(2) 「1 持分に応じた宅地等」は、上記のAからFまでに記入した一の宅地等の「面積」及び「評価額」を「持分割合」を用いてあん分して計算した「面積」及び「評価額」を記入します。
(3) 「2 左記の宅地等のうち選択特例対象宅地等」は、「1 持分に応じた宅地等」に記入した「面積」及び「評価額」のうち、特例の対象として選択する部分を記入します。なおBの宅地等の場合は、上段に「特定同族会社事業用宅地等」として選択する部分の、下段に「貸付事業用宅地等」として選択する部分の「面積」及び「評価額」をそれぞれ記入します。
「2 左記の宅地等のうち選択特例対象宅地等」に記入した宅地等の「面積」及び「評価額」は、「申告書第11・11の2表の付表1」の「2 小規模宅地等の明細」の「③取得者の持分に応ずる宅地等の面積」欄及び「④取得者の持分に応ずる宅地等の価額」欄に転記します。
(4) 「3 特例の対象とならない宅地等（1−2）」には、「1 持分に応じた宅地等」のうち「2 左記の宅地等のうち選択特例対象宅地等」欄に記入した以外の宅地等について記入します。この欄に記入した「面積」及び「評価額」は、申告書第11表に転記します。

宅地等の取得者氏名	乙		⑭持分割合	1/2			
	1 持分に応じた宅地等		2 左記の宅地等のうち選択特例対象宅地等		3 特例の対象とならない宅地等（1−2）		
	面積（㎡）	評価額（円）	面積（㎡）	評価額（円）	面積（㎡）	評価額（円）	
A	②×⑭	⑧×⑭					
B	③×⑭	⑨×⑭					
C	④×⑭	⑩×⑭					
D	⑤×⑭	⑪×⑭					
E	⑥×⑭ 150.000000	⑫×⑭ 45,000,000	150.000000	45,000,000			
F	⑦×⑭	⑬×⑭					

宅地等の取得者氏名	丙		⑮持分割合	1/2			
	1 持分に応じた宅地等		2 左記の宅地等のうち選択特例対象宅地等		3 特例の対象とならない宅地等（1−2）		
	面積（㎡）	評価額（円）	面積（㎡）	評価額（円）	面積（㎡）	評価額（円）	
A	②×⑮	⑧×⑮					
B	③×⑮	⑨×⑮					
C	④×⑮	⑩×⑮					
D	⑤×⑮	⑪×⑮					
E	⑥×⑮ 150.000000	⑫×⑮ 45,000,000			150.000000	45,000,000	
F	⑦×⑮	⑬×⑮					

第11・11の2表の付表1（別表）（平30.7）

（資4−20−12−3−5−A4統一）

記載例 9　店舗兼住宅の敷地の持分の贈与について贈与税の配偶者控除の適用を受けていた場合

　被相続人甲は、配偶者乙に対して、相続開始前々年に店舗兼住宅（甲の青果小売業の用に供されていた店舗部分の割合2分の1、甲と乙の居住の用に供されていた住宅部分の割合2分の1）の土地・建物について持分3分の1を贈与した。乙は、相続税法基本通達21の6-3但し書の取扱いを適用して、贈与を受けた持分に相当する部分はすべて居住用部分であるとして、贈与税の配偶者控除を適用して贈与税の申告を行った。乙は甲の土地・建物の共有持分のすべてを相続により取得し、甲及び乙の居住の用に供されていた部分を申告期限まで引き続き居住の用に供している。

　また、乙は、同所での甲の青果小売業を承継し、申告期限まで引き続き事業を営んでいる。

　この場合、小規模宅地等の特例の対象となる甲の居住の用に供されていた部分に相当する部分、甲の事業の用に供されていた部分に相当する部分の割合（相続開始直前の利用状況等は下図のとおり）はどうなるか。

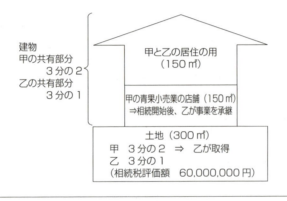

　租税特別措置法第69条の4第1項の規定の適用がある店舗兼住宅の敷地の用に供されていた宅地等で、相続の開始の前年以前に被相続人からその持分の贈与について、①相続税法第21条の6第1項（贈与税の配偶者控除）の規定による贈与税の配偶者控除を相続税法基本通達21の6-3の但し書の取扱いにより適用したもの又は②相続開始の年に被相続人からその持分の贈与について相続税法第19条第2項第2号（相続開始前3年以内に贈与があった場合の相続税額）の規定を相続税法基本通達19-10の後段の取扱いにより同項に規定する特定贈与財産に該当することとなったものであっても、租税特別措置法施行令第40条の2第4項に規定する被相続人等の事業の用又は居住の用に供されていた部分の判定については、その相続開始の直前における現況によって行うこととなります。

　したがって、本件における相続財産である土地（甲の持分3分の2）について、特定居住用宅地等又は特定事業用宅地等の要件を満たしているとした場合の各部分に相当する部分は、次のとおりとなります。

〔特定居住用宅地等に相当する部分〕

$$300㎡（土地の面積）\times\frac{150㎡（甲の居住の用に供されていた部分の床面積）}{300㎡（建物総床面積）}\times\frac{2}{3}（甲の持分）=100㎡$$

〔特定事業用宅地等に相当する部分〕

$$300㎡（土地の面積）\times\frac{150㎡（甲の事業の用に供されていた部分の床面積）}{300㎡（建物総床面積）}\times\frac{2}{3}（甲の持分）=100㎡$$

なお、相続税の申告書第11・11の2表の付表1の記載は次頁のとおりです。

【限度面積の計算】

　　特定居住用宅地等に相当する部分　　　100㎡≦330㎡
　　特定事業用宅地等に相当する部分　　　100㎡≦400㎡

（平成22年7月13日「資産課税課情報第18号」に加筆）

Ⅵ　申告書等の記載例

小規模宅地等についての課税価格の計算明細書　　　　FD3545

被相続人　甲

この表は、小規模宅地等の特例（租税特別措置法第69条の4第1項）の適用を受ける場合に記入します。
なお、被相続人から、相続、遺贈又は相続時精算課税に係る贈与により取得した財産のうちに、「特定計画山林の特例」又は「特定事業用資産の特例」の対象となり得る財産がある場合には、第11・11の2表の付表2を作成します（第11・11の2表の付表2を作成する場合には、この表の「1　特例の適用にあたっての同意」欄の記入を要しません。）。

1　特例の適用にあたっての同意
この欄は、小規模宅地等の特例の対象となり得る宅地等を取得した全ての人が次の内容に同意する場合に、その宅地等を取得した全ての人の氏名を記入します。

> 私（私たち）は、「2　小規模宅地等の明細」の①欄の取得者が、小規模宅地等の特例の適用を受けるものとして選択した宅地等又はその一部（「2　小規模宅地等の明細」の⑤欄で選択した宅地等）の全てが限度面積要件を満たすものであることを確認の上、その取得者が小規模宅地等の特例の適用を受けることに同意します。

氏名	Z		

(注)1　小規模宅地等の特例の対象となり得る宅地等を取得した全ての人の同意がなければ、この特例の適用を受けることはできません。
　　2　上記の各欄に記入しきれない場合には、第11・11の2表の付表1（続）を使用します。

2　小規模宅地等の明細
この欄は、小規模宅地等についての特例の対象となり得る宅地等を取得した人のうち、その特例の適用を受ける人が選択した小規模宅地等の明細を記載し、相続税の課税価格に算入する価額を計算します。
「小規模宅地等の種類」欄は、選択した小規模宅地等の種類に応じて次の1～4の番号を記入します。
小規模宅地等の種類：1特定居住用宅地等、2特定事業用宅地等、3特定同族会社事業用宅地等、4貸付事業用宅地等

小規模宅地等の種類 1～4の番号を記入します。	① 特例の適用を受ける取得者の氏名〔事業内容〕 ② 所在地番 ③ 取得者の持分に応ずる宅地等の面積 ④ 取得者の持分に応ずる宅地等の価額	⑤ ③のうち小規模宅地等（「限度面積要件」を満たす宅地等）の面積 ⑥ ④のうち小規模宅地等（④×⑤/③）の価額 ⑦ 課税価格の計算に当たって減額される金額（⑥×⑨） ⑧ 課税価格に算入する価額（④－⑦）
1	① Z　　〔　　　　　〕	⑤ 100.　　　　　　　㎡
	② 東京都練馬区練馬	⑥ 200000000 円
	③ 100.　　　　　㎡	⑦ 160000000 円
	④ 200000000 円	⑧ 40000000 円
2	① Z　　〔 青果小売業 〕	⑤ 100.　　　　　　　㎡
	② 東京都練馬区練馬	⑥ 200000000 円
	③ 100.　　　　　㎡	⑦ 160000000 円
	④ 200000000 円	⑧ 40000000 円
	① 　　〔　　　　　〕	⑤ 　　　　　　　㎡
	②	⑥ 円
	③ 　　　　　　㎡	⑦ 円
	④ 円	⑧ 円

(注)1　①欄の「〔　〕」は、選択した小規模宅地等が被相続人等の事業用宅地等（2、3又は4）である場合に、相続開始の直前にその宅地等の上で行われていた被相続人等の事業について、例えば、飲食サービス業、法律事務所、貸家などの具体的に記入します。
　　2　小規模宅地等を選択する一の宅地等が共有である場合又は一の宅地等が貸家建付地である場合において、その評価額の計算上「賃貸割合」が1でないときには、第11・11の2表の付表1（別表）を作成します。
　　3　⑧欄の金額を第11表の「財産の明細」の「価額」欄に転記します。
　　4　上記の各欄に記入しきれない場合には、第11・11の2表の付表1（続）を使用します。

○「限度面積要件」の判定
上記「2　小規模宅地等の明細」の⑤欄で選択した宅地等の全てが限度面積要件を満たすものであることを、この表の各欄を記入することにより判定します。

小規模宅地等の区分	被相続人等の居住用宅地等	被相続人等の事業用宅地等		
小規模宅地等の種類	1 特定居住用宅地等	2 特定事業用宅地等	3 特定同族会社事業用宅地等	4 貸付事業用宅地等
⑨ 減額割合	80/100	80/100	80/100	50/100
⑩ ⑤の小規模宅地等の面積の合計	100　㎡	100　㎡	㎡	㎡
⑪ 限度面積 イ 小規模宅地等のうちに4貸付事業用宅地等がない場合	〔1の⑩の面積〕 100 ≦330㎡	〔2の⑩及び3の⑩の面積の合計〕 100 ㎡ ≦ 400㎡		
⑪ 限度面積 ロ 小規模宅地等のうちに4貸付事業用宅地等がある場合	〔1の⑩の面積〕 ㎡×200/330	〔2の⑩及び3の⑩の面積の合計〕 ＋ ㎡×200/400		〔4の⑩の面積〕 ＋ ㎡ ≦ 200㎡

(注)　限度面積は、小規模宅地等の種類（「4貸付事業用宅地等」の選択の有無）に応じて、⑪欄（イ又はロ）により判定を行います。「限度面積要件」を満たす場合に限り、この特例の適用を受けることができます。

※ 税務署整理欄	年分				名簿番号							申告年月日							一連番号		グループ番号		補完	

第11・11の2表の付表1(平30.7)　　　　　　　　　　　　　　　　　　　　　　　（資4－20－12－3－1－A4統一）

○この申告書は機械で読み取りますので、黒ボールペンで記入してください。

第11・11の2表の付表1（平成27年分以降用）

※の項目は記入する必要がありません。

Ⅵ　申告書等の記載例

記載例 10　申告期限後３年以内の分割見込書

> この書類は相続税の申告書に添付して被相続人の相続開始時の所在地を所轄する税務署に提出します。

通信日付印の年月日	確認印	名簿番号
年　月　日		

被相続人の氏名　**中央　太郎**

申告期限後３年以内の分割見込書

　相続税の申告書「第11表（相続税がかかる財産の明細書）」に記載されている財産のうち、まだ分割されていない財産については、申告書の提出期限後３年以内に分割する見込みです。

　なお、分割されていない理由及び分割の見込みの詳細は、次のとおりです。

1　分割されていない理由

> 相続税の申告期限までに財産が分割されていない理由を記載します。

　遺産分割のために、未成年者（中央　経）の特別代理人の選任を家庭裁判所に申し立てなければならず、申告期限までに審判が間に合わないため。

2　分割の見込みの詳細

> 財産の分割の見込みの詳細を記載します。

　家庭裁判所の審判が本年中に出る見込みであり、特別代理人が選任されしだい、分割される見込みである。

3　適用を受けようとする特例等

> 該当する番号にすべて○を付します。

(①)　配偶者に対する相続税額の軽減（相続税法第19条の２第１項）

(②)　小規模宅地等についての相続税の課税価格の計算の特例

　　（租税特別措置法第69条の４第１項）

(3)　特定計画山林についての相続税の課税価格の計算の特例

　　（租税特別措置法第69条の５第１項）

(4)　特定事業用資産についての相続税の課税価格の計算の特例

　　（所得税法等の一部を改正する法律(平成21年法律第13号)による

　　改正前の租税特別措置法第69条の５第１項）

（資４－21－Ａ４統一）　（平28.6）

Ⅵ 申告書等の記載例

記載例 11　遺産が未分割であることについてやむを得ない事由がある旨の承認申請書

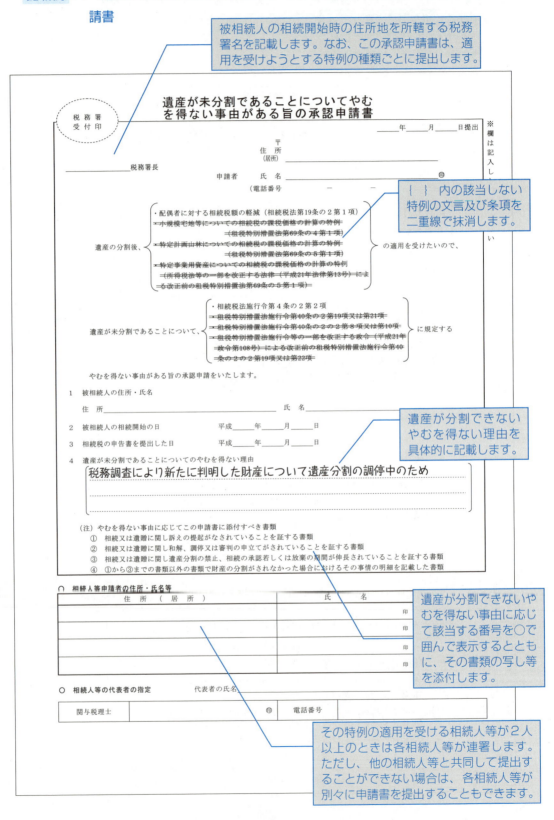

Ⅶ　質疑応答

Q&A 1　人格のない社団が遺贈を受けた宅地等の小規模宅地等の特例の適用の可否

　人格なき社団Aは、被相続人甲から遺贈により被相続人の居住用宅地等を取得しました。この場合、人格なき社団Aには、相続税法第66条により個人とみなされて相続税の納税義務が生じますが、小規模宅地等の特例の適用を受けることができますか。

　小規模宅地等の特例の適用を受けることができる者は個人に限られており、人格なき社団は含まれないことから、相続税の納税義務となる人格なき社団Aは、小規模宅地等の特例の適用を受けることはできません（措法69の4①）。

（国税庁ホームページ「質疑応答事例」より）

Q&A 2　相続開始の年に被相続人から贈与を受けた宅地等に係る小規模宅地等の特例の適用の可否

　平成○年中に甲は父から貸家建付地の敷地（276㎡）の持分2分の1の贈与を受けましたが、同年中に父が死亡しました。この場合、その贈与により取得した土地の価額は贈与税の課税価格に算入されずに、相続税の課税価格に加算されることになります（相法19）が、この土地について小規模宅地等の特例を適用する場合には、甲が贈与を受けた持分に対応する面積を含めて200㎡まで適用することができると考えて差し支えありませんか。

　（注）甲は父から遺産を相続しています。

　小規模宅地等の特例が適用される財産は、個人が相続又は遺贈により取得した財産に限られています（措法69の4①）。

　したがって、甲が贈与を受けた土地の持分は相続又は遺贈により取得したものではありませんから、その贈与を受けた財産の価額が相続税法第19条の規定（相続開始前3年以内に贈与があった場合の相続税額）により相続税の課税価格に加算されたとしても、その贈与を受けた財産については小規模宅地等の特例の適用はありません（措通69の4－1）。

（国税庁ホームページ「質疑応答事例」より）

Ⅶ　質疑応答

> **Q&A 3　相続開始前 3 年以内の贈与加算の規定により相続税の課税価格に加算した土地等に係る小規模宅地等の特例の適用の可否**
>
> 　相続開始前 3 年以内に甲は父から貸地の贈与を受け贈与税を支払いましたが、父が死亡しました。この場合、その贈与により取得した土地の価額は相続税の課税価格に加算されることになります（相法19）が、この土地について小規模宅地等の特例を適用することができると考えて差し支えありませんか。
>
> 　（注）甲は父から遺産を相続しています。

　小規模宅地等の特例が適用される財産は、個人が相続又は遺贈により取得した財産に限られていますので、贈与を受けた土地等について相続税の課税価格に加算されたとしても、小規模宅地等の特例の適用はありません（措法69の 4 ①）。

　したがって、甲が贈与を受けた土地の持分は相続又は遺贈により取得したものではありませんから、その贈与を受けた財産の価額が相続税法第19条の規定（相続開始前 3 年以内に贈与があった場合の相続税額）により相続税の課税価格に加算されたとしても、その贈与を受けた財産については小規模宅地等の特例の適用はありません（措通69の 4 - 1 ）。

> **Q&A 4　被相続人から相続時精算課税により取得した宅地に係る小規模宅地等の特例の適用の可否**
>
> 　平成○年中に甲は父から貸地を相続時精算課税により贈与を受けましたが、父の死亡により相続税の課税価格に加算されることになります（相法21の15、21の16）が、この土地について小規模宅地等の特例を適用する場合には、甲が相続時精算課税により取得した土地について、小規模宅地等の特例の適用を受けることができますか。

　小規模宅地等の特例が適用される財産は、個人が相続又は遺贈により取得した財産に限られていますので、相続時精算課税により取得した土地等について相続税の課税価格に加算されたとしても、小規模宅地等の特例の適用はありません（措法69の 4 ①）。

　したがって、甲が相続時精算課税により取得した土地は相続又は遺贈により取得したものではありませんから、その相続時精算課税により取得した土地の価額が相続税法第21条の15、第21条の16の規定（相続時精算課税の選択）により相続税の課税価格に加算されたとしても、その相続時精算課税により取得した土地については小規模宅地等の特例の適用はありません（措通69の 4 - 1 ）。

Q&A 5　財産管理人が被相続人の宅地を事業の用に供していた場合の小規模宅地等の特例の適用の可否

　民法第25条第1項の規定により家庭裁判所は失踪者甲の財産管理人Aを選任しました。Aは、甲の財産保全のため、従来、空き地であった土地にアスファルト舗装等を施し駐車場経営を開始しました。その後、甲が失踪してから7年が経過したため、甲の親族は家庭裁判所に対して失踪宣告を申立て、認められました。

　この場合、その駐車場の敷地の用に供されている土地は、甲の事業用宅地として小規模宅地等の特例の対象に該当しますか。

　不在者の財産管理人は失踪者甲の法定代理人に当たり、その行為の効果は甲に帰属することとなります。したがって、駐車場用地は甲の事業用宅地として小規模宅地等の特例の対象になります。

（国税庁ホームページ「質疑応答事例」を一部修正加筆）

Q&A 6　私道部分に係る小規模宅地等の特例の適用の可否

　右図のような場合に、被相続人は相続開始直前においてB土地に居住していたことから小規模宅地等の特例の適用があるものと考えますが、私道であるA土地の共有持分についてもこの特例の対象になりますか。

　なお、私道Aは、B、C及びD土地の所有者の共有であり、同人らの通行の用に供されていました。

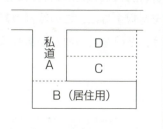

　私道A土地は、被相続人の居住用宅地等であるB土地の維持・効用を果たすために必要不可欠なものですから、この土地の共有持分についても被相続人の居住用宅地として小規模宅地等の特例の対象となります（措令40の2④）。

（国税庁ホームページ「質疑応答事例」より）

Ⅶ 質疑応答

Q&A 7　共有家屋（貸家）の敷地の用に供されていた宅地等についての小規模宅地等の特例の選択

　夫に相続が開始したので、下の図のような貸家の敷地の用に供されていた宅地等について小規模宅地等の特例の適用を考えています（貸家の共有持分及び宅地等は妻（夫と生計を一にしています）がすべて相続により取得し、取得した家屋について妻が貸付事業を申告期限までに行っています）。

　この場合、この宅地等のうち240㎡（夫の家屋の持分に対応する部分）は貸家建付地評価となり、160㎡（妻の家屋の持分に対応する部分）は自用地評価となりますが、特例の適用に当たっては、自用地部分160㎡と貸家建付地のうち40㎡の計200㎡について適用することとして差し支えありませんか。

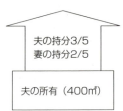

夫の持分3/5
妻の持分2/5

夫の所有（400㎡）

　夫の家屋に対応する部分（被相続人貸付事業用宅地等）だけでなく、妻の家屋の持分に対応する部分（生計を一にする親族の貸付事業用宅地等）についても小規模宅地等の特例の対象となります（措令40の2⑮）。

　また、自用地部分（妻の家屋の持分に対応する部分）を選択するか、貸家建付地部分（被相続人の家屋の持分に対応する部分）を選択するか、その全部を選択するか、一部を選択するは、この特例の対象となる宅地等を取得した相続人等が2人以上いる場合には、その全員の同意があれば自由に決められます。

（国税庁ホームページ「質疑応答事例」に加筆）

Q&A 8　遺留分減殺に伴う修正申告及び更正の請求における小規模宅地等の選択替えの可否

　被相続人甲（平成〇年3月10日相続開始）の相続人は、長男乙と長女丙の2名です。乙は甲の遺産のうちA宅地（特定居住用宅地等）及びB宅地（特定事業用宅地等）を遺贈により取得し、相続税の申告に当ってB宅地について小規模宅地等の特例を適用して期限内に申告しました。その後、丙から遺留分減殺請求がなされ、家庭裁判所の調停の結果B宅地は丙が取得することになりました。そこで、小規模宅地等の対象地を、乙は更正の請求においてA宅地と、丙は修正申告においてB宅地とすることができますか（限度面積要件は満たしています）。なお、甲の遺産の内小規模宅地等の特例の対象となる宅地等は、A宅地及びB宅地のみです。

当初申告におけるその宅地に係る小規模宅地等の特例の適用について何らかの瑕疵がない場合には、その後、その適用対象宅地の選択換えをすることは許されないこととされていますが、照会の場合は遺留分減殺請求という相続固有の後発的事由に基づいて、当初申告に係る土地（A宅地）を遺贈により取得できなかったものですから、更正の請求においてA宅地について同条を適用することを、いわゆる選択換えというのは相当ではありません。

したがって、乙の小規模宅地等の対象地をA宅地とする変更は、更正の請求において添付書類等の要件を満たす限り認められると考えられます。

また、当初申告において小規模宅地等の対象地を選択しなかった丙についても同様に取り扱って差し支えないと考えられます。

（国税庁ホームページ「質疑応答事例」より）

Q&A 9　小規模宅地等の特例の対象となる「被相続人等の居住の用に供されていた宅地等」の判定

小規模宅地等の特例の対象となる「被相続人等の居住の用に供されていた宅地等」の判定は、どのように行うのですか。

被相続人等の居住の用に供されていたかどうかは、基本的には、被相続人等が、その宅地等の上に存する建物に生活の拠点を置いていたかどうかにより判定すべきものと考えられ、その具体的な判定に当たっては、その者の日常生活の状況、その建物への入居目的、その建物の構造及び設備の状況、生活の拠点となるべき他の建物の有無その他の事実を総合勘案して判定することになります。

したがって、例えば、次のような場合には被相続人等が居住していた事実があったとしても、被相続人等が生活の拠点を置いていた建物とはいえません（措令40の2⑧）。

イ　居住の用に供する建物の建築期間中だけの仮住まいである建物

ロ　他に生活の拠点と認められる建物がありながら、小規模宅地等の特例の適用を受けるためのみの目的その他の一時的な目的で入居した建物

ハ　主として趣味、娯楽又は保養の用に供する目的で有する建物

（国税庁ホームページ「質疑応答事例」より）

Ⅶ　質疑応答

> **Q&A 10　入院により空家となっていた建物の敷地についての小規模宅地等の特例**
>
> 　被相続人は相続開始前に病気治療のために入院しましたが、退院することなく亡くなりました。被相続人が入院前まで居住していた建物は、相続開始直前まで空家となっていましたが、退院後は従前どおり居住の用に供することができる状況にありました。この場合、その建物の敷地は、相続開始直前において被相続人の居住の用に供されていた宅地等に該当しますか。

　病院の機能等を踏まえれば、被相続人がそれまで居住していた建物で起居しないのは、一時的なものと認められますから、その建物が入院後他の用途に供されたような特段の事情のない限り、被相続人の生活の拠点はなおその建物に置かれていると解するのが実情に合致するものと考えられます。

　したがって、その建物の敷地は、空家となっていた期間の長短を問わず、相続開始直前において被相続人の居住の用に供されていた宅地等に該当します。

（国税庁ホームページ「質疑応答事例」より）

> **Q&A 11　老人ホームへの入所により空家となっていた建物の敷地についての小規模宅地等の特例（平成26年1月1日以後に相続又は遺贈により取得する場合の取扱い）**
>
> 　被相続人は、介護保険法に規定する要介護認定を受け、居住していた建物を離れて特別養護老人ホーム（老人福祉法第20条の5）に入所しましたが、一度も退所することなく亡くなりました。被相続人が特別養護老人ホームへの入所前まで居住していた建物は、相続の開始の直前まで空家となっていましたが、この建物の敷地は、相続の開始の直前において被相続人の居住の用に供されていた宅地等に該当しますか。

　照会のケースにおける、被相続人が所有していた建物の敷地は、相続の開始の直前において被相続人の居住の用に供されていた宅地等に該当することになります（措令40の2②、③、措通69の4-7の2）。

（理　由）

　平成25年度の税制改正において、相続の開始の直前において被相続人の居住の用に供されていなかった宅地等の場合であっても、①被相続人が、相続の開始の直前において介護保険法等に規定する要介護認定等を受けていたこと、及び②その被相続人が老人福祉法等に規定する特別養護老人ホーム等（以下「老人ホーム等」といいます）に入居又は入所（以下「入居等」といいます）していたことという要件を満たすときには、その

被相続人により老人ホーム等に入居等をする直前まで居住の用に供されていた宅地等（その被相続人の特別養護老人ホーム等に入居等後に、事業の用又は新たに被相続人等（被相続人又はその被相続人と生計を一にしていた親族をいいます。以下同じです）以外の者の居住の用に供されている場合を除きます）については、被相続人等の居住の用に供されていた宅地等に当たることとされました。

なお、この改正後の規定は、平成26年1月1日以後に相続又は遺贈により取得する場合について適用されます。

（注）被相続人が介護保険法等に規定する要介護認定等を受けていたかどうかは、その被相続人が相続の開始の直前において要介護認定等を受けていたかにより判定します。したがって、老人ホーム等に入居等をする時点において要介護認定等を受けていない場合であっても、その被相続人が相続の開始の直前において要介護認定等を受けていれば、老人ホーム等に入居等をする直前まで被相続人の居住の用に供されていた建物の敷地は、相続の開始の直前においてその被相続人の居住の用に供されていた宅地等に該当することになります。

（国税庁ホームページ「質疑応答事例」より）

Q&A 12　老人ホームに入所していた被相続人が要介護認定の申請中に死亡した場合の小規模宅地等の特例

　老人ホームに入所していた被相続人が、要介護認定の申請中に亡くなりましたが、相続開始の時において要介護認定を受けていませんでした。この場合において、相続の開始後に被相続人に要介護認定があったときには、租税特別措置法施行令第40条の2第2項第1号に規定する要介護認定を受けていた被相続人に該当するものと考えてよいでしょうか。

照会のとおりで差し支えありません（措令40の2②、措通69の4-7の2）。

(1)　税法の規定

　租税特別措置法第69条の4第1項に規定する居住の用に供することができない事由の1つとして、介護保険法第19条第1項に規定する要介護認定又は同条第2項に規定する要支援認定（以下「要介護認定等」といいます）を受けていた被相続人が、租税特別措置法施行令第40条の2第2項第1号イに規定する特別養護老人ホーム等に入所していたことが定められています。

　「租税特別措置法（相続税の特例関係）の取扱いについて（法令解釈通達）」69の4-7の2《要介護認定等の判定時期》で、この要介護認定等を受けていたかどうかは、その被相続人が、その被相続人の相続の開始の直前においてその要介護認定等を受けていたかにより判定することとしています。

Ⅶ　質疑応答

(2)　介護保険法の規定

　介護保険法では、要介護認定等の申請を受けた市町村は、被保険者の心身の状況等を調査し、その調査の結果を認定審査会に通知し、審査及び判定を求め、認定審査会の審査判定の結果に基づき認定を行った場合には、被保険者に通知しなければならないとされています（介護保険法第27条①〜⑦、第32条①〜⑥）。また、市町村は上記の申請のあった日から30日以内にその申請に対する処分を行わなければならないとされ、市町村が要介護認定等を行った場合には、その効力は、申請のあった日にさかのぼって生ずるものとされています（介護保険法第27条⑧⑪、第32条⑦）。

(3)　相続開始の日以後に要介護認定等があった場合

　老人ホームに入所していた被相続人が要介護認定等の申請中に相続が開始した場合で、その被相続人の相続開始の日以後に要介護認定等があったときには、要介護認定等はその申請のあった日にさかのぼってその効力が生ずることとなります。要介護認定等が行われる場合、市町村は、被相続人の生前に心身の状況等の調査を行っていることから、被相続人が、相続の開始の直前において介護又は支援を必要とする状態にあったことは明らかであると認められます。したがって、被相続人は相続の開始の直前において要介護認定等を受けていた者に該当するものとして差し支えありません。

（国税庁ホームページ「質疑応答事例」より）

> **Q&A 13　特定居住用宅地等の要件の一つである「相続開始時から申告期限まで引き続き当該建物に居住していること」の意義**

> 　被相続人甲と同居していた相続人Ａは、被相続人の居住の用に供されていた宅地を相続しましたが、相続税の申告期限前に海外支店に転勤しました。
> 　なお、相続人Ａの配偶者及び子は、相続開始前から相続税の申告期限まで引き続き当該宅地の上に存する家屋に居住しています。この場合、当該宅地は特定居住用宅地等である小規模宅地等に該当しますか。

　相続人Ａの配偶者及び子の日常生活の状況、その家屋への入居目的、その家屋の構造及び設備の状況からみて、当該建物がＡの生活の拠点として利用されている家屋といえる場合、すなわち、転勤という特殊事情が解消したときは、家族と起居を共にすることになると認められる家屋といえる場合については、甲に係る相続開始の直前から申告書の提出期限までＡの居住の用に供していた家屋に該当するものとみるのが相当ですから、Ａの取得した宅地は特定居住用宅地等である小規模宅地等に該当します。

　なお、相続人Ａの配偶者及び子が、相続税の申告期限前に当該宅地の上に存する家屋

に居住しないこととなった場合には、当該宅地は特定居住用宅地等である小規模宅地等に該当しません。

(国税庁ホームページ「質疑応答事例」より)

Q&A 14　被相続人の共有する土地が被相続人等の居住の用と貸家の敷地の用に供されていた場合の小規模宅地等の特例

被相続人甲が配偶者乙と共有する土地上（下図参照）には、被相続人の居住の用に供されていたA建物（甲所有）と貸家の用に供されていたB建物（甲所有）があります。

配偶者乙がA建物、B建物及び土地のうち甲の共有持分を相続する場合、甲が所有していた土地の共有持分に相当する240㎡のうち200㎡はA建物の敷地として特定居住用宅地等である小規模宅地等に該当すると解してよろしいですか。

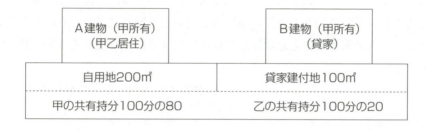

共有持分権者のその土地に有する権利は、その土地の全てに均等に及ぶとの共有についての一般的な考え方からすれば、照会の場合は、この土地に係る被相続人甲の共有持分は居住の用に供されていたA建物の敷地と貸家であるB建物の敷地に均等に及んでいると考えるのが相当です。したがって、甲の共有持分に相当する240㎡のうち、A建物の敷地部分に相当する160㎡が特定居住用宅地等である小規模宅地等に該当することになります。

※　甲の共有持分に相当する240㎡の利用状況

A建物の敷地部分　　$160㎡ = 300㎡ \times \dfrac{80}{100} \times \dfrac{200㎡}{200㎡ + 100㎡}$

B建物の敷地部分　　$80㎡ = 300㎡ \times \dfrac{80}{100} \times \dfrac{100㎡}{200㎡ + 100㎡}$

(国税庁ホームページ「質疑応答事例」より)

Ⅶ 質疑応答

Q&A 15 単身赴任中の相続人が取得した被相続人の居住用宅地等についての小規模宅地等の特例

　被相続人甲は、自己の所有する家屋に、長男Ａ、その配偶者Ｂ及びその子Ｃと同居していました（甲の配偶者は既に死亡しています）。平成○年にＡが転勤で大阪へ単身赴任となり、その後、この家屋には、甲、Ｂ及びＣが居住していましたが、平成○＋１年１月に甲が死亡したため、Ａがこの家屋及びその敷地を相続により取得しました。なお、Ａは相続税の申告期限において引き続き単身赴任の状態にあります。

　この場合、Ａが取得した敷地は特定居住用宅地等に該当しますか。

　Ａの配偶者及び子の日常生活の状況、その家屋への入居目的、その家屋の構造及び設備の状況からみて、当該家屋がＡの生活の拠点として利用されている家屋といえる場合、すなわち、転勤という特殊事情が解消したときは、その相続人の配偶者等と起居をともにすることになると認められる家屋といえる場合については、甲に係る相続開始の直前から申告書の提出期限までＡの居住の用に供していた家屋に該当するものとみることができますから、Ａの取得した宅地は特定居住用宅地等である小規模宅地等に該当することとなります。

（国税庁ホームページ「質疑応答事例」より）

Q&A 16 特定同族会社に貸し付けられていた建物が相続税の申告期限までに建て替えられた場合の小規模宅地等の特例

　特定同族会社Ａ（食品製造業）の社宅として有償で貸し付けられていた建物（被相続人所有）及びその敷地を相続により取得した相続人が、当該相続に係る相続税の申告期限までに建替え工事（建替え後の建物は、工場として、当該法人に有償で貸し付けられる）に着手しました。

　この場合、従前の建物に係る賃貸契約は解除され、新たに当該法人と賃貸契約を締結することとなりますが、措置法関係通達69の４-19（申告期限までに事業用建物等を建て替えた場合）の取扱いを適用して、当該建物の敷地について特定同族会社事業用宅地等である小規模宅地等に該当するとして取り扱うことができますか。

　措置法関係通達69の４-19の取扱いは、特定同族会社事業用宅地等の判定についても準用することとしており、また、Ａ法人との賃貸契約が解除されたといっても、建物建替えに伴う一時的なものであり、実質は更改に当たるものと解されます。

　したがって、建替え後の建物がＡ法人の事業の用に供されると見込まれる場合には、

措置法関係通達69の4–19の取扱いを適用して差し支えありません。

（国税庁ホームページ「質疑応答事例」より）

Q&A 17　庭先部分を相続した場合の小規模宅地等についての相続税の課税価格の計算の特例（租税特別措置法第69条の4）の適用について

　被相続人甲が居住の用に供していた家屋（被相続人甲所有）の敷地は、下図のようにＸ部分の土地とＹ部分の土地の二筆から構成されており、相続人Ａ（甲の子）と相続人Ｂ（甲の養子であり、Ａの子）とでこれらの土地をそれぞれ相続により取得することとしました（下記図参照）。

　ここで、被相続人甲とともに当該家屋に居住していた相続人Ａが、Ｘ部分の土地を相続により取得し、申告期限まで引き続きＸ部分の土地を有し、かつ当該家屋に居住することとした場合、相続人Ａが当該相続により取得したＸ部分の土地について、特定居住用宅地等（措法69の4③二イ）に該当するとして、小規模宅地等の相続税の課税価格の計算の特例（措法69の4）（以下「本件特例」といいます）の適用を受けることができますか。

　なお、当該家屋はＹ部分の土地とともに相続人Ｂが相続により取得しますが、当該家屋には、今後も継続して相続人Ａが居住する予定です。

```
┌─────────────────────────────────────┐
│ ┌─ ─ ─ ─ ─ ─ ─ ─ ─ ─ ─ ┐               │
│ │ 居住用家屋             │               │
│ │   相続人Ｂが相続により取得し、         │
│ │   相続人Ａが継続して居住 │               │
│ └ ─ ─ ─ ─ ─ ─ ─ ─ ─ ─ ─ ┘               │
│                          ┌────────────┐│
│ Ｙ部分                   │ Ｘ部分      ││
│   相続人Ｂが相続により取得 │  相続人Ａが相続により取得││
│                          └────────────┘│
└─────────────────────────────────────┘
```

　被相続人の居住の用に供されていた宅地等で一定のものについては、本件特例の対象となる宅地等となるところ（措法69の41）、この「被相続人の居住の用に供されていた宅地等」とは、相続開始の直前において、被相続人等の居住の用に供されていた家屋で被相続人が所有していたものの敷地の用に供されていた宅地等をいうこととされています（租税特別措置法（相続税法の特例関係）の取扱いについて（法令解釈通達）69の4–7）。

　そして、被相続人の居住の用に供されていた1棟の建物に居住していた親族が、その被相続人の居住の用に供されていた宅地等を相続により取得し、相続開始時から申告期限まで引き続きその宅地等を有し、かつ、その建物に居住している場合には、その相続

により取得した被相続人の居住の用に供されていた宅地等については、「特定居住用宅地等」に該当し、本件特例の適用を受けることができることとされています（措法69の4 3二イ）。

　ところで、本件特例の趣旨は、「被相続人等の居住の用に供されていた小規模な宅地等については、一般に、それが相続人等の生活基盤の維持のために欠くことのできないものであって、相続人において居住の用を廃してこれを処分することについて相当の制約を受けるのが通常であることから、相続税の課税価格に算入すべき価額を計算する上において、政策的な観点から一定の減額をすることとした」（東京地裁平成23年8月26日判決等）ことにあると解されています。

　本件において、被相続人甲と同居していた相続人Aが相続により取得するX部分の土地は、相続開始の直前において、被相続人甲の居住の用に供されていた家屋で、被相続人甲が所有していたものの敷地ですが、X部分の土地の上に当該家屋が存しないため、居住の用を廃することなく、X部分の土地のみを処分することが可能であることからすると、上記の本件特例の趣旨に照らし、本件特例の適用は認められないのではないかとの疑問が生じるところです。

　しかしながら、相続人Aが相続により取得するX部分の土地と相続人Bが相続により取得するY部分の土地は、事実関係に記載のとおり、一体として「相続の開始直前において被相続人の居住の用に供されていた家屋で被相続人が所有していたものの敷地の用に供されていた宅地」であることからすると、居住の用を廃する必要があるかどうかにかかわらず、X部分の土地は、「相続の開始直前において被相続人の居住の用に供されていた家屋で被相続人が所有していたものの敷地の用に供されていた宅地」に該当すると考えます。

　また、相続人Aは、被相続人甲の親族であり、「相続開始の直前において被相続人の居住の用に供されていた1棟の建物に居住していた者」に該当します。

　したがって、相続人AがX部分の土地を相続により取得し、申告期限まで引き続きX部分の土地を有し、かつ、家屋に居住している場合には、X部分の土地は、「特定居住用宅地等」として、本件特例の対象になると考えられます。

（国税庁ホームページ「文書回答事例」より）

Q&A 18　区分所有建物の登記がされていない1棟の建物の敷地の場合

　被相続人甲は、自己の所有する宅地の上に一棟の建物を所有し、甲とその配偶者乙及び生計を別にする子丙の居住の用に供していた（建物は、区分所有建物である旨の登記がなく、甲単独の名義である）。

　配偶者乙、子丙は、当該宅地の2分の1の持分を各々相続により取得し、申告期限まで引き続き所有し、かつ居住の用に供している。甲の所有していた宅地は、特定居住用宅地等に該当するか。

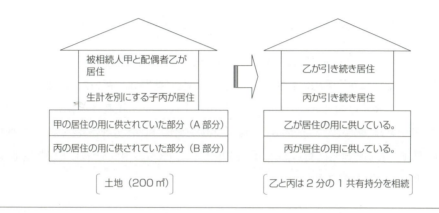

1　被相続人等の居住の用に供されていた宅地等の判定

　甲の居住の用に供されていた一棟の建物の敷地には、被相続人甲の居住の用に供されていた部分（以下「A部分」といいます）と、生計を別にする親族丙の居住の用に供されていた部分（以下「B部分」といいます）があります。

　当該1棟の建物は、区分所有建物である旨の登記がされていないことから、生計を別にしていた親族丙の居住の用に供されていた部分についても、被相続人等の居住の用に供されていた宅地等の部分に含まれることとなります（措令40条の2④）。

　したがって、敷地の全体が、租税特別措置法第69条の4第1項に規定する被相続人等の居住の用に供されていた宅地等に該当することとなります。

2　特定居住用宅地等の判定

　敷地全体が、被相続人等の居住の用に供されていた宅地等に該当することから、配偶者である乙が取得した、A部分（100㎡）及びB部分（100㎡）の持分の割合（2分の1）に応ずる部分（100㎡）は、特定居住用宅地等に該当します（措法69条の4③二柱書、措令40条の2⑨）。

　丙は、甲の居住の用に供されていた1棟の建物（区分所有建物である旨の登記がされていない建物）の措令第40条の2第10項第2号に規定する「当該被相続人の親族の居住

の用に供されていた部分」に居住していた者であって、相続開始から申告期限まで、被相続人等の居住の用に供されていた宅地等を有し、かつ、当該建物に居住していることから、租税特別措置法第69条の4第3項第2号イの親族に該当します。

　したがって、丙が取得したA部分（100㎡）及びB部分（100㎡）の持分の割合（2分の1）に応ずる部分（100㎡）は、特定居住用宅地等に該当します（措法69条の4③二イ、措令40条の2⑨）。

（平成26年1月15日「資産課税課情報第1号（事例1）」に加筆）

Q&A 19　区分所有建物の登記がされている1棟の建物の敷地の場合

　被相続人甲は、自己の所有する宅地の上に子丙と一棟の建物を所有し、甲とその配偶者乙及び生計を別にする子丙の居住の用に供していた（建物は、区分所有建物である旨の登記があり、甲及び丙はそれぞれの専有部分について、区分所有権を登記し、居住の用に供している）。配偶者乙、子丙は、当該宅地の2分の1の持分を各々相続により取得し、申告期限まで引き続き所有し、かつ居住の用に供している。甲の所有していた宅地は、特定居住用宅地等に該当するか。

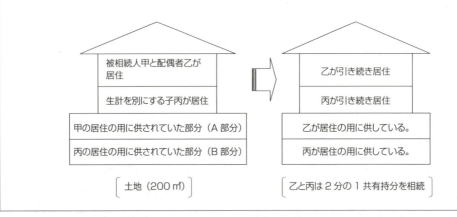

1　被相続人等の居住の用に供されていた宅地等の判定

　甲の居住の用に供されていた一棟の建物の敷地には、被相続人甲の居住の用に供されていた部分（以下「A部分」といいます）と、生計を別にする親族丙の居住の用に供されていた部分（以下「B部分」といいます）があります。甲の居住の用に供されていた1棟の建物は、区分所有建物である旨の登記がされていることから、生計を別にする丙の居住の用に供されていた部分（B部分）は、租税特別措置法第69条の4第1項に規定する被相続人等の居住の用に供されていた宅地等の部分に含まれないこととなります（措令40条の2④）。

VII 質疑応答

したがって、一棟の建物の敷地のうち、A部分だけが、租税特別措置法第69条の4第1項に規定する被相続人等の居住の用に供されていた宅地等に該当することとなります。

2 特定居住用宅地等の判定

乙は、A部分及びB部分の持分（2分の1）を相続により取得しているが、被相続人等の居住の用に供されていた部分は、A部分のみです。したがって、配偶者である乙が取得したA部分（100㎡）の持分の割合（2分の1）に応ずる部分（50㎡）は、特定居住用宅地等に該当することとなります（措法69条の4③二柱書、措令40条の2⑨）。

なお、B部分（100㎡）の持分の割合（2分の1）に応ずる部分（50㎡）は、B部分が措法第69条の4第1項に規定する被相続人等の居住の用に供されていた宅地等に該当しないことから、特定居住用宅地等には該当しないこととなります。丙は、甲の居住の用に供されていた1棟の建物（区分所有建物である旨の登記がされている建物）の租税特別措置法施行令第40条の2第10項第1号に規定する「当該被相続人の居住の用に供されていた部分」に居住していた者には該当しないことから、措法第69条の4第3項第2号イの親族に該当しません。

したがって、丙が取得したA部分（100㎡）及びB部分（100㎡）の持分の割合（2分の1）に応ずる部分（100㎡）は、特定居住用宅地等に該当しません。

（平成26年1月15日「資産課税課情報第1号（事例2）」に加筆）

> **Q&A 20　区分所有建物の登記がされていない1棟の建物の敷地を租税特別措置法69条の4③二口の親族が取得した場合**
>
> 　被相続人甲は、自己の所有する宅地の上に一棟の建物を所有し、甲及び生計を別にする子乙の居住の用に供していた（建物は、区分所有建物である旨の登記がなく、甲単独で所有している）。相続人である子乙及び子丙は、当該宅地の2分の1の持分を各々相続により取得し、申告期限まで引き続き所有し、かつ、当該宅地を居住の用に供している。なお、丙は、相続開始前3年以内に、丙又はその配偶者の所有する家屋に居住したことがない。
>
> 　甲の所有していた宅地は、特定居住用宅地等に該当するか。
>
>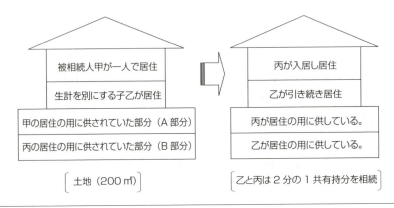

1　被相続人等の居住の用に供されていた宅地等の判定

　被相続人甲の居住の用に供されていた1棟の建物の敷地には、甲の居住の用に供されていた部分（以下「A部分」といいます）と、生計を別にする親族乙の居住の用に供されていた部分（以下「B部分」といいます）があります。当該1棟の建物は、区分所有建物である旨の登記がされていないことから、生計を別にしていた乙の居住の用に供されていた部分についても、被相続人等の居住の用に供されていた宅地等の部分に含まれることとなります（措令40条の2④）。

　したがって、敷地の全体が、租税特別措置法第69条の4第1項に規定する被相続人等の居住の用に供されていた宅地等に該当することとなります。

2　特定居住用宅地等の判定

(1)　乙が相続により取得した部分

　　乙は、甲の居住の用に供されていた1棟の建物（区分所有建物である旨の登記がされていない建物）の措令第40条の2第10項第2号に規定する「当該被相続人の親族の居住の用に供されていた部分」に居住していた者であって、相続開始から申告

期限まで被相続人等の居住の用に供されていた宅地等を有し、かつ、当該建物に居住していることから、租税特別措置法第69条の４第３項第２号イの親族に該当します。したがって、乙が取得したＡ部分（100㎡）及びＢ部分（100㎡）の持分の割合（２分の１）に応ずる部分（100㎡）は、特定居住用宅地等に該当します（措法69条の４③二イ、措令40条の２⑨）。

(2) 丙が相続により取得した部分

　租税特別措置法第69条の４第３項第２号ロに掲げる親族は、被相続人の居住の用に供されていた宅地等を取得した者に限るとされています。丙が取得したＡ部分（100㎡）の持分の割合（２分の１）に応ずる部分（50㎡）は、被相続人の居住の用に供されていた宅地です。

　次に、Ｂ部分は、被相続人の生計を別にする親族の居住の用に供されていた宅地ですが、措令第40条の２第４項の規定により被相続人等の居住の用に供されていた部分に含まれることから、被相続人の居住の用に供されていた宅地等に該当するものとして取り扱うことができ、丙は、租税特別措置法第69条の４第３項第２号ロに掲げる被相続人の居住の用に供されていた宅地等を取得した者に該当することとなります。

　また、被相続人甲の居住の用に供されていた１棟の建物のうち、甲の居住の用に供されていた部分に甲と共に起居していた親族はいません。

　以上のことから、丙は、租税特別措置法第69条の４第３項第２号ロに規定する他の要件を満たせば、同号ロに規定する親族に該当し、丙が取得したＡ部分（100㎡）及びＢ部分（100㎡）の持分の割合（２分の１）に応ずる部分（100㎡）は、特定居住用宅地等に該当することとなります（措法69条の４③二ロ、措令40条の２⑨）。

《参考》
　本事例において、相続人である子乙が被相続人甲と生計を一にする親族である場合にも、丙が取得した乙の居住の用に供されていたＢ部分は、措令第40条の２第４項の規定により被相続人等の居住の用に供されていた部分に含まれることから、被相続人の居住の用に供されていた宅地等に該当するものとして取り扱うことができる。したがって、乙が甲と生計を一にする親族である場合にも、丙が取得した乙の居住の用に供されていたＢ部分は、上記「(2) 丙が相続により取得した部分」と同様に特定居住用宅地等に該当することとなる。

（平成26年１月15日「資産課税課情報第１号（事例３）」）

VII 質疑応答

Q&A 21　事業的規模でない不動産貸付けの場合

　事業的規模でない不動産の貸付けの場合であっても、小規模宅地等についての相続税の課税価格の計算の特例の対象となりますか。

　相続開始の直前において、被相続人等の貸付事業の用に供されていた宅地等で、一定の要件に該当する被相続人の親族が相続又は遺贈により取得した部分は、貸付事業用宅地等として小規模宅地等についての課税価格の計算の特例の対象となります。その減額割合は50％です。

　ここでいう貸付事業とは「不動産貸付業」、「駐車場業」、「自転車駐車場業」及び事業と称するに至らない不動産の貸付けその他これに類する行為で相当の対価を得て継続的に行う「準事業」をいいますので、事業規模は問わずこの特例の対象となります。

　ただし、この特例の対象となる不動産の貸付けは相当の対価を得て継続的に行うものに限られていますので、使用貸借により貸し付けられている宅地等は特例の対象になりません（措法69の４、措令40の２、措規23の２、措通69の４-13）。

（「タックスアンサーNo.4124」に加筆）

Q&A 22　農機具置き場や農作業を行うための建物の敷地に係る小規模宅地等の特例

　農業用耕うん機、トラクター、農機具等の収納や農作業を行うための建物の敷地の用に供されている土地は、小規模宅地等の特例の対象となる事業用宅地等に該当しますか。なお、土地の地目は宅地となっています。

　農機具等の収納又は農作業を行うことを目的とした建物の敷地は、他の要件を満たす限り小規模宅地等の特例の対象となる事業用宅地等に該当します。

　ただし、建物又は構築物の敷地であっても、①温室その他の建物でその敷地が耕作の用に供されているもの及び②暗きょその他の構築物でその敷地が耕作・養畜等の用に供されるものについては、たとえ建物等の敷地であっても同特例の対象となる事業用宅地等には該当しません。これらの土地は建物等の敷地とはいえ、農地又は採草放牧地に該当し、それらについては、一定の要件を満たす場合には、農地等の納税猶予の特例を適用することができます（措法69の４、措規23の２）。

Ⅶ 質疑応答

Q&A 23　老人ホームに入居中に自宅を相続した場合の小規模宅地等についての相続税の課税価格の計算の特例（租税特別措置法第69条の4）の適用について

(1) 被相続人甲は、平成29年4月、X有料老人ホーム（老人福祉法第29条第1項に規定する有料老人ホームに該当します）に入居しました。

(2) 被相続人甲は、平成29年6月、X有料老人ホームに入居する直前において居住の用に供していた家屋（以下「本件家屋」といいます）及びその敷地の用に供されていた宅地等（以下「本件宅地等」といいます）を、Y有料老人ホームに入居（平成28年7月）していた配偶者乙から相続により取得しました。

(3) 被相続人甲は、平成30年2月、本件家屋に戻ることなく死亡しました。なお、本件家屋は、被相続人甲がX有料老人ホームに入居した後は、空家となっていました。

(4) 被相続人甲は、死亡する前に介護保険法第19条第1項に規定する要介護認定を受けています。

(5) このような事実関係を前提として、本件家屋及び本件宅地等を長男丙が相続により取得した場合において、丙は本件宅地等について租税特別措置法第69条の4第1項に規定する被相続人の居住の用に供されていた宅地等に該当するとして、小規模宅地等についての相続税の課税価格の計算の特例（措法69の4）（以下「本件特例」といいます）の適用を受けることができると解してよいか、照会します。なお、丙は、本件特例に係る他の要件を満たしています。参考として、相続関係図及び時系列は以下のとおりとなります。

【相続関係図】

【時系列】

(1) 本件において、被相続人甲はX有料老人ホームへの入居前に、本件宅地等を居住の用に供していましたが、X有料老人ホームに入居中に本件家屋及び本件宅地等を相続により取得し、その後本件家屋に戻ることなく死亡しました。

被相続人の居住の用に供されていた宅地等で一定のものについては、本件特例の対

象となるところ、相続開始の直前において被相続人の居住の用に供されていなかった
宅地等であっても、租税特別措置法施行令第40条の2≪小規模宅地等についての相続
税の課税価格の計算の特例≫第2項に定める事由（要介護認定又は要支援認定等を受
けていた被相続人が同項の住居又は施設（以下「有料老人ホーム等」といいます）に
入居又は入所（以下「入居等」といいます）していたこと）により居住の用に供され
なくなる直前に被相続人の居住の用に供されていた宅地等（被相続人が有料老人ホー
ム等に入居等した後に、事業の用又は新たに被相続人等以外の者の居住の用に供され
ている場合を除きます）については、本件特例の対象となる宅地等に該当するとされ
ています（措法69の4①）。

　被相続人が有料老人ホーム等に入居等する直前において宅地等の所有者であればそ
の宅地等が本件特例の対象となる宅地等に当たることは明らかですが、本件における
被相続人甲は、X有料老人ホーム入居の直前においては本件宅地等を居住の用に供し
ていたものの本件宅地等の所有者ではなく、本件宅地等を取得した後はこれを居住の
用に供していない場合であっても、本件宅地等が本件特例の対象となると解してよい
か疑義が生じるところです。

(2)　上記事由により相続開始の直前において被相続人の居住の用に供されていなかった
　宅地等が、本件特例の対象となる居住の用に供されていた宅地等に該当するか否かに
　ついては、被相続人が有料老人ホーム等に入居等して居住の用に供されなくなった直
　前の利用状況で判定することとされていますが、その時において被相続人が宅地等を
　所有していたか否かについては、法令上特段の規定は設けられていません。

(3)　したがって、本件宅地等は、被相続人甲がX有料老人ホームに入居し居住の用に供
　されなくなった直前において、被相続人甲の居住の用に供されていたものであること
　から、その時において被相続人甲が本件宅地等を所有していなかったとしても本件特
　例の対象となる宅地等に該当すると解され、丙は本件特例の適用を受けることができ
　るものと考えます。

（東京国税局文書回答事例（平成30年12月7日））

第2部

事例編

●特定居住用宅地等と貸付事業用宅地等
　（事例1〜91）……116〜241頁
●特定事業用宅地等（事例92〜129）……
　243〜293頁
●特定同族会社事業用宅地等（事例130〜
　156）……295〜334頁

特定居住用宅地等の要件

【特定居住用宅地等の要件のポイント】

　特定居住用宅地等とは、被相続人及び被相続人と生計を一にする親族の居住の用に供されていた宅地等で、被相続人の配偶者又は次に掲げる要件のいずれかを満たす被相続人の親族（被相続人の配偶者を除きます）が相続又は遺贈により取得したものをいいます。

宅地等	取得者		特例適用要件
被相続人の居住の用	配偶者		要件なし
	同居親族	居住継続	被相続人と同居し、相続開始前から申告期限まで、引き続きその家屋に居住していること
		保有継続	相続開始時から相続税の申告期限までその宅地等を保有していること
	同居親族以外の一定の親族	特定親族	被相続人の配偶者又は相続開始直前において被相続人と同居していた法定相続人がいないこと
			制限納税義務者で日本国籍を有しない者でないこと
			相続開始前3年以内に日本国内にある自己又は自己の配偶者の所有に係る家屋に居住したことがないこと※
		保有継続	相続開始時から相続税の申告期限までその宅地等を有していること
生計を一にする親族の居住の用	配偶者		要件なし
	生計一にする親族	居住継続	相続開始前から申告期限まで、引き続きその家屋に居住していること
		保有継続	相続開始時から申告期限までその宅地等を保有していること
		無償使用	被相続人に対して当該宅地等に係る地代又は当該宅地上の建物に係る家賃の支払がないこと

※　平成30年4月1日以降の相続から、「相続開始前3年以内に、その者の3親等内の親族又はその者と特別の関係のある法人が所有する国内にある家屋に居住したことがなく、相続開始時において居住の用に供していた家屋を過去に所有していたことがないこと」に改正されました。

貸付事業用宅地等の要件

【貸付事業用宅地等の要件のポイント】

　貸付事業用宅地等とは、被相続人等の貸付事業の用に供されていた宅地等で、次に掲げる要件のいずれかを満たす被相続人の親族が相続又は遺贈により取得したものをいいます。

宅地等		特例適用要件
被相続人の貸付事業の用	貸付期間	相続開始前3年以内に、新たに貸付事業の用に供された宅地等（相続開始の日まで3年を超えて引き続き特定貸付事業を行っていた被相続人等の当該貸付事業の用に供されていたものを除きます）でないこと※
	事業承継	被相続人の貸付事業を申告期限までに承継し、かつ、その申告期限までその貸付事業を行っていること
	保有継続	その宅地等を申告期限まで有していること
被相続人と生計を一にする親族の貸付事業の用	貸付期間	相続開始前3年以内に、新たに貸付事業の用に供された宅地等（相続開始の日まで3年を超えて引き続き特定貸付事業を行っていた被相続人等の当該貸付事業の用に供されていたものを除きます）でないこと※
	事業継続	相続開始前から申告期限まで、その宅地等を自己の貸付事業の用に供していること
	保有継続	その宅地等を申告期限まで有していること
	無償使用	被相続人に対して当該宅地等に係る地代又は当該宅地上の建物に係る家賃の支払がないこと（被相続人の貸付事業の用となります）

※　平成30年4月1日以降の相続から、この要件が追加されました。なお、施行日（平成30年4月1日）から令和3年3月31日までの間に相続又は遺贈により取得をする宅地等に係る新租税特別措置法第69条の4第3項第四号の規定の適用については、同号中「相続開始前3年以内」とあるのは、「平成30年4月1日以後」に新たに貸付事業の用に供されたものとする経過措置が設けられています（平成30年改正法附則118④、措通69の4-24の8）。

| 事例1 | 被相続人の居住の用に供されていた土地建物（被相続人所有）を配偶者が相続した場合 |

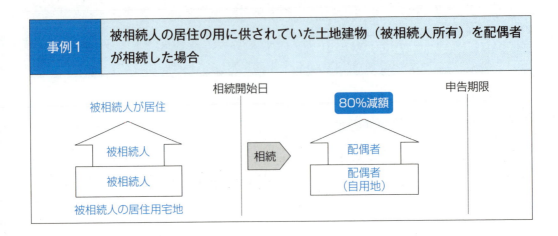

1　小規模宅地等の特例について

　被相続人の居住の用に供されていた土地建物を被相続人の配偶者（以下「配偶者」といいます）が相続した場合は、その相続した土地は、**特定居住用宅地等に該当し、80％減額が適用できます。**

　なお、配偶者が相続した土地が特定居住用宅地等に該当するか否かの判断に当たっては、同居親族（配偶者以外をいいます）が相続するような場合とは異なり、居住継続要件及び保有継続要件は課されていませんので、相続した土地を相続税の申告期限前に売却などした場合であっても、80％減額が適用できます。

2　土地評価について

　自用地に該当します。

3　参考図表等

① **居住の用に供されていた宅地が複数ある場合**
　⇒「図表4-3　居住の用に供されていた宅地が複数ある場合の判定」39頁を参照

② **建物の建築中等に相続が開始した場合**
　⇒「図表4-11　居住用建物の建築中等に相続が開始した場合の留意事項」49頁を参照
　⇒措通69の4-8を参照

③ **店舗兼住宅等の敷地の持分の贈与について贈与税の配偶者控除等の適用を受けたものの居住の用に供されていた部分**
　⇒措通69の4-9を参照

④ **公共事業の施行により従前地及び仮換地について使用収益が禁止されている場合**
　⇒措通69の4-3を参照

⑤ 被相続人が老人ホームなどに入居している場合

⇒「図表 4 - 4　被相続人が居住に供せない場合とは」41頁

⇒「図表 4 - 5　老人ホーム等に入居後の居住用宅地の判定」41頁

⇒「Q&A11　老人ホームへの入所により空家となっていた建物の敷地についての小規模宅地等の特例（平成26年 1 月 1 日以後に相続又は遺贈により取得する場合の取扱い）」98頁を参照

⇒「Q&A12　老人ホームに入所していた被相続人が要介護認定の申請中に死亡した場合の小規模宅地等の特例」99頁を参照

⇒「Q&A23　老人ホームに入居中に自宅を相続した場合の小規模宅地等についての相続税の課税価格の計算の特例（租税特別措置法第69条の 4 ）の適用について」111頁を参照

⇒要介護認定等の判定時期については、措通69の 4 - 7 の 2 を参照

⑥ 複数の利用区分が存する場合

⇒「申告書等の記載例 1　複数の利用区分が存する場合」62頁を参照

⑦ 共有宅地の場合

⇒「申告書等の記載例 5　共有宅地についての小規模宅地等の特例の選択」75頁を参照

⑧ 被相続人等の居住用宅地等を共有で取得した場合

⇒「申告書等の記載例 8　被相続人等の居住用宅地等を共有で取得し、その 1 人に小規模宅地等の特例の適用がある場合」85頁を参照

⑨ 私道の取扱い

⇒「Q&A 6　私道部分に係る小規模宅地等の特例の適用の可否」95頁を参照

⑩ 被相続人が入院している場合の取扱い

⇒「Q&A10　入院により空家となっていた建物の敷地についての小規模宅地等の特例」98頁を参照

⑪ 二世帯住宅の敷地の取扱い

⇒「図表 4 -12　二世帯住宅の居住用宅地の判定」51頁

⑫ 区分所有建物の登記がされている場合などの取扱い

⇒「Q&A18　区分所有建物の登記がされていない 1 棟の建物の敷地の場合」105頁を参照

⇒「Q&A19　区分所有建物の登記がされている 1 棟の建物の敷地の場合」106頁を参照

⇒「Q&A20　区分所有建物の登記がされていない 1 棟の建物の敷地を措置法69条の 4 ③二ロの親族が取得した場合」108頁を参照

| 事例2 | 被相続人の居住の用に供されていた土地建物（被相続人所有）を家なき子が相続した場合 |

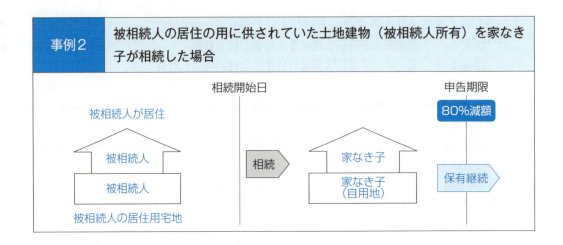

1 小規模宅地等の特例について

　被相続人の居住の用に供されていた土地建物を次の要件をすべて満たす一定の親族（以下「家なき子」といいます）が相続した場合で、保有継続要件を満たすときは、その相続した土地は、**特定居住用宅地等に該当し、80％減額が適用**できます。

　なお、家なき子が相続した土地が特定居住用宅地等に該当するか否かの判断に当たって、居住継続要件は課されていませんので、家なき子が被相続人の居住の用に供されていた建物に居住するか否かは、小規模宅地等の特例の適用の適否に影響を与えません。

① 居住制限納税義務者（相法1の3①三）又は非居住納税義務者（相法1の3①四）のうち日本国籍を有しない者ではないこと
② 相続開始前3年以内に日本国内にある自己、自己の配偶者、自己の親族の3親等内の親族又は自己と特別の関係がある一定の法人が所有する建物（相続開始の直前に被相続人の居住の用に供されていた建物を除きます）に居住したことがないこと
③ 被相続人の相続開始時に自己が居住している建物を相続開始前のいずれの時においても所有していたことがないこと
④ 被相続人に配偶者又は相続開始の直前において被相続人の居住の用に供されていた建物に居住していた相続人（相続の放棄があった場合には、その放棄がなかったものとした場合の相続人）がいないこと

2 土地評価について
　自用地に該当します。

3 参考図表等について
① 居住の用に供されていた宅地が複数ある場合

⇒「図表 4 - 3　居住の用に供されていた宅地が複数ある場合の判定」39頁を参照

② **建物の建築中等に相続が開始した場合**

⇒「図表 4 -11　居住用建物の建築中等に相続が開始した場合の留意事項」49頁を参照
⇒措通69の 4 - 8 を参照

③ **店舗兼住宅等の敷地の持分の贈与について贈与税の配偶者控除等の適用を受けたものの居住の用に供されていた部分**

⇒措通69の 4 - 9 を参照

④ **公共事業の施行により従前地及び仮換地について使用収益が禁止されている場合**

⇒措通69の 4 - 3 を参照

⑤ **被相続人が老人ホームなどに入居している場合**

⇒「図表 4 - 4　被相続人が居住に供せない場合とは」41頁
⇒「図表 4 - 5　老人ホーム等に入居後の居住用宅地の判定」41頁
⇒「Q&A11　老人ホームへの入所により空家となっていた建物の敷地についての小規模宅地等の特例（平成26年 1 月 1 日以後に相続又は遺贈により取得する場合の取扱い）」98頁を参照
⇒「Q&A12　老人ホームに入所していた被相続人が要介護認定の申請中に死亡した場合の小規模宅地等の特例」99頁を参照
⇒「Q&A23　老人ホームに入居中に自宅を相続した場合の小規模宅地等についての相続税の課税価格の計算の特例（租税特別措置法第69条の 4 ）の適用について」111頁を参照
⇒要介護認定等の判定時期については、措通69の 4 - 7 の 2 を参照

⑥ **複数の利用区分が存する場合**

⇒「申告書等の記載例 1　複数の利用区分が存する場合」62頁を参照

⑦ **共有宅地の場合**

⇒「申告書等の記載例 5　共有宅地についての小規模宅地等の特例の選択」75頁を参照

⑧ **被相続人等の居住用宅地等を共有で取得した場合**

⇒「申告書等の記載例 8　被相続人等の居住用宅地等を共有で取得し、その 1 人に小規模宅地等の特例の適用がある場合」85頁を参照

⑨ **私道の取扱い**

⇒「Q&A 6　私道部分に係る小規模宅地等の特例の適用の可否」95頁を参照

⑩ **被相続人が入院している場合の取扱い**

⇒「Q&A10　入院により空家となっていた建物の敷地についての小規模宅地等の特例」98頁を参照

⑪ **二世帯住宅の敷地の取扱い**

⇒「図表 4 -12　二世帯住宅の居住用宅地の判定」51頁

⑫　区分所有建物の登記がされている場合などの取扱い

⇒「Q&A18　区分所有建物の登記がされていない 1 棟の建物の敷地の場合」105頁を参照

⇒「Q&A19　区分所有建物の登記がされている 1 棟の建物の敷地の場合」106頁を参照

⇒「Q&A20　区分所有建物の登記がされていない 1 棟の建物の敷地を措置法69条の 4 ③ 二ロの親族が取得した場合」108頁を参照

| 事例3 | 被相続人の居住の用に供されていた土地建物（被相続人所有）を家なき子が相続した後に、相続税の申告期限までにその土地建物を売却などした場合 |

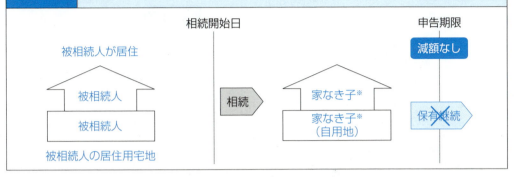

※ 家なき子の定義については、**事例2**（118頁）を参照してください。

1 **小規模宅地等の特例について**

　被相続人の居住の用に供されていた土地建物を家なき子が相続した後に、相続税の申告期限までにその土地建物を売却した場合など、保有継続要件を満たさないときは、**小規模宅地等の特例を適用することはできません。**

　なお、家なき子が相続した土地が特定居住用宅地等に該当するか否かの判断に当たって、居住継続要件は課されていませんので、家なき子が被相続人の居住の用に供されていた建物に居住するか否かは、小規模宅地等の特例の適用の適否に影響を与えません。

2 **土地評価について**

　自用地に該当します。

| 事例4 | 被相続人の居住の用に供されていた土地建物（被相続人所有）を配偶者及び家なき子以外の親族が相続した場合 |

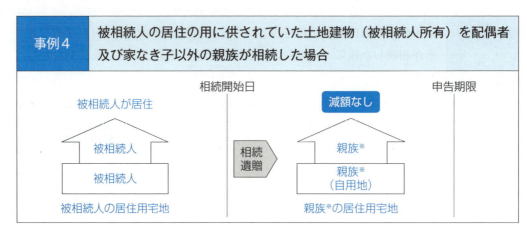

※ 配偶者及び家なき子以外の被相続人と同居していない親族
※ 家なき子の定義については、事例2（118頁）を参照してください。

1 小規模宅地等の特例について

　被相続人の居住の用に供されていた土地建物を被相続人の配偶者（以下「配偶者」といいます）及び家なき子以外の親族が相続した場合は、その親族が被相続人と同居していない場合、その親族が相続した土地は**特定居住用宅地等には該当せず、小規模宅地等の特例を適用することはできません。**

　なお、被相続人の居住の用に供されていた土地建物を被相続人の親族以外の第三者に遺贈した場合、その土地は特定居住用宅地等には該当せず、小規模宅地等の特例の適用することはできません。

2 土地評価について

　自用地に該当します。

| 事例5 | 被相続人及びその配偶者の居住の用に供されていた土地建物（被相続人所有）を配偶者が相続した場合 |

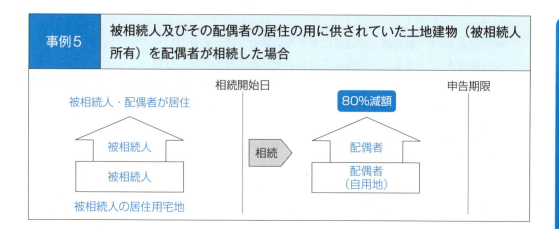

1　小規模宅地等の特例について

　被相続人及びその配偶者（以下「配偶者」といいます）の居住の用に供されていた土地建物を配偶者が相続した場合は、その相続した土地は、**特定居住用宅地等に該当し、80％減額が適用**できます。

　なお、配偶者が相続した土地が、特定居住用宅地等に該当するか否かの判断に当たっては、配偶者以外の同居親族が相続するような場合とは異なり、居住継続要件及び保有継続要件は課されていませんので、相続した土地について相続税の申告期限前に売却などした場合であっても、80％減額が適用できます。

2　土地評価について

　自用地に該当します。

3　参考図表等について

① **居住の用に供されていた宅地が複数ある場合**

　⇒「図表4-3　居住の用に供されていた宅地が複数ある場合の判定」39頁を参照

② **建物の建築中等に相続が開始した場合**

　⇒「図表4-11　居住用建物の建築中等に相続が開始した場合の留意事項」49頁を参照
　⇒措通69の4-8を参照

③ **店舗兼住宅等の敷地の持分の贈与について贈与税の配偶者控除等の適用を受けたものの居住の用に供されていた部分**

　⇒措通69の4-9を参照

④ **公共事業の施行により従前地及び仮換地について使用収益が禁止されている場合**

　⇒措通69の4-3を参照

⑤ 被相続人が老人ホームなどに入居している場合

⇒「図表4-4　被相続人が居住に供せない場合とは」41頁

⇒「図表4-5　老人ホーム等に入居後の居住用宅地の判定」41頁

⇒「Q&A11　老人ホームへの入所により空家となっていた建物の敷地についての小規模宅地等の特例（平成26年1月1日以後に相続又は遺贈により取得する場合の取扱い）」98頁を参照

⇒「Q&A12　老人ホームに入所していた被相続人が要介護認定の申請中に死亡した場合の小規模宅地等の特例」99頁を参照

⇒「Q&A23　老人ホームに入居中に自宅を相続した場合の小規模宅地等についての相続税の課税価格の計算の特例（租税特別措置法第69条の4）の適用について」111頁を参照

⇒要介護認定等の判定時期については、措通69の4-7の2を参照

⑥ 複数の利用区分が存する場合

⇒「申告書等の記載例1　複数の利用区分が存する場合」62頁を参照

⑦ 共有宅地の場合

⇒「申告書等の記載例5　共有宅地についての小規模宅地等の特例の選択」75頁を参照

⑧ 被相続人等の居住用宅地等を共有で取得した場合

⇒「申告書等の記載例8　被相続人等の居住用宅地等を共有で取得し、その1人に小規模宅地等の特例の適用がある場合」85頁を参照

⑨ 私道の取扱い

⇒「Q&A6　私道部分に係る小規模宅地等の特例の適用の可否」95頁を参照

⑩ 被相続人が入院している場合の取扱い

⇒「Q&A10　入院により空家となっていた建物の敷地についての小規模宅地等の特例」98頁を参照

⑪ 二世帯住宅の敷地の取扱い

⇒「図表4-12　二世帯住宅の居住用宅地の判定」51頁

⑫ 区分所有建物の登記がされている場合などの取扱い

⇒「Q&A18　区分所有建物の登記がされていない1棟の建物の敷地の場合」105頁を参照

⇒「Q&A19　区分所有建物の登記がされている1棟の建物の敷地の場合」106頁を参照

⇒「Q&A20　区分所有建物の登記がされていない1棟の建物の敷地を措置法69条の4③二ロの親族が取得した場合」108頁を参照

| 事例6 | 被相続人及びその配偶者の居住の用に供されていた土地建物（被相続人所有）を配偶者以外の親族が相続した場合 |

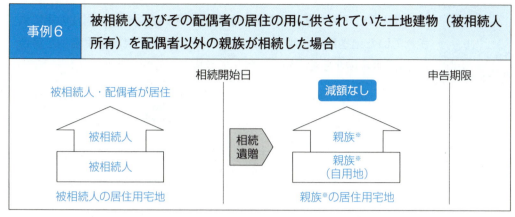

※　配偶者以外の被相続人と同居していない親族

1　小規模宅地等の特例について

　被相続人及びその配偶者（以下「配偶者」といいます）の居住の用に供されていた土地建物を配偶者以外の被相続人と同居していない親族が相続した場合は、その親族は、①被相続人と同居していないため、同居親族（配偶者以外をいいます）には該当せず、②被相続人に配偶者がいることから、家なき子（家なき子の定義については、**事例2**（118頁）を参照してください）にも該当しません。

　したがって、その親族が相続した土地は特定居住用宅地等には該当せず、小規模宅地等の特例を適用することはできません。

　なお、被相続人の居住の用に供している土地建物を親族以外の第三者に遺贈した場合についても、その土地は特定居住用宅地等には該当せず、小規模宅地等の特例を適用することはできません。

2　土地評価について

　自用地に該当します。

| 事例7 | 被相続人及びその相続人である同居親族（配偶者以外）の居住の用に供されていた土地建物（被相続人所有）を当該同居親族が相続した場合（当該同居親族から被相続人に対して家賃の支払があるケース） |

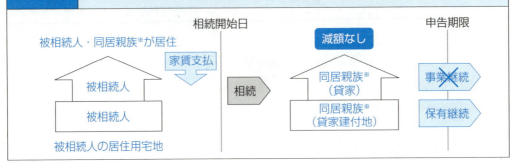

※ 被相続人の相続人である同居親族

1 小規模宅地等の特例について

　被相続人の相続人である同居親族（配偶者以外をいいます。以下同じです）が居住の用に供していた建物を被相続人が有償で貸し付けていますので、当該同居親族が相続した土地は、被相続人の貸付事業の用に供されていた宅地等に該当します。

　しかしながら、この相続により賃貸人と賃借人が同一（同居親族）となり、事業継続要件を満たすことができませんので、この土地は貸付事業用宅地等に該当せず、小規模宅地等の特例を適用することはできません。

2 土地評価について

　貸家建付地に該当します。

| 事例8 | 被相続人及びその相続人である同居親族（配偶者以外）の居住の用に供されていた土地建物（被相続人所有）を当該同居親族以外の親族が相続した場合（当該同居親族から被相続人に対して家賃の支払があるケース） |

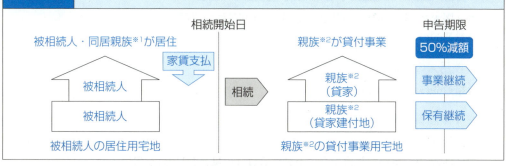

※1 被相続人の相続人である同居親族（配偶者以外）
※2 被相続人の相続人である同居親族以外の親族

1 小規模宅地等の特例について

被相続人の相続人である同居親族（配偶者以外をいいます）が居住の用に供していた建物を被相続人が有償で貸し付けていますので、その敷地は、被相続人の貸付事業の用に供されていた宅地等に該当します。

そして、事業継続要件及び保有継続要件を満たす場合は、その相続した土地は、**貸付事業用宅地等に該当し、50％減額が適用できます。**

なお、被相続人の貸付事業の用に供されていた宅地を親族以外の第三者に遺贈した場合、その土地は貸付事業用宅地等には該当せず、小規模宅地等の特例を適用することはできません。

2 土地評価について

貸家建付地に該当します。

3 参考図表等について

① 複数の利用区分が存する場合
　⇒「申告書等の記載例1　複数の利用区分が存する場合」62頁を参照

② 空室部分がある場合
　⇒「申告書等の記載例6　共同住宅の一部が空室となっていた場合」78頁を参照

③ 共有家屋の取扱い
　⇒「Q&A7　共有家屋（貸家）の敷地の用に供されていた宅地等についての小規模宅地

等の特例の選択」96頁を参照

④ **公共事業の施行により従前地及び仮換地について使用収益が禁止されている場合**

⇒措通69の4-3を参照

⑤ **事業用建物等の建築中等に相続が開始した場合**

⇒「図表2-4　建物等の建替え等の場合の取扱い」27頁
⇒措通69の4-5を参照

⑥ **使用人の寄宿舎等の敷地の取扱い**

⇒措通69の4-6を参照

⑦ **不動産貸付業等の範囲**

⇒措通69の4-13を参照
⇒「Q&A21　事業的規模でない不動産貸付けの場合」110頁を参照

⑧ **下宿等の取扱い**

⇒措通69の4-14を参照

⑨ **宅地等を取得した親族が申告期限までに死亡した場合**

⇒措通69の4-15を参照

⑩ **申告期限までに転業又は廃業があった場合**

⇒「図表2-2　事業を転業又は廃業等した場合の事業承継（継続）要件の判定」25頁
⇒措通69の4-16を参照

⑪ **災害のため事業が休止された場合**

⇒「図表2-3　災害のために申告期限において事業を休止している場合」26頁
⇒措通69の4-17を参照

⑫ **申告までに事業用建物を建て替えた場合**

⇒「図表2-4　建物等の建替え等の場合の取扱い」27頁
⇒措通69の4-19を参照

⑬ **一時的に賃貸されていない部分の取扱い**

⇒措通69の4-24の2を参照

⑭ **特定同族会社事業宅地等が混在する場合**

⇒「申告書等の記載例3　特定同族会社事業用宅地等と貸付事業用宅地等が混在する場合」69頁を参照

| 事例9 | 被相続人及びその相続人である同居親族（配偶者以外）の居住の用に供されていた土地建物（被相続人所有）を配偶者が相続した場合（家賃の支払がないケース） |

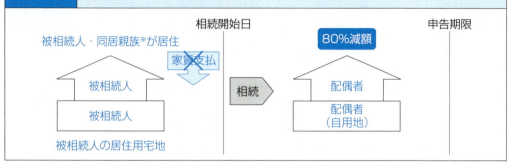

※　被相続人の相続人である同居親族

1　**小規模宅地等の特例について**

　　被相続人の居住の用に供されていた土地建物を被相続人の配偶者（以下「配偶者」といいます）が相続した場合は、その相続した土地は、**特定居住用宅地等に該当し、80％減額が適用できます。**

　　なお、配偶者が相続した土地が特定居住用宅地等に該当するか否かの判断に当たっては、同居親族（配偶者以外をいいます）が相続するような場合とは異なり、居住継続要件及び保有継続要件は課されていませんので、相続した土地について相続税の申告期限前に売却などした場合であっても、80％減額が適用できます。

2　**土地評価について**

　　自用地に該当します。

3　**参考図表等について**

　①　**居住の用に供されていた宅地が複数ある場合**

　　　⇒「図表4-3　居住の用に供されていた宅地が複数ある場合の判定」39頁を参照

　②　**建物の建築中等に相続が開始した場合**

　　　⇒「図表4-11　居住用建物の建築中等に相続が開始した場合の留意事項」49頁を参照
　　　⇒措通69の4-8を参照

　③　**店舗兼住宅等の敷地の持分の贈与について贈与税の配偶者控除等の適用を受けたものの居住の用に供されていた部分**

　　　⇒措通69の4-9を参照

　④　**公共事業の施行により従前地及び仮換地について使用収益が禁止されている場合**

⇒措通69の4-3を参照

⑤ **被相続人が老人ホームなどに入居している場合**

⇒「図表4-4　被相続人が居住に供せない場合とは」41頁

⇒「図表4-5　老人ホーム等に入居後の居住用宅地の判定」41頁

⇒「Q&A11　老人ホームへの入所により空家となっていた建物の敷地についての小規模宅地等の特例（平成26年1月1日以後に相続又は遺贈により取得する場合の取扱い）」98頁を参照

⇒「Q&A12　老人ホームに入所していた被相続人が要介護認定の申請中に死亡した場合の小規模宅地等の特例」99頁を参照

⇒「Q&A23　老人ホームに入居中に自宅を相続した場合の小規模宅地等についての相続税の課税価格の計算の特例（租税特別措置法第69条の4）の適用について」111頁を参照

⇒要介護認定等の判定時期については、措通69の4-7の2を参照

⑥ **複数の利用区分が存する場合**

⇒「申告書等の記載例1　複数の利用区分が存する場合」62頁を参照

⑦ **共有宅地の場合**

⇒「申告書等の記載例5　共有宅地についての小規模宅地等の特例の選択」75頁を参照

⑧ **被相続人等の居住用宅地等を共有で取得した場合**

⇒「申告書等の記載例8　被相続人等の居住用宅地等を共有で取得し、その1人に小規模宅地等の特例の適用がある場合」85頁を参照

⑨ **私道の取扱い**

⇒「Q&A6　私道部分に係る小規模宅地等の特例の適用の可否」95頁を参照

⑩ **被相続人が入院している場合の取扱い**

⇒「Q&A10　入院により空家となっていた建物の敷地についての小規模宅地等の特例」105頁を参照

⑪ **二世帯住宅の敷地の取扱い**

⇒「図表4-12　二世帯住宅の居住用宅地の判定」51頁

⑫ **区分所有建物の登記がされている場合などの取扱い**

⇒「Q&A18　区分所有建物の登記がされていない1棟の建物の敷地の場合」105頁を参照

⇒「Q&A19　区分所有建物の登記がされている1棟の建物の敷地の場合」106頁を参照

⇒「Q&A20　区分所有建物の登記がされていない1棟の建物の敷地を措置法69条の4③二ロの親族が取得した場合」108頁を参照

| 事例10 | 被相続人及びその相続人である同居親族（配偶者以外）の居住の用に供されていた土地建物（被相続人所有）を当該同居親族が相続した場合（家賃の支払がなく、居住継続要件及び保有継続要件を満たすケース） |

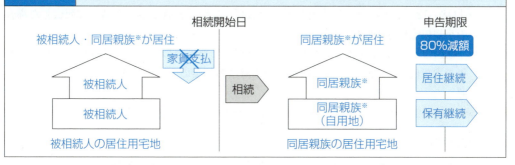

※　被相続人の相続人である同居親族

1　小規模宅地等の特例について

被相続人及びその相続人である同居親族（配偶者以外をいいます）の居住の用に供されていた土地建物を当該同居親族が相続した場合において、居住継続要件及び保有継続要件を満たすときは、その相続した土地は、**特定居住用宅地等に該当し、80％減額が適用**できます。

2　土地評価について

自用地に該当します。

3　参考図表等について

① **居住の用に供されていた宅地が複数ある場合**

⇒「図表4-3　居住の用に供されていた宅地が複数ある場合の判定」39頁を参照

② **建物の建築中等に相続が開始した場合**

⇒「図表4-11　居住用建物の建築中等に相続が開始した場合の留意事項」49頁を参照
⇒措通69の4-8を参照

③ **店舗兼住宅等の敷地の持分の贈与について贈与税の配偶者控除等の適用を受けたものの居住の用に供されていた部分**

⇒措通69の4-9を参照

④ **公共事業の施行により従前地及び仮換地について使用収益が禁止されている場合**

⇒措通69の4-3を参照

⑤ **被相続人が老人ホームなどに入居している場合**

⇒「図表4-4　被相続人が居住に供せない場合とは」41頁

⇒「図表4-5　老人ホーム等に入居後の居住用宅地の判定」41頁

⇒「Q&A11　老人ホームへの入所により空家となっていた建物の敷地についての小規模宅地等の特例（平成26年1月1日以後に相続又は遺贈により取得する場合の取扱い）」98頁を参照

⇒「Q&A12　老人ホームに入所していた被相続人が要介護認定の申請中に死亡した場合の小規模宅地等の特例」99頁を参照

⇒「Q&A23　老人ホームに入居中に自宅を相続した場合の小規模宅地等についての相続税の課税価格の計算の特例（租税特別措置法第69条の4）の適用について」111頁を参照

⇒要介護認定等の判定時期については、措通69の4-7の2を参照

⑥　複数の利用区分が存する場合

⇒「申告書等の記載例1　複数の利用区分が存する場合」62頁を参照

⑦　共有宅地の場合

⇒「申告書等の記載例5　共有宅地についての小規模宅地等の特例の選択」75頁を参照

⑧　被相続人等の居住用宅地等を共有で取得した場合

⇒「申告書等の記載例8　被相続人等の居住用宅地等を共有で取得し、その1人に小規模宅地等の特例の適用がある場合」85頁を参照

⑨　私道の取扱い

⇒「Q&A6　私道部分に係る小規模宅地等の特例の適用の可否」95頁を参照

⑩　被相続人が入院している場合の取扱い

⇒「Q&A10　入院により空家となっていた建物の敷地についての小規模宅地等の特例」98頁を参照

⑪　二世帯住宅の敷地の取扱い

⇒「図表4-12　二世帯住宅の居住用宅地の判定」51頁

⑫　区分所有建物の登記がされている場合などの取扱い

⇒「Q&A18　区分所有建物の登記がされていない1棟の建物の敷地の場合」105頁を参照

⇒「Q&A19　区分所有建物の登記がされている1棟の建物の敷地の場合」106頁を参照

⇒「Q&A20　区分所有建物の登記がされていない1棟の建物の敷地を措置法69条の4③二ロの親族が取得した場合」108頁を参照

⑬　災害のため居住できない場合

⇒措通69の4-17を参照

⑭　申告期限までに事業用建物等を建て替えた場合

⇒措通69の4-19を参照

| 事例11 | 被相続人及びその相続人である同居親族（配偶者以外）の居住の用に供されていた土地建物（被相続人所有）を当該同居親族が相続した場合（家賃の支払がなく、居住継続要件及び保有継続要件を満たさないケース） |

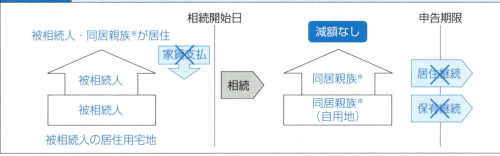

※ 被相続人の相続人である同居親族

1 小規模宅地等の特例について

　被相続人及びその相続人である同居親族（配偶者以外をいいます）の居住の用に供されていた土地建物を当該同居親族が相続した場合においても、相続した土地を相続税の申告期限前に売却などして、居住継続要件及び保有継続要件を満たさないときは、その相続した土地は、**特定居住用宅地等に該当せず、小規模宅地等の特例を適用することはできません。**

2 土地評価について

　自用地に該当します。

事例12	被相続人及びその相続人である同居親族（配偶者以外）の居住の用に供されていた土地建物（被相続人所有）を一定の親族が相続した場合（家賃の支払がないケース）

※　配偶者及び被相続人の相続人である同居親族以外の親族

1　小規模宅地等の特例について

　被相続人及びその相続人である同居親族（配偶者以外をいいます）の居住の用に供されていた土地建物を被相続人の配偶者（以下「配偶者」といいます）及び当該同居親族以外の親族が相続した場合は、その親族は、①被相続人と同居していないため、同居親族には該当せず、②被相続人の相続人である同居親族が存在することから、家なき子にも該当しません。

　したがって、その親族が相続した土地は特定居住用宅地等には該当せず、小規模宅地等の特例を適用することはできません。

　なお、被相続人の居住の用に供している土地建物を親族以外の第三者に遺贈した場合についても、その土地は特定居住用宅地等には該当せず、小規模宅地等の特例を適用することはできません。

2　土地評価について

　自用地に該当します。

| 事例13 | 被相続人及びその相続人以外の同居親族の居住の用に供されていた土地建物（被相続人所有）を当該同居親族が相続した場合（当該同居親族から被相続人に対して家賃の支払があるケース） |

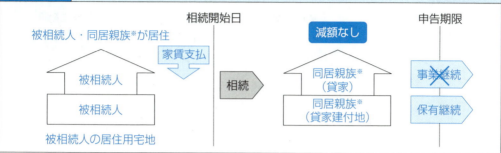

※　被相続人の相続人以外の同居親族

1　小規模宅地等の特例について

　被相続人の相続人以外の同居親族が居住の用に供していた建物を被相続人が有償で貸し付けていますので、当該同居親族が相続した土地は、被相続人の貸付事業の用に供されていた宅地等に該当します。

　しかしながら、この相続により賃貸人と賃借人が同一（同居親族）となり、事業継続要件を満たすことができませんので、この土地は貸付事業用宅地等に該当せず、小規模宅地等の特例を適用をすることはできません。

2　土地評価について

　貸家建付地に該当します。

事例14 　被相続人及びその相続人以外の同居親族の居住の用に供されていた土地建物（被相続人所有）を当該同居親族以外の親族が相続した場合（当該同居親族から被相続人に対して家賃の支払があるケース）

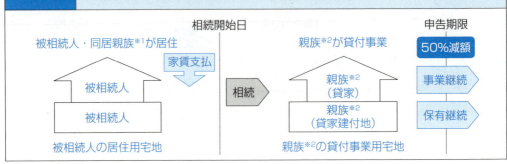

※1　被相続人の相続人以外の同居親族
※2　被相続人の相続人以外の同居親族を除く親族

1　小規模宅地等の特例について

　　被相続人の相続人以外の同居親族が居住の用に供していた建物を被相続人が有償で貸し付けていますので、その敷地は、被相続人の貸付事業の用に供されていた宅地等に該当します。

　　そして、事業継続要件及び保有継続要件を満たす場合は、その相続した土地は、貸付事業用宅地等に該当し、50％減額が適用できます。

　　なお、被相続人の貸付事業の用に供されていた宅地を親族以外の第三者に遺贈した場合、その土地は貸付事業用宅地等には該当せず、小規模宅地等の特例を適用することはできません。

2　土地評価について

　　貸家建付地に該当します。

3　参考図表等について

① 複数の利用区分が存する場合

　⇒「申告書等の記載例1　複数の利用区分が存する場合」62頁を参照

② 空室部分がある場合

　⇒「申告書等の記載例6　共同住宅の一部が空室となっていた場合」78頁を参照

③ 共有家屋の取扱い

　⇒「Q&A7　共有家屋（貸家）の敷地の用に供されていた宅地等についての小規模宅地等の特例の選択」96頁を参照

④ **公共事業の施行により従前地及び仮換地について使用収益が禁止されている場合**

⇒措通69の4-3を参照

⑤ **事業用建物等の建築中等に相続が開始した場合**

⇒「図表2-4　建物等の建替え等の場合の取扱い」27頁

⇒措通69の4-5を参照

⑥ **使用人の寄宿舎等の敷地の取扱い**

⇒措通69の4-6を参照

⑦ **不動産貸付業等の範囲**

⇒措通69の4-13を参照

⇒「Q&A21　事業的規模でない不動産貸付けの場合」110頁を参照

⑧ **下宿等の取扱い**

⇒措通69の4-14を参照

⑨ **宅地等を取得した親族が申告期限までに死亡した場合**

⇒措通69の4-15を参照

⑩ **申告期限までに転業又は廃業があった場合**

⇒「図表2-2　事業を転業又は廃業等した場合の事業承継（継続）要件の判定」25頁

⇒措通69の4-16を参照

⑪ **災害のため事業が休止された場合**

⇒「図表2-3　災害のために申告期限において事業を休止している場合」26頁

⇒措通69の4-17を参照

⑫ **申告までに事業用建物を建て替えた場合**

⇒「図表2-4　建物等の建替え等の場合の取扱い」27頁

⇒措通69の4-19を参照

⑬ **一時的に賃貸されていない部分の取扱い**

⇒措通69の4-24の2を参照

⑭ **特定同族会社事業宅地等が混在する場合**

⇒「申告書等の記載例3　特定同族会社事業用宅地等と貸付事業用宅地等が混在する場合」69頁を参照

事例15	被相続人及びその相続人以外の同居親族の居住の用に供されていた土地建物（被相続人所有）を配偶者が相続した場合（家賃の支払がないケース）

※ 被相続人の相続人以外の同居親族

1 小規模宅地等の特例について

　被相続人の居住の用に供されていた土地建物を被相続人の配偶者（以下「配偶者」といいます）が相続した場合は、その相続した土地は、**特定居住用宅地等に該当し、80％減額が適用**できます。

　なお、配偶者が相続した土地が特定居住用宅地等に該当するか否かの判断に当たっては、同居親族（配偶者以外をいいます）が相続するような場合とは異なり、居住継続要件及び保有継続要件は課されていませんので、相続した土地について相続税の申告期限前に売却などした場合であっても、80％減額が適用できます。

2 土地評価について

　自用地に該当します。

3 参考図表等について

① **居住の用に供されていた宅地が複数ある場合**

　⇒「図表4-3　居住の用に供されていた宅地が複数ある場合の判定」39頁を参照

② **建物の建築中等に相続が開始した場合**

　⇒「図表4-11　居住用建物の建築中等に相続が開始した場合の留意事項」49頁を参照
　⇒措通69の4-8を参照

③ **店舗兼住宅等の敷地の持分の贈与について贈与税の配偶者控除等の適用を受けたものの居住の用に供されていた部分**

　⇒措通69の4-9を参照

④ **公共事業の施行により従前地及び仮換地について使用収益が禁止されている場合**

⇒措通69の4-3を参照

⑤ **被相続人が老人ホームなどに入居している場合**

⇒「図表4-4　被相続人が居住に供せない場合とは」41頁

⇒「図表4-5　老人ホーム等に入居後の居住用宅地の判定」41頁

⇒「Q&A11　老人ホームへの入所により空家となっていた建物の敷地についての小規模宅地等の特例（平成26年1月1日以後に相続又は遺贈により取得する場合の取扱い）」98頁を参照

⇒「Q&A12　老人ホームに入所していた被相続人が要介護認定の申請中に死亡した場合の小規模宅地等の特例」99頁を参照

⇒「Q&A23　老人ホームに入居中に自宅を相続した場合の小規模宅地等についての相続税の課税価格の計算の特例（租税特別措置法第69条の4）の適用について」111頁を参照

⇒要介護認定等の判定時期については、措通69の4-7の2を参照

⑥ **複数の利用区分が存する場合**

⇒「申告書等の記載例1　複数の利用区分が存する場合」62頁を参照

⑦ **共有宅地の場合**

⇒「申告書等の記載例5　共有宅地についての小規模宅地等の特例の選択」75頁を参照

⑧ **被相続人等の居住用宅地等を共有で取得した場合**

⇒「申告書等の記載例8　被相続人等の居住用宅地等を共有で取得し、その1人に小規模宅地等の特例の適用がある場合」85頁を参照

⑨ **私道の取扱い**

⇒「Q&A6　私道部分に係る小規模宅地等の特例の適用の可否」95頁を参照

⑩ **被相続人が入院している場合の取扱い**

⇒「Q&A10　入院により空家となっていた建物の敷地についての小規模宅地等の特例」98頁を参照

⑫ **二世帯住宅の敷地の取扱い**

⇒「図表4-12　二世帯住宅の居住用宅地の判定」51頁

⑬ **区分所有建物の登記がされている場合などの取扱い**

⇒「Q&A18　区分所有建物の登記がされていない1棟の建物の敷地の場合」105頁を参照

⇒「Q&A19　区分所有建物の登記がされている1棟の建物の敷地の場合」106頁を参照

⇒「Q&A20　区分所有建物の登記がされていない1棟の建物の敷地を措置法69条の4③二ロの親族が取得した場合」108頁を参照

| 事例16 | 被相続人及びその相続人以外の同居親族の居住の用に供されていた土地建物（被相続人所有）を当該同居親族が相続した場合（家賃の支払がなく、居住継続要件及び保有継続要件を満たすケース） |

相続開始日　　　　　　　　　　　　　申告期限

被相続人・同居親族※が居住　　　　　　　　　　同居親族※が居住　　　　80%減額

家賃支払　　　　　相続　　同居親族※　　居住継続

被相続人　　　　　　　　　　　　同居親族※（自用地）　　保有継続

被相続人

被相続人の居住用宅地　　　　　　　　　同族親族※の居住用宅地

※　被相続人の相続人以外の同居親族

1　小規模宅地等の特例について

　被相続人及びその相続人以外の同居親族の居住の用に供されていた土地建物を当該同居親族が相続した場合において、居住継続要件及び保有継続要件を満たすときは、その相続した土地は、特定居住用宅地等に該当し、80%減額が適用できます。

2　土地評価について

　自用地に該当します。

3　参考図表等について

① 居住の用に供されていた宅地が複数ある場合

　⇒「図表4-3　居住の用に供されていた宅地が複数ある場合の判定」39頁を参照

② 建物の建築中等に相続が開始した場合

　⇒「図表4-11　居住用建物の建築中等に相続が開始した場合の留意事項」49頁を参照
　⇒措通69の4-8を参照

③ 店舗兼住宅等の敷地の持分の贈与について贈与税の配偶者控除等の適用を受けたものの居住の用に供されていた部分

　⇒措通69の4-9を参照

④ 公共事業の施行により従前地及び仮換地について使用収益が禁止されている場合

　⇒措通69の4-3を参照

⑤ 被相続人が老人ホームなどに入居している場合

　⇒「図表4-4　被相続人が居住に供せない場合とは」41頁
　⇒「図表4-5　老人ホーム等に入居後の居住用宅地の判定」41頁

⇒「Q&A11　老人ホームへの入所により空家となっていた建物の敷地についての小規模宅地等の特例（平成26年1月1日以後に相続又は遺贈により取得する場合の取扱い）」98頁を参照

⇒「Q&A12　老人ホームに入所していた被相続人が要介護認定の申請中に死亡した場合の小規模宅地等の特例」99頁を参照

⇒「Q&A23　老人ホームに入居中に自宅を相続した場合の小規模宅地等についての相続税の課税価格の計算の特例（租税特別措置法第69条の4）の適用について」111頁を参照

⇒要介護認定等の判定時期については、措通69の4-7の2を参照

⑥　複数の利用区分が存する場合

⇒「申告書等の記載例1　複数の利用区分が存する場合」62頁を参照

⑦　共有宅地の場合

⇒「申告書等の記載例5　共有宅地についての小規模宅地等の特例の選択」75頁を参照

⑧　被相続人等の居住用宅地等を共有で取得した場合

⇒「申告書等の記載例8　被相続人等の居住用宅地等を共有で取得し、その1人に小規模宅地等の特例の適用がある場合」85頁を参照

⑨　私道の取扱い

⇒「Q&A6　私道部分に係る小規模宅地等の特例の適用の可否」95頁を参照

⑩　被相続人が入院している場合の取扱い

⇒「Q&A10　入院により空家となっていた建物の敷地についての小規模宅地等の特例」98頁を参照

⑪　二世帯住宅の敷地の取扱い

⇒「図表4-12　二世帯住宅の居住用宅地の判定」51頁

⑫　区分所有建物の登記がされている場合などの取扱い

⇒「Q&A18　区分所有建物の登記がされていない1棟の建物の敷地の場合」105頁を参照

⇒「Q&A19　区分所有建物の登記がされている1棟の建物の敷地の場合」106頁を参照

⇒「Q&A20　区分所有建物の登記がされていない1棟の建物の敷地を措置法69条の4③二ロの親族が取得した場合」108頁を参照

⑬　災害のため居住できない場合

⇒措通69の4-17を参照

⑭　申告期限までに事業用建物等を建て替えた場合

⇒措通69の4-19を参照

事例17	被相続人及びその相続人以外の同居親族の居住の用に供されていた土地建物（被相続人所有）を当該同居親族が相続した場合（家賃の支払がなく、居住継続要件及び保有継続要件を満たさないケース）

相続開始日 申告期限

被相続人・同居親族※が居住

家賃支払

被相続人

被相続人

被相続人の居住用宅地

相続

減額なし

同居親族※

同居親族※
（自用地）

居住継続

保有継続

※　被相続人の相続人以外の同居親族

1　小規模宅地等の特例について

　被相続人及びその相続人以外の同居親族の居住の用に供されていた土地建物を当該同居親族が相続した場合においても、相続した土地を相続税の申告期限前に売却などして、居住継続要件及び保有継続要件を満たさないときは、その相続した土地は、特定居住用宅地等に該当せず、**小規模宅地等の特例を適用することはできません。**

2　土地評価について

　自用地に該当します。

| 事例18 | 被相続人及びその相続人以外の同居親族の居住の用に供されていた土地建物（被相続人所有）を家なき子が相続した場合（家賃の支払がないケース） |

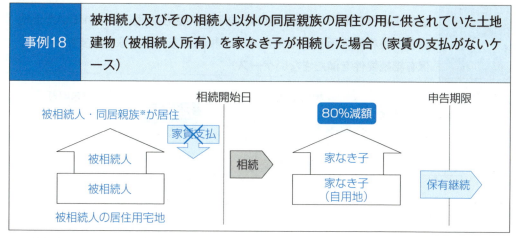

※ 被相続人の相続人以外の同居親族

1 小規模宅地等の特例について

被相続人及びその相続人以外の同居親族の居住の用に供されていた土地建物を家なき子が相続した場合で、保有継続要件を満たすときは、その相続した土地は、**特定居住用宅地等に該当し、80％の減額が適用できます**（家なき子の定義については、事例2（118頁）を参照してください）。

2 土地評価について

自用地に該当します。

事例19	被相続人及びその相続人以外の同居親族の居住の用に供されていた土地建物（被相続人所有）を家なき子が相続した場合（家賃の支払がなく、保有継続要件を満たさないケース）

相続開始日　　　　　　　　　　　　　　　　　　申告期限

被相続人・同居親族※が居住

減額なし

被相続人　　　家賃支払✕

被相続人　　　　相続➡　　　　家なき子

被相続人の居住用宅地　　　　　　家なき子
（自用地）

保有継続✕

※　被相続人の相続人以外の同居親族

1　小規模宅地等の特例について

　被相続人及びその相続人以外の同居親族の居住の用に供されていた土地建物を家なき子が相続した場合であっても、保有継続要件を満たさないときは、その相続した土地は、特定居住用宅地等に該当せず、小規模宅地等の特例を適用することはできません（家なき子の定義については、事例2（118頁）を参照してください）。

2　土地評価について

　自用地に該当します。

| 事例20 | 被相続人及びその相続人以外の同居親族の居住の用に供されていた土地建物（被相続人所有）を配偶者、当該同居親族及び家なき子以外の親族が相続した場合（家賃の支払がないケース） |

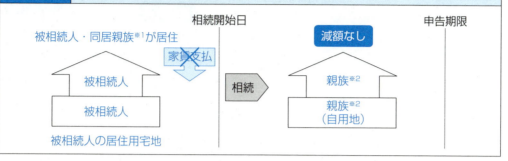

※1　被相続人の相続人以外の同居親族
※2　配偶者、被相続人の相続人以外の同居親族及び家なき子以外の親族

1　小規模宅地等の特例について

　被相続人及びその相続人以外の同居親族の居住の用に供されていた土地建物を被相続人の配偶者、当該同居親族及び家なき子以外の親族が相続した場合は、その親族が相続した土地は特定居住用宅地等には該当せず、小規模宅地等の特例の適用することはできません。

　なお、被相続人の居住の用に供している土地建物を親族以外の第三者に遺贈した場合についても、その土地は特定居住用宅地等には該当せず、小規模宅地等の特例を適用することはできません（家なき子の定義については、事例２（118頁）を参照してください）。

2　土地評価について

　自用地に該当します。

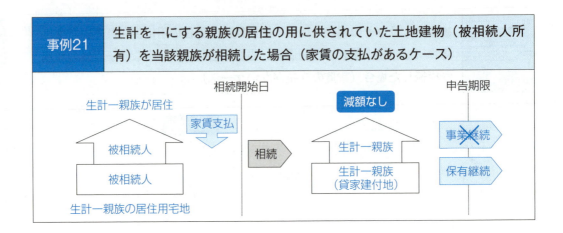

1 小規模宅地等の特例について

　被相続人と生計を一にする親族（以下「生計を一にする親族」といいます）が居住の用に供していた建物を被相続人が有償で貸し付けていますので、その敷地は、生計を一にする親族の居住の用に供されていた宅地等に該当しませんが、一方で、被相続人の貸付事業の用に供されていた宅地等に該当します。

　しかしながら、この相続により賃貸人と賃借人が同一（生計一親族）となり、事業継続要件を満たすことができませんので、この土地は貸付事業用宅地等に該当せず、**小規模宅地等の特例を適用することはできません。**

2 土地評価について

　貸家建付地に該当します。

| 事例22 | 生計を一にする親族の居住の用に供されていた土地建物（被相続人所有）を当該親族以外の親族が相続した場合（家賃の支払があるケース） |

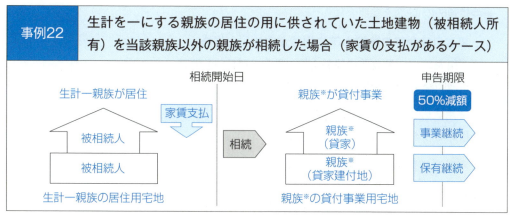

※　生計を一にする親族以外の親族

1　小規模宅地等の特例について

　被相続人と生計を一にする親族（以下「生計を一にする親族」といいます）が居住の用に供していた建物を被相続人が有償で貸し付けていますので、その敷地は、生計を一にする親族の居住の用に供されていた宅地等に該当しませんが、一方で、被相続人の貸付事業の用に供されていた宅地等に該当します。

　そして、事業継続要件及び保有継続要件を満たす場合は、この土地は、貸付事業用宅地等に該当し、50％減額が適用できます。

　なお、被相続人の貸付事業の用に供されていた宅地を親族以外の第三者に遺贈した場合、その土地は貸付事業用宅地等には該当せず、小規模宅地等の特例を適用することはできません。

2　土地評価について

　貸家建付地に該当します。

3　参考図表等について

① 複数の利用区分が存する場合

　⇒「申告書等の記載例1　複数の利用区分が存する場合」62頁を参照

② 空室部分がある場合

　⇒「申告書等の記載例6　共同住宅の一部が空室となっていた場合」78頁を参照

③ 共有家屋の取扱い

　⇒「Q&A7　共有家屋（貸家）の敷地の用に供されていた宅地等についての小規模宅地等の特例の選択」96頁を参照

④ 公共事業の施行により従前地及び仮換地について使用収益が禁止されている場合

⇒措通69の4-3を参照

⑤　事業用建物等の建築中等に相続が開始した場合

⇒「図表2-4　建物等の建替え等の場合の取扱い」27頁
⇒措通69の4-5を参照

⑥　使用人の寄宿舎等の敷地の取扱い

⇒措通69の4-6を参照

⑦　不動産貸付業等の範囲

⇒措通69の4-13を参照
⇒「Q&A21　事業的規模でない不動産貸付けの場合」110頁を参照

⑧　下宿等の取扱い

⇒措通69の4-14を参照

⑨　宅地等を取得した親族が申告期限までに死亡した場合

⇒措通69の4-15を参照

⑩　申告期限までに転業又は廃業があった場合

⇒「図表2-2　事業を転業又は廃業等した場合の事業承継（継続）要件の判定」25頁
⇒措通69の4-16を参照

⑪　災害のため事業が休止された場合

⇒「図表2-3　災害のために申告期限において事業を休止している場合」26頁
⇒措通69の4-17を参照

⑫　申告までに事業用建物を建て替えた場合

⇒「図表2-4　建物等の建替え等の場合の取扱い」27頁
⇒措通69の4-19を参照

⑬　一時的に賃貸されていない部分の取扱い

⇒措通69の4-24の2を参照

⑭　特定同族会社事業宅地等が混在する場合

⇒「申告書等の記載例3　特定同族会社事業用宅地等と貸付事業用宅地等が混在する場合」69頁を参照

| 事例23 | 生計を一にする親族の居住の用に供されていた土地建物（被相続人所有）を配偶者が相続した場合（家賃の支払がないケース） |

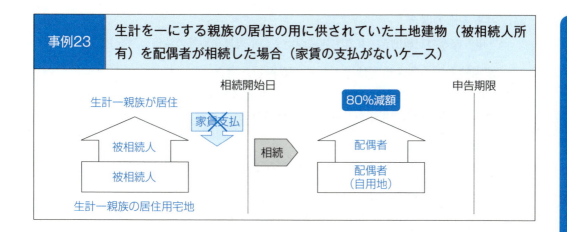

1　小規模宅地等の特例について

　被相続人と生計を一にする親族が居住の用に供していた建物を被相続人が無償で貸し付けていた場合は、その敷地は、被相続人と生計を一にしていた当該被相続人の親族の居住の用に供されていた宅地に該当します。

　そして、その土地を被相続人の配偶者（以下「配偶者」といいます）が相続した場合、その土地は特定居住用宅地等に該当し、80％減額が適用できます。

　なお、配偶者が相続した土地が特定居住用宅地等に該当するか否かの判断に当たっては、同居親族（配偶者以外をいいます）が相続するような場合とは異なり、居住継続要件及び保有継続要件は課されていませんので、相続した土地について相続税の申告期限前に売却などした場合であっても、80％減額が適用できます。

2　土地評価について

　自用地に該当します。

3　参考図表等について

① 居住の用に供されていた宅地が複数ある場合

　⇒「図表4-3　居住の用に供されていた宅地が複数ある場合の判定」39頁を参照

② 建物の建築中等に相続が開始した場合

　⇒「図表4-11　居住用建物の建築中等に相続が開始した場合の留意事項」49頁を参照
　⇒措通69の4-8を参照

③ 公共事業の施行により従前地及び仮換地について使用収益が禁止されている場合

　⇒措通69の4-3を参照

④ 複数の利用区分が存する場合

　⇒「申告書等の記載例1　複数の利用区分が存する場合」62頁を参照

⑤　共有宅地の場合

　⇒「申告書等の記載例 5　共有宅地についての小規模宅地等の特例の選択」75頁を参照

⑥　被相続人等の居住用宅地等を共有で取得した場合

　⇒「申告書等の記載例 8　被相続人等の居住用宅地等を共有で取得し、その 1 人に小規模宅地等の特例の適用がある場合」85頁を参照

⑦　私道の取扱い

　⇒「Q&A 6　私道部分に係る小規模宅地等の特例の適用の可否」95頁を参照

⑧　二世帯住宅の敷地の取扱い

　⇒「図表 4-12　二世帯住宅の居住用宅地の判定」51頁

⑨　区分所有建物の登記がされている場合などの取扱い

　⇒「Q&A18　区分所有建物の登記がされていない 1 棟の建物の敷地の場合」105頁を参照
　⇒「Q&A19　区分所有建物の登記がされている 1 棟の建物の敷地の場合」106頁を参照
　⇒「Q&A20　区分所有建物の登記がされていない 1 棟の建物の敷地を措置法69条の 4 ③ニロの親族が取得した場合」108頁を参照

| 事例24 | 生計を一にする親族の居住の用に供されていた土地建物（被相続人所有）を当該親族が相続した場合（家賃の支払がなく、保有継続要件及び居住継続要件を満たすケース） |

1 小規模宅地等の特例について

　被相続人と生計を一にする親族が居住の用に供していた建物を被相続人が無償で貸し付けていた場合は、その敷地は、被相続人と生計を一にしていた当該被相続人の親族の居住の用に供されていた宅地等に該当します。

　そして、その土地を当該親族が相続した場合において、居住継続要件及び保有継続要件を満たすときは、**その土地は特定居住用宅地等に該当し、80％減額が適用できます。**

2 土地評価について

　自用地に該当します。

3 参考図表等について

① **居住の用に供されていた宅地が複数ある場合**

　⇒「図表4-3　居住の用に供されていた宅地が複数ある場合の判定」39頁を参照

② **建物の建築中等に相続が開始した場合**

　⇒「図表4-11　居住用建物の建築中等に相続が開始した場合の留意事項」49頁を参照
　⇒措通69の4-8を参照

③ **公共事業の施行により従前地及び仮換地について使用収益が禁止されている場合**

　⇒措通69の4-3を参照

④ **複数の利用区分が存する場合**

　⇒「申告書等の記載例1　複数の利用区分が存する場合」62頁を参照

⑤ **共有宅地の場合**

　⇒「申告書等の記載例5　共有宅地についての小規模宅地等の特例の選択」75頁を参照

⑥ 被相続人等の居住用宅地等を共有で取得した場合

⇒「申告書等の記載例8　被相続人等の居住用宅地等を共有で取得し、その1人に小規模宅地等の特例の適用がある場合」85頁を参照

⑦ 私道の取扱い

⇒「Q&A6　私道部分に係る小規模宅地等の特例の適用の可否」95頁を参照

⑧ 二世帯住宅の敷地の取扱い

⇒「図表4-12　二世帯住宅の居住用宅地の判定」51頁

⑨ 区分所有建物の登記がされている場合などの取扱い

⇒「Q&A18　区分所有建物の登記がされていない1棟の建物の敷地の場合」105頁を参照
⇒「Q&A19　区分所有建物の登記がされている1棟の建物の敷地の場合」106頁を参照
⇒「Q&A20　区分所有建物の登記がされていない1棟の建物の敷地を措置法69条の4③二ロの親族が取得した場合」108頁を参照

⑩ 災害のため居住できない場合

⇒措通69の4-17を参照

⑪ 申告期限までに事業用建物等を建て替えた場合

⇒措通69の4-19を参照

| 事例25 | 生計を一にする親族の居住の用に供されていた土地建物（被相続人所有）を当該親族が相続した場合（家賃の支払がなく、保有継続要件及び居住継続要件を満たさないケース） |

1 **小規模宅地等の特例について**

　被相続人と生計を一にする親族が居住の用に供していた建物を被相続人が無償で貸し付けていた場合は、その敷地は、被相続人と生計を一にしていた当該被相続人の親族の居住の用に供されていた宅地等に該当します。

　しかしながら、その相続した土地を相続税の申告期限前に売却などして、居住継続要件及び保有継続要件を満たさない場合は、その土地は特定居住用宅地等に該当せず、**小規模宅地等の特例を適用することはできません。**

2 **土地評価について**

　自用地に該当します。

事例26	生計を一にする親族の居住の用に供されていた土地建物（被相続人所有）を配偶者及び当該親族以外の親族が相続した場合（家賃の支払がないケース）

```
                          相続開始日                              申告期限
      生計一親族が居住                          減額なし

              家賃支払
         被相続人          相続         親族※
                                        親族※
         被相続人                        （自用地）
      生計一親族の居住用宅地
```

※　配偶者及び生計一親族以外の親族

1　小規模宅地等の特例について

　被相続人と生計を一にする親族が居住の用に供していた建物を被相続人が無償で貸し付けていた場合は、その敷地は、被相続人と生計を一にしていた当該被相続人の親族の居住の用に供されていた宅地等に該当します。

　しかしながら、生計を一にする親族の居住の用に供されていた土地が、特定居住用宅地等に該当する場合は、その土地を被相続人の配偶者又は当該親族が相続したときに限られます。

　したがって、この相続した土地は特定居住用宅地等には該当せず、小規模宅地等の特例を適用することはできません。

　なお、生計を一にする親族の居住の用に供している土地建物を親族以外の第三者に遺贈した場合についても、その土地は特定居住用宅地等には該当せず、小規模宅地等の特例を適用することはできません。

2　土地評価について

　自用地に該当します。

154

| 事例27 | 第三者の居住の用に供されていた土地建物（被相続人所有）を親族が相続した場合（家賃の支払があるケース） |

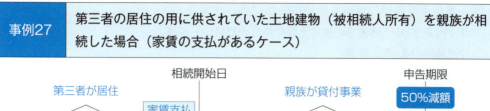
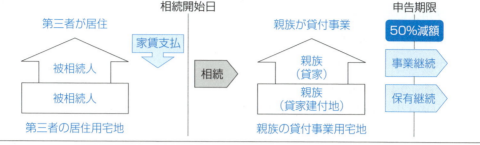

1　小規模宅地等の特例について

　被相続人の親族以外の第三者が居住の用に供していた建物を被相続人が有償で貸し付けていますので、その敷地は、被相続人又はその被相続人と生計を一にしていた当該被相続人の親族の居住の用に供されていた宅地等には該当しませんが、一方で、被相続人の貸付事業の用に供されていた宅地等に該当します。

　そして、事業継続要件及び保有継続要件を満たす場合は、その土地は貸付事業用宅地等に該当し、50％減額が適用できます。

　なお、被相続人の貸付事業の用に供されていた宅地を親族以外の第三者に遺贈した場合、その土地は貸付事業用宅地等には該当せず、小規模宅地等の特例を適用することはできません。

2　土地評価について

　貸家建付地に該当します。

3　参考図表等について

① 複数の利用区分が存する場合

　⇒「申告書等の記載例１　複数の利用区分が存する場合」62頁を参照

② 空室部分がある場合

　⇒「申告書等の記載例６　共同住宅の一部が空室となっていた場合」78頁を参照

③ 共有家屋の取扱い

　⇒「Q&A７　共有家屋（貸家）の敷地の用に供されていた宅地等についての小規模宅地等の特例の選択」96頁を参照

④ 公共事業の施行により従前地及び仮換地について使用収益が禁止されている場合

　⇒措通69の４-３を参照

⑤　事業用建物等の建築中等に相続が開始した場合

⇒「図表2-4　建物等の建替え等の場合の取扱い」27頁
⇒措通69の4-5を参照

⑥　使用人の寄宿舎等の敷地の取扱い

⇒措通69の4-6を参照

⑦　不動産貸付業等の範囲

⇒措通69の4-13を参照
⇒「Q&A21　事業的規模でない不動産貸付けの場合」110頁を参照

⑧　下宿等の取扱い

⇒措通69の4-14を参照

⑨　宅地等を取得した親族が申告期限までに死亡した場合

⇒措通69の4-15を参照

⑩　申告期限までに転業又は廃業があった場合

⇒「図表2-2　事業を転業又は廃業等した場合の事業承継（継続）要件の判定」25頁
⇒措通69の4-16を参照

⑪　災害のため事業が休止された場合

⇒「図表2-3　災害のために申告期限において事業を休止している場合」26頁
⇒措通69の4-17を参照

⑫　申告までに事業用建物を建て替えた場合

⇒「図表2-4　建物等の建替え等の場合の取扱い」27頁
⇒措通69の4-19を参照

⑬　一時的に賃貸されていない部分の取扱い

⇒措通69の4-24の2を参照

⑭　特定同族会社事業宅地等が混在する場合

⇒「申告書等の記載例3　特定同族会社事業用宅地等と貸付事業用宅地等が混在する場合」69頁を参照

| 事例28 | 第三者の居住の用に供されていた土地建物（被相続人所有）を親族が相続した場合（家賃の支払がないケース） |

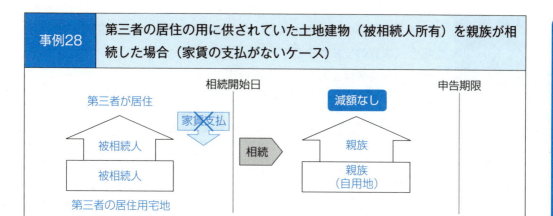

1　小規模宅地等の特例について

　被相続人又は被相続人と生計を一にする親族の居住用に供している建物の敷地に供されていませんので、その敷地は、被相続人又はその被相続人と生計を一にしていた当該被相続人の親族の居住の用に供されていた宅地等に該当しません。

　また、被相続人が無償で建物を貸し付けていた場合は、その敷地は、被相続人の貸付事業の用に供されていた宅地等にも該当しません。

　したがって、被相続人の親族が相続した土地は、特定居住用宅地等及び貸付事業用宅地等のいずれにも該当せず、小規模宅地等の特例を適用することはできません。

2　土地評価について

　自用地に該当します。

事例29 被相続人の居住の用に供されていた土地を生計を一にする親族が相続した場合（家賃の支払があるケース）
※建物の所有者は生計を一にする親族

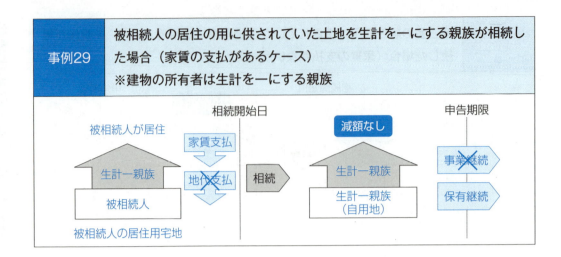

1 小規模宅地等の特例について

　被相続人が居住の用に供していた建物を被相続人と生計を一にする親族が有償で貸し付けていますので、その敷地は、被相続人又はその被相続人と生計を一にしていた当該被相続人の親族の居住の用に供していた宅地等に該当しませんが、一方で、被相続人と生計を一にする親族の貸付事業の用に供されていた宅地等に該当します。

　しかしながら、この相続により賃借人（被相続人）が存在しないこととなり、事業継続要件を満たすことができませんので、この土地は貸付事業用宅地等に該当せず、小規模宅地等の特例を適用することはできません。

2 土地評価について

　自用地に該当します。

| 事例30 | 被相続人の居住の用に供されていた土地を生計を一にする親族以外の親族が相続した場合（家賃の支払があるケース）
※建物の所有者は生計を一にする親族 |

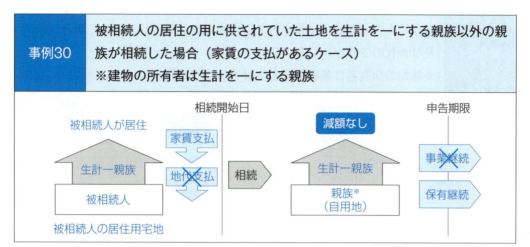

※　生計を一にする親族以外の親族

1　小規模宅地等の特例について
　被相続人が居住の用に供していた建物を被相続人と生計を一にする親族（以下「生計を一にする親族」といいます）が有償で貸し付けていますので、その敷地は、被相続人の貸付事業の用に供されていた宅地等に該当します。
　しかしながら、生計を一にする親族以外の親族が相続した土地が、貸付事業用宅地等に該当する場合は、被相続人の貸付事業（生計を一にする親族の貸付事業は含みません）を引き継いだ場合に限られており、また、この相続により賃借人（被相続人）が存在しないこととなることから、事業継続要件を満たすこともできませんので、この土地は貸付事業用宅地等に該当せず、小規模宅地等の特例を適用することはできません。

2　土地評価について
　自用地に該当します。

| 事例31 | 被相続人の居住の用に供されていた土地を配偶者が相続した場合（家賃及び地代の支払がないケース）
※建物の所有者は被相続人と生計を一にする親族 |

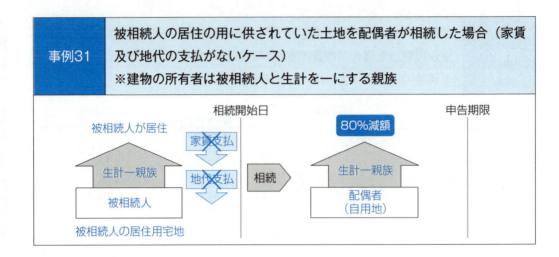

1　小規模宅地等の特例について

　被相続人の居住の用に供されていた建物で、その親族が所有していたものの敷地の用に供されていた土地は、土地も建物も無償で貸借していた場合、被相続人の居住の用に供されていた宅地等に該当します。そして、その土地を被相続人の配偶者（以下「配偶者」といいます）が相続した場合は、その土地は特定居住用宅地等に該当し、80％減額が適用できます。

　なお、配偶者が相続した土地が特定居住用宅地等に該当するか否かの判断に当たっては、同居親族（配偶者以外をいいます）が相続するような場合とは異なり、居住継続要件及び保有継続要件は課されていませんので、相続した土地について相続税の申告期限前に売却などした場合であっても、80％減額が適用できます。

2　土地評価について

　自用地に該当します。

3　参考図表等について

① 居住の用に供されていた宅地が複数ある場合

　⇒「図表4－3　居住の用に供されていた宅地が複数ある場合の判定」39頁を参照

② 建物の建築中等に相続が開始した場合

　⇒「図表4－11　居住用建物の建築中等に相続が開始した場合の留意事項」49頁を参照
　⇒措通69の4－8を参照

③ 公共事業の施行により従前地及び仮換地について使用収益が禁止されている場合

　⇒措通69の4－3を参照

④ 被相続人が老人ホームなどに入居している場合

⇒「図表4−4　被相続人が居住に供せない場合とは」41頁

⇒「図表4−5　老人ホーム等に入居後の居住用宅地の判定」41頁

⇒「Q&A11　老人ホームへの入所により空家となっていた建物の敷地についての小規模宅地等の特例（平成26年1月1日以後に相続又は遺贈により取得する場合の取扱い）」98頁を参照

⇒「Q&A12　老人ホームに入所していた被相続人が要介護認定の申請中に死亡した場合の小規模宅地等の特例」99頁を参照

⇒「Q&A23　老人ホームに入居中に自宅を相続した場合の小規模宅地等についての相続税の課税価格の計算の特例（租税特別措置法第69条の4）の適用について」111頁を参照

⇒要介護認定等の判定時期については、措通69の4−7の2を参照

⑤　複数の利用区分が存する場合

⇒「申告書等の記載例1　複数の利用区分が存する場合」62頁を参照

⑥　共有宅地の場合

⇒「申告書等の記載例5　共有宅地についての小規模宅地等の特例の選択」75頁を参照

⑦　被相続人等の居住用宅地等を共有で取得した場合

⇒「申告書等の記載例8　被相続人等の居住用宅地等を共有で取得し、その1人に小規模宅地等の特例の適用がある場合」85頁を参照

⑧　私道の取扱い

⇒「Q&A6　私道部分に係る小規模宅地等の特例の適用の可否」95頁を参照

⑨　被相続人が入院している場合の取扱い

⇒「Q&A10　入院により空家となっていた建物の敷地についての小規模宅地等の特例」98頁を参照

⑩　二世帯住宅の敷地の取扱い

⇒「図表4−12　二世帯住宅の居住用宅地の判定」51頁

⑪　区分所有建物の登記がされている場合などの取扱い

⇒「Q&A18　区分所有建物の登記がされていない1棟の建物の敷地の場合」105頁を参照

⇒「Q&A19　区分所有建物の登記がされている1棟の建物の敷地の場合」106頁を参照

⇒「Q&A20　区分所有建物の登記がされていない1棟の建物の敷地を措置法69条の4③二ロの親族が取得した場合」108頁を参照

| 事例32 | 被相続人の居住の用に供されていた土地を家なき子が相続した場合（家賃及び地代の支払がないケース）
※建物の所有者は被相続人と生計を一にする親族 |

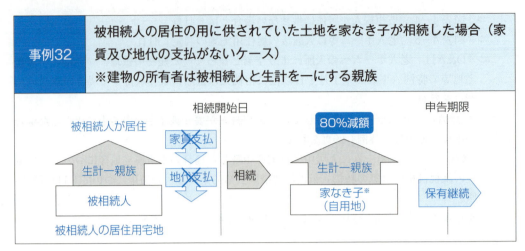

※　家なき子の定義については、**事例2**（118頁）を参照してください。

1　小規模宅地等の特例について

　被相続人の居住の用に供されていた建物で、その親族が所有していたものの敷地の用に供されていた土地は、土地も建物も無償で貸借していた場合、被相続人の居住の用に供されていた宅地等に該当します。

　そして、その土地を家なき子が相続した場合において、保有継続要件を満たすときは、**その土地は特定居住用宅地等に該当し、80％減額が適用できます。**

　なお、家なき子が相続した土地が特定居住用宅地等に該当するか否かの判断に当たって、居住継続要件は課されていませんので、家なき子が被相続人の居住の用に供されていた建物に居住するか否かは、小規模宅地等の特例の適用の適否に影響を与えません。

2　土地評価について

　自用地に該当します。

3　参考図表等について

① **居住の用に供されていた宅地が複数ある場合**

⇒「図表4-3　居住の用に供されていた宅地が複数ある場合の判定」39頁を参照

② **建物の建築中等に相続が開始した場合**

⇒「図表4-11　居住用建物の建築中等に相続が開始した場合の留意事項」49頁を参照
⇒措通69の4-8を参照

③ **公共事業の施行により従前地及び仮換地について使用収益が禁止されている場合**

⇒措通69の4-3を参照

④ 被相続人が老人ホームなどに入居している場合

⇒「図表4-4　被相続人が居住に供せない場合とは」41頁

⇒「図表4-5　老人ホーム等に入居後の居住用宅地の判定」41頁

⇒「Q&A11　老人ホームへの入所により空家となっていた建物の敷地についての小規模宅地等の特例（平成26年1月1日以後に相続又は遺贈により取得する場合の取扱い）」98頁を参照

⇒「Q&A12　老人ホームに入所していた被相続人が要介護認定の申請中に死亡した場合の小規模宅地等の特例」99頁を参照

⇒「Q&A23　老人ホームに入居中に自宅を相続した場合の小規模宅地等についての相続税の課税価格の計算の特例（租税特別措置法第69条の4）の適用について」111頁を参照

⇒要介護認定等の判定時期については、措通69の4-7の2を参照

⑤ 複数の利用区分が存する場合

⇒「申告書等の記載例1　複数の利用区分が存する場合」62頁を参照

⑥ 共有宅地の場合

⇒「申告書等の記載例5　共有宅地についての小規模宅地等の特例の選択」75頁を参照

⑦ 被相続人等の居住用宅地等を共有で取得した場合

⇒「申告書等の記載例8　被相続人等の居住用宅地等を共有で取得し、その1人に小規模宅地等の特例の適用がある場合」85頁を参照

⑧ 私道の取扱い

⇒「Q&A6　私道部分に係る小規模宅地等の特例の適用の可否」95頁を参照

⑨ 被相続人が入院している場合の取扱い

⇒「Q&A10　入院により空家となっていた建物の敷地についての小規模宅地等の特例」98頁を参照

⑩ 二世帯住宅の敷地の取扱い

⇒「図表4-12　二世帯住宅の居住用宅地の判定」51頁

⑪ 区分所有建物の登記がされている場合などの取扱い

⇒「Q&A18　区分所有建物の登記がされていない1棟の建物の敷地の場合」105頁を参照

⇒「Q&A19　区分所有建物の登記がされている1棟の建物の敷地の場合」106頁を参照

⇒「Q&A20　区分所有建物の登記がされていない1棟の建物の敷地を措置法69条の4③二ロの親族が取得した場合」108頁を参照

| 事例33 | 被相続人の居住の用に供されていた土地を家なき子が相続後、相続税の申告期限までにその土地を売却した場合（家賃及び地代の支払がないケース）
※建物の所有者は被相続人と生計を一にする親族 |

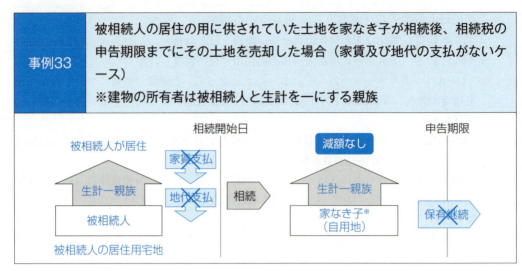

※ 家なき子の定義については、事例2（118頁）を参照してください。

1 小規模宅地等の特例について

　被相続人の居住の用に供されていた建物で、その親族が所有していたものの敷地の用に供されていた土地は、土地も建物も無償で貸借していた場合、被相続人の居住の用に供されていた宅地等に該当します。

　しかしながら、その土地を家なき子が相続した後に、相続税の申告期限までに売却した場合は、保有継続要件を満たさないことから、小規模宅地等の特例を適用することはできません。

　なお、家なき子が相続した土地が特定居住用宅地等に該当するか否かの判断に当たって、居住継続要件は課されていませんので、家なき子が被相続人の居住の用に供されていた建物に居住するか否かは、小規模宅地等の特例の適用の適否に影響を与えません。

2 土地評価について

　自用地に該当します。

| 事例34 | 被相続人の居住の用に供されていた土地を配偶者及び家なき子以外の親族が相続した場合（家賃及び地代の支払がないケース）
※建物の所有者は被相続人と生計を一にする親族 |

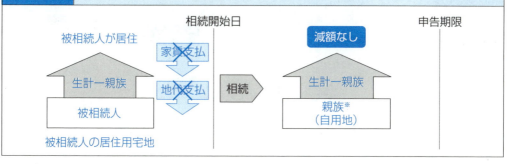

※　配偶者及び家なき子以外の親族

1　小規模宅地等の特例について

　被相続人の居住の用に供されていた建物で、その親族が所有していたものの敷地の用に供されていた土地は、土地も建物も無償で貸借していた場合、被相続人の居住の用に供されていた宅地等に該当します。

　しかしながら、その土地を被相続人の配偶者及び家なき子（家なき子の定義については、**事例２**（118頁）を参照してください）以外の親族が相続した場合は、その親族は、被相続人と同居していないため、同居親族（配偶者以外をいいます）には該当しません。

　したがって、その親族が相続した土地は特定居住用宅地等には該当せず、**小規模宅地等の特例を適用することはできません。**

　なお、被相続人の居住の用に供している土地を親族以外の第三者に遺贈した場合についても、その土地は特定居住用宅地等には該当せず、小規模宅地等の特例を適用することはできません。

2　土地評価について

　自用地に該当します。

事例35	被相続人及びその配偶者の居住の用に供されていた土地を生計を一にする親族が相続した場合（被相続人から家賃の支払があるケース） ※建物の所有者は被相続人と生計を一にする親族

相続開始日　　　　　　　　　　　　　　　　　申告期限

被相続人・配偶者が居住　　　　　　　　　　　減額なし

家賃支払

生計一親族　　　　　　　　相続　　　　生計一親族　　　　　事業継続

地代支払　　　　　　　　　　　　　生計一親族
（自用地）　　　　保有継続
被相続人

被相続人の居住用宅地

1　小規模宅地等の特例について

　被相続人及びその配偶者が居住の用に供していた建物を被相続人と生計を一にする親族が有償で貸し付けていますので、その敷地は、被相続人又はその被相続人と生計を一にしていた当該被相続人の親族の居住の用に供していた宅地等に該当しませんが、一方で、被相続人と生計を一にする親族の貸付事業の用に供されていた宅地等に該当します。

　しかしながら、この相続により賃借人（被相続人）が存在しないこととなり、事業継続要件を満たすことができませんので、この土地は貸付事業用宅地等に該当せず、小規模宅地等の特例を適用することはできません。

2　土地評価について

　自用地に該当します。

| 事例36 | 被相続人及びその配偶者の居住の用に供されていた土地を生計を一にする親族以外の親族が相続した場合（被相続人から家賃の支払があるケース）
※建物の所有者は被相続人と生計を一にする親族 |

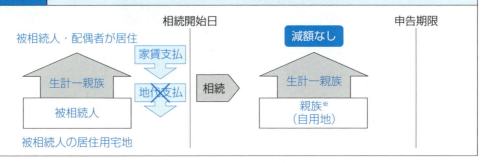

※　生計一親族以外の親族

1　小規模宅地等の特例について

　被相続人及びその配偶者が居住の用に供していた建物を被相続人と生計を一にする親族（以下「生計を一にする親族」といいます）が有償で貸し付けていますので、その敷地は、被相続人又はその被相続人と生計を一にしていた当該被相続人の親族の居住の用に供していた宅地等に該当しませんが、一方で、生計を一にする親族の貸付事業の用に供されていた宅地等に該当します。

　しかしながら、生計を一にする親族以外の親族が相続した土地が、貸付事業用宅地等に該当する場合は、被相続人の貸付事業（生計を一にする親族の貸付事業は含みません）を引き継いだ場合に限られており、また、この相続により賃借人（被相続人）が存在しないこととなることから、事業継続要件を満たすこともできませんので、この土地は貸付事業用宅地等に該当せず、小規模宅地等の特例を適用することはできません。

2　土地評価について

　自用地に該当します。

事例37	被相続人及びその配偶者の居住の用に供されていた土地を配偶者が相続した場合（家賃及び地代の支払がないケース） ※建物の所有者は被相続人と生計を一にする親族

相続開始日　　　　　　　　　　　　申告期限

被相続人・配偶者が居住

家賃支払

地代支払

80％減額

生計一親族

被相続人

相続

生計一親族

配偶者
（自用地）

被相続人の居住用宅地

1　小規模宅地等の特例について

　被相続人の居住の用に供されていた建物で、その親族が所有していたものの敷地の用に供されていた土地は、土地も建物も無償で貸借していた場合、被相続人の居住の用に供されていた宅地等に該当します。そして、その土地を被相続人の配偶者（以下「配偶者」といいます）が相続した場合は、その土地は特定居住用宅地等に該当し、80％減額が適用できます。

　なお、配偶者が相続した土地が特定居住用宅地等に該当するか否かの判断に当たっては、同居親族（配偶者以外をいいます）が相続するような場合とは異なり、居住継続要件及び保有継続要件は課されていませんので、相続した土地について相続税の申告期限前に売却などした場合であっても、80％減額が適用できます。

2　土地評価について

　自用地に該当します。

3　参考図表等について

①　居住の用に供されていた宅地が複数ある場合

　⇒「図表4-3　居住の用に供されていた宅地が複数ある場合の判定」39頁を参照

②　建物の建築中等に相続が開始した場合

　⇒「図表4-11　居住用建物の建築中等に相続が開始した場合の留意事項」49頁を参照
　⇒措通69の4-8を参照

③　公共事業の施行により従前地及び仮換地について使用収益が禁止されている場合

　⇒措通69の4-3を参照

④　被相続人が老人ホームなどに入居している場合

⇒「図表4-4　被相続人が居住に供せない場合とは」41頁

⇒「図表4-5　老人ホーム等に入居後の居住用宅地の判定」41頁

⇒「Q&A11　老人ホームへの入所により空家となっていた建物の敷地についての小規模宅地等の特例（平成26年1月1日以後に相続又は遺贈により取得する場合の取扱い）」98頁を参照

⇒「Q&A12　老人ホームに入所していた被相続人が要介護認定の申請中に死亡した場合の小規模宅地等の特例」99頁を参照

⇒「Q&A23　老人ホームに入居中に自宅を相続した場合の小規模宅地等についての相続税の課税価格の計算の特例（租税特別措置法第69条の4）の適用について」111頁を参照

⇒要介護認定等の判定時期については、措通69の4-7の2を参照

⑤　複数の利用区分が存する場合

⇒「申告書等の記載例1　複数の利用区分が存する場合」62頁を参照

⑥　共有宅地の場合

⇒「申告書等の記載例5　共有宅地についての小規模宅地等の特例の選択」75頁を参照

⑦　被相続人等の居住用宅地等を共有で取得した場合

⇒「申告書等の記載例8　被相続人等の居住用宅地等を共有で取得し、その1人に小規模宅地等の特例の適用がある場合」85頁を参照

⑧　私道の取扱い

⇒「Q&A6　私道部分に係る小規模宅地等の特例の適用の可否」95頁を参照

⑨　被相続人が入院している場合の取扱い

⇒「Q&A10　入院により空家となっていた建物の敷地についての小規模宅地等の特例」98頁を参照

⑩　二世帯住宅の敷地の取扱い

⇒「図表4-12　二世帯住宅の居住用宅地の判定」51頁

⑪　区分所有建物の登記がされている場合などの取扱い

⇒「Q&A18　区分所有建物の登記がされていない1棟の建物の敷地の場合」105頁を参照

⇒「Q&A19　区分所有建物の登記がされている1棟の建物の敷地の場合」106頁を参照

⇒「Q&A20　区分所有建物の登記がされていない1棟の建物の敷地を措置法69条の4③二ロの親族が取得した場合」108頁を参照

事例38	被相続人及びその配偶者の居住の用に供されていた土地を配偶者以外の親族が相続した場合（家賃及び地代の支払がないケース） ※建物の所有者は被相続人と生計を一にする親族

相続開始日　　　　　　　　　　　　　　申告期限

被相続人・配偶者が居住　　　　　　　　減額なし

生計一親族　　　家賃支払　　　相続　　生計一親族

地代支払

被相続人　　　　　　　　　　　　　親族※
（自用地）

被相続人の居住用宅地

※　配偶者以外の親族

1　小規模宅地等の特例について

　被相続人の居住の用に供されていた建物で、その親族が所有していたものの敷地の用に供されていた土地は、土地も建物も無償で貸借していた場合、被相続人の居住の用に供されていた宅地等に該当します。

　しかしながら、被相続人の居住の用に供されていた土地を被相続人の配偶者（以下「配偶者」といいます）以外の親族が相続した場合は、この配偶者以外の親族は、①被相続人と同居していないため、同居親族（配偶者以外をいいます）には該当せず、②被相続人に配偶者がいることから、家なき子（家なき子の定義については、**事例2**（118頁）を参照してください）にも該当しません。

　したがって、この土地は特定居住用宅地等には該当せず、小規模宅地等の特例を適用することはできません。

　なお、被相続人の居住の用に供している土地を親族以外の第三者に遺贈した場合についても、その土地は特定居住用宅地等には該当せず、小規模宅地等の特例を適用することはできません。

2　土地評価について

　自用地に該当します。

| 事例39 | 被相続人及びその相続人である同居親族（配偶者以外）の居住の用に供されていた土地を生計を一にする親族が相続した場合（被相続人から家賃の支払があるケース）
※建物の所有者は生計を一にする親族 |

1 小規模宅地等の特例について

　被相続人及びその相続人である同居親族（配偶者以外をいいます）の居住の用に供されていた建物を被相続人と生計を一にする親族が有償で貸し付けていますので、その敷地は、被相続人又はその被相続人と生計を一にしていた当該被相続人の親族の居住の用に供されていた宅地等に該当しませんが、一方で、被相続人と生計を一にする親族の貸付事業の用に供されていた宅地等に該当します。

　しかしながら、相続により賃借人（被相続人）が存在しないこととなり、事業継続要件を満たすことができませんので、この土地は貸付事業用宅地等に該当せず、小規模宅地等の特例を適用することはできません。

2 土地評価について

　自用地に該当します。

| 事例40 | 被相続人及びその相続人である同居親族（配偶者以外）の居住の用に供されていた土地を生計を一にする親族以外の親族が相続した場合（被相続人から家賃の支払があるケース）
※建物の所有者は被相続人と生計を一にする親族 |

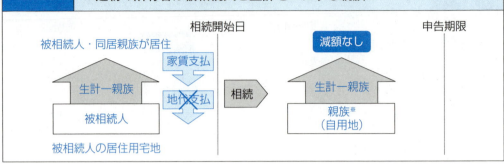

※　生計を一にする親族以外の親族

1　小規模宅地等の特例について

　被相続人及びその相続人である同居親族（配偶者以外をいいます）の居住の用に供されていた建物を被相続人と生計を一にする親族（以下「生計を一にする親族」といいます）が有償で貸し付けていますので、その敷地は、被相続人又はその被相続人と生計を一にしていた当該被相続人（以下「被相続人等」といいます）の親族の居住の用に供されていた宅地等に該当しませんが、一方で、生計を一にする親族の貸付事業の用に供されていた宅地等に該当します。

　しかしながら、生計を一にする親族以外の親族が相続した土地が、貸付事業用宅地等に該当する場合は、被相続人の貸付事業（生計を一にする親族の貸付事業は含みません）を引き継いだ場合に限られており、また、この相続により賃借人（被相続人）が存在しないこととなることから、事業継続要件を満たすこともできませんので、この土地は貸付事業用宅地等に該当せず、小規模宅地等の特例を適用することはできません。

2　土地評価について

　自用地に該当します。

| 事例41 | 被相続人及びその相続人である同居親族（配偶者以外）の居住の用に供されていた土地を配偶者が相続した場合（家賃及び地代の支払がないケース）
※建物の所有者は被相続人と生計を一にする親族 |

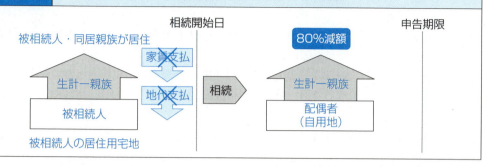

1　小規模宅地等の特例について

　被相続人の居住の用に供されていた建物で、その親族が所有していたものの敷地の用に供されていた土地は、土地も建物も無償で貸借していた場合、被相続人の居住の用に供されていた宅地等に該当します。

　そして、その土地を被相続人の配偶者（以下「配偶者」といいます）が相続した場合は、その土地は特定居住用宅地等に該当し、80％減額が適用できます。

　なお、配偶者が相続した土地が特定居住用宅地等に該当するか否かの判断に当たっては、配偶者以外の同居親族が相続するような場合とは異なり、居住継続要件及び保有継続要件は課されていませんので、相続した土地について相続税の申告期限前に売却などした場合であっても、80％減額が適用できます。

2　土地評価について

　自用地に該当します。

3　参考図表等について

① 居住の用に供されていた宅地が複数ある場合

　⇒「図表4-3　居住の用に供されていた宅地が複数ある場合の判定」39頁を参照

② 建物の建築中等に相続が開始した場合

　⇒「図表4-11　居住用建物の建築中等に相続が開始した場合の留意事項」49頁を参照
　⇒措通69の4-8を参照

③ 公共事業の施行により従前地及び仮換地について使用収益が禁止されている場合

　⇒措通69の4-3を参照

④ **被相続人が老人ホームなどに入居している場合**

⇒「図表4-4　被相続人が居住に供せない場合とは」41頁

⇒「図表4-5　老人ホーム等に入居後の居住用宅地の判定」41頁

⇒「Q&A11　老人ホームへの入所により空家となっていた建物の敷地についての小規模宅地等の特例（平成26年1月1日以後に相続又は遺贈により取得する場合の取扱い）」98頁を参照

⇒「Q&A12　老人ホームに入所していた被相続人が要介護認定の申請中に死亡した場合の小規模宅地等の特例」99頁を参照

⇒「Q&A23　老人ホームに入居中に自宅を相続した場合の小規模宅地等についての相続税の課税価格の計算の特例（租税特別措置法第69条の4）の適用について」111頁を参照

⇒要介護認定等の判定時期については、措通69の4-7の2を参照

⑤ **複数の利用区分が存する場合**

⇒「申告書等の記載例1　複数の利用区分が存する場合」62頁を参照

⑥ **共有宅地の場合**

⇒「申告書等の記載例5　共有宅地についての小規模宅地等の特例の選択」75頁を参照

⑦ **被相続人等の居住用宅地等を共有で取得した場合**

⇒「申告書等の記載例8　被相続人等の居住用宅地等を共有で取得し、その1人に小規模宅地等の特例の適用がある場合」85頁を参照

⑧ **私道の取扱い**

⇒「Q&A6　私道部分に係る小規模宅地等の特例の適用の可否」95頁を参照

⑨ **被相続人が入院している場合の取扱い**

⇒「Q&A10　入院により空家となっていた建物の敷地についての小規模宅地等の特例」105頁を参照

⑩ **二世帯住宅の敷地の取扱い**

⇒「図表4-12　二世帯住宅の居住用宅地の判定」51頁

⑪ **区分所有建物の登記がされている場合などの取扱い**

⇒「Q&A18　区分所有建物の登記がされていない1棟の建物の敷地の場合」105頁を参照

⇒「Q&A19　区分所有建物の登記がされている1棟の建物の敷地の場合」106頁を参照

⇒「Q&A20　区分所有建物の登記がされていない1棟の建物の敷地を措置法69条の4③二ロの親族が取得した場合」108頁を参照

| 事例42 | 被相続人及びその相続人である同居親族（配偶者以外）の居住の用に供されていた土地を当該同居親族が相続した場合（家賃及び地代の支払がなく、居住継続要件及び保有継続要件を満たすケース）
※建物の所有者は被相続人と生計を一にする親族 |

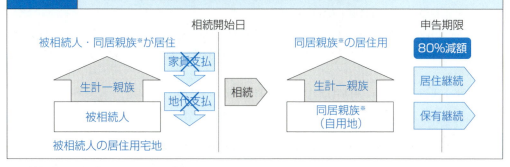

※ 被相続人の相続人である同居親族

1 小規模宅地等の特例について

被相続人の居住の用に供されていた建物で、その親族が所有していたものの敷地の用に供されていた土地は、土地も建物も無償で貸借していた場合、被相続人の居住の用に供されていた宅地等に該当します。

そして、その土地を被相続人の相続人である同居親族（配偶者以外をいいます）が相続した場合において、居住継続要件及び保有継続要件を満たすときは、**その土地は特定居住用宅地等に該当し、80％減額が適用できます。**

2 土地評価について

自用地に該当します。

3 参考図表等について

① **居住の用に供されていた宅地が複数ある場合**
　⇒「図表4-3　居住の用に供されていた宅地が複数ある場合の判定」39頁を参照

② **建物の建築中等に相続が開始した場合**
　⇒「図表4-11　居住用建物の建築中等に相続が開始した場合の留意事項」49頁を参照
　⇒措通69の4-8を参照

③ **公共事業の施行により従前地及び仮換地について使用収益が禁止されている場合**
　⇒措通69の4-3を参照

④ **被相続人が老人ホームなどに入居している場合**
　⇒「図表4-4　被相続人が居住に供せない場合とは」41頁

⇒「図表 4 - 5　老人ホーム等に入居後の居住用宅地の判定」41頁

⇒「Q&A11　老人ホームへの入所により空家となっていた建物の敷地についての小規模宅地等の特例（平成26年 1 月 1 日以後に相続又は遺贈により取得する場合の取扱い）」98頁を参照

⇒「Q&A12　老人ホームに入所していた被相続人が要介護認定の申請中に死亡した場合の小規模宅地等の特例」99頁を参照

⇒「Q&A23　老人ホームに入居中に自宅を相続した場合の小規模宅地等についての相続税の課税価格の計算の特例（租税特別措置法第69条の 4 ）の適用について」111頁を参照

⇒要介護認定等の判定時期については、措通69の 4 - 7 の 2 を参照

⑤　複数の利用区分が存する場合

⇒「申告書等の記載例 1　複数の利用区分が存する場合」62頁を参照

⑥　共有宅地の場合

⇒「申告書等の記載例 5　共有宅地についての小規模宅地等の特例の選択」75頁を参照

⑦　被相続人等の居住用宅地等を共有で取得した場合

⇒「申告書等の記載例 8　被相続人等の居住用宅地等を共有で取得し、その 1 人に小規模宅地等の特例の適用がある場合」85頁を参照

⑧　私道の取扱い

⇒「Q&A 6　私道部分に係る小規模宅地等の特例の適用の可否」95頁を参照

⑨　被相続人が入院している場合の取扱い

⇒「Q&A10　入院により空家となっていた建物の敷地についての小規模宅地等の特例」98頁を参照

⑩　二世帯住宅の敷地の取扱い

⇒「図表 4 -12　二世帯住宅の居住用宅地の判定」51頁

⑪　区分所有建物の登記がされている場合などの取扱い

⇒「Q&A18　区分所有建物の登記がされていない 1 棟の建物の敷地の場合」105頁を参照

⇒「Q&A19　区分所有建物の登記がされている 1 棟の建物の敷地の場合」106頁を参照

⇒「Q&A20　区分所有建物の登記がされていない 1 棟の建物の敷地を措置法69条の 4 ③二ロの親族が取得した場合」108頁を参照

⑫　災害のため居住できない場合

⇒措通69の 4 -17を参照

⑬　申告期限までに事業用建物等を建て替えた場合

⇒措通69の 4 -19を参照

| 事例43 | 被相続人及びその相続人である同居親族（配偶者以外）の居住の用に供されていた土地を当該同居親族が相続した場合（家賃及び地代の支払がなく、居住継続要件及び保有継続要件を満たさないケース）
※建物の所有者は被相続人と生計を一にする親族 |

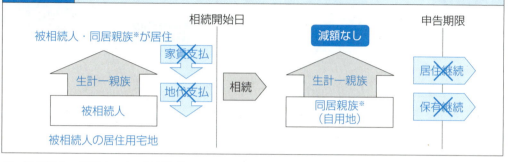

※　被相続人の相続人である同居親族

1　小規模宅地等の特例について

　被相続人の居住の用に供されていた建物で、その親族が所有していたものの敷地の用に供されていた土地は、土地も建物も無償で貸借していた場合、被相続人の居住の用に供されていた宅地等に該当します。

　しかしながら、被相続人及びその相続人である同居親族の居住の用に供されていた土地を当該同居親族が相続した場合において、相続した土地について相続税の申告期限前に売却などして、居住継続要件及び保有継続要件を満たさないときは、その土地は特定居住用宅地等に該当せず、小規模宅地等の特例を適用することはできません。

2　土地評価について

　自用地に該当します。

事例44	被相続人及びその相続人である同居親族（配偶者以外）の居住の用に供されていた土地を配偶者及び当該同居親族以外の親族が相続した場合（家賃及び地代の支払がないケース） ※建物の所有者は被相続人と生計を一にする親族

相続開始日　　　　　　　　　　　　申告期限

被相続人・同居親族※1が居住　　　　減額なし

家賃支払 ~~×~~
地代支払 ~~×~~

生計一親族　　　相続　　　生計一親族

被相続人　　　　　　　　　親族※2（自用地）

被相続人の居住用宅地

※1　被相続人の相続人である同居親族
※2　配偶者及び被相続人の相続人である同居親族以外の親族

1　小規模宅地等の特例について

　被相続人及びその相続人である同居親族（配偶者以外をいいます。以下同じです）の居住の用に供されていた建物で、被相続人の親族が所有していたものの敷地の用に供されていた土地は、土地も建物も無償で貸借していた場合、被相続人の居住の用に供されていた宅地等に該当します。

　しかしながら、被相続人の居住の用に供されていた土地を被相続人の配偶者及び当該同居親族以外の親族が相続した場合は、その親族は、①被相続人と同居していないため、同居親族には該当せず、②被相続人にその相続人である同居親族がいることから、家なき子（家なき子の定義については、**事例2**（118頁）を参照してください）にも該当しません。

　したがって、その土地は特定居住用宅地等には該当せず、**小規模宅地等の特例を適用することはできません**。

　なお、被相続人の居住の用に供している土地を親族以外の第三者に遺贈した場合についても、その土地は特定居住用宅地等には該当せず、小規模宅地等の特例を適用することはできません。

2　土地評価について

　自用地に該当します。

| 事例45 | 被相続人及びその相続人以外の同居親族の居住の用に供されていた土地を生計を一にする親族が相続した場合（被相続人から家賃の支払があるケース）
※建物の所有者は被相続人と生計を一にする親族 |

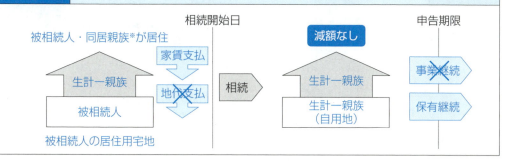

※　被相続人の相続人以外の同居親族

1　小規模宅地等の特例について

　被相続人及びその相続人以外の同居親族の居住の用に供されていた建物を被相続人と生計を一にする親族が有償で貸し付けていますので、その敷地は、被相続人又はその被相続人と生計を一にしていた当該被相続人の親族の居住の用に供されていた宅地等に該当しませんが、一方で、被相続人と生計を一にする親族の貸付事業の用に供されていた宅地等に該当します。

　しかしながら、この相続により賃借人（被相続人）が存在しないこととなり、事業継続要件を満たすことができませんので、この土地は貸付事業用宅地等に該当せず、**小規模宅地等の特例を適用することはできません。**

2　土地評価について

　自用地に該当します。

| 事例46 | 被相続人及びその相続人以外の同居親族の居住の用に供されていた土地を生計を一にする親族以外の親族が相続した場合（被相続人から家賃の支払があるケース）
※建物の所有者は被相続人と生計を一にする親族 |

※1　被相続人の相続人以外の同居親族
※2　生計を一にする親族以外の親族

1　小規模宅地等の特例について

　被相続人及びその相続人以外の同居親族の居住の用に供されていた建物を被相続人と生計を一にする親族（以下「生計を一にする親族」といいます）が有償で貸し付けていますので、その敷地は、被相続人又はその被相続人と生計を一にしていた当該被相続人の親族（以下「被相続人等」といいます）の居住の用に供されていた宅地等に該当しませんが、一方で、生計を一にする親族の貸付事業の用に供されていた宅地等に該当します。

　しかしながら、生計を一にする親族以外の親族が相続した土地が、貸付事業用宅地等に該当する場合は、被相続人の貸付事業（生計を一にする親族の貸付事業は含みません）を引き継いだ場合に限られており、また、この相続により賃借人（被相続人）が存在しないこととなることから、事業継続要件を満たすこともできませんので、この土地は貸付事業用宅地等に該当せず、小規模宅地等の特例を適用することはできません。

2　土地評価について

　自用地に該当します。

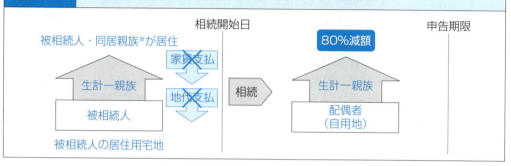

※　被相続人の相続人以外の同居親族

1　小規模宅地等の特例について

被相続人の居住の用に供されていた建物で、その親族が所有していたものの敷地の用に供されていた土地は、土地も建物も無償で貸借していた場合、被相続人の居住の用に供されていた宅地等に該当します。

そして、その土地を被相続人の配偶者（以下「配偶者」といいます）が相続した場合は、**その土地は特定居住用宅地等に該当し、80％減額が適用できます。**

なお、配偶者が相続した土地が特定居住用宅地等に該当するか否かの判断に当たっては、配偶者以外の同居親族が相続するような場合とは異なり、居住継続要件及び保有継続要件は課されていませんので、相続した土地について相続税の申告期限前に売却などした場合であっても、80％減額が適用できます。

2　土地評価について

自用地に該当します。

3　参考図表等について

① **居住の用に供されていた宅地が複数ある場合**

⇒「図表4-3　居住の用に供されていた宅地が複数ある場合の判定」39頁を参照

② **建物の建築中等に相続が開始した場合**

⇒「図表4-11　居住用建物の建築中等に相続が開始した場合の留意事項」49頁を参照
⇒措通69の4-8を参照

③ **公共事業の施行により従前地及び仮換地について使用収益が禁止されている場合**

⇒措通69の4-3を参照

④ 被相続人が老人ホームなどに入居している場合

⇒「図表4-4　被相続人が居住に供せない場合とは」41頁

⇒「図表4-5　老人ホーム等に入居後の居住用宅地の判定」41頁

⇒「Q&A11　老人ホームへの入所により空家となっていた建物の敷地についての小規模宅地等の特例（平成26年1月1日以後に相続又は遺贈により取得する場合の取扱い）」98頁を参照

⇒「Q&A12　老人ホームに入所していた被相続人が要介護認定の申請中に死亡した場合の小規模宅地等の特例」99頁を参照

⇒「Q&A23　老人ホームに入居中に自宅を相続した場合の小規模宅地等についての相続税の課税価格の計算の特例（租税特別措置法第69条の4）の適用について」111頁を参照

⇒要介護認定等の判定時期については、措通69の4-7の2を参照

⑤ 複数の利用区分が存する場合

⇒「申告書等の記載例1　複数の利用区分が存する場合」62頁を参照

⑥ 共有宅地の場合

⇒「申告書等の記載例5　共有宅地についての小規模宅地等の特例の選択」75頁を参照

⑦ 被相続人等の居住用宅地等を共有で取得した場合

⇒「申告書等の記載例8　被相続人等の居住用宅地等を共有で取得し、その1人に小規模宅地等の特例の適用がある場合」85頁を参照

⑧ 私道の取扱い

⇒「Q&A6　私道部分に係る小規模宅地等の特例の適用の可否」95頁を参照

⑨ 被相続人が入院している場合の取扱い

⇒「Q&A10　入院により空家となっていた建物の敷地についての小規模宅地等の特例」98頁を参照

⑩ 二世帯住宅の敷地の取扱い

⇒「図表4-12　二世帯住宅の居住用宅地の判定」51頁

⑪ 区分所有建物の登記がされている場合などの取扱い

⇒「Q&A18　区分所有建物の登記がされていない1棟の建物の敷地の場合」105頁を参照

⇒「Q&A19　区分所有建物の登記がされている1棟の建物の敷地の場合」106頁を参照

⇒「Q&A20　区分所有建物の登記がされていない1棟の建物の敷地を措置法69条の4③二ロの親族が取得した場合」108頁を参照

| 事例48 | 被相続人及びその相続人以外の同居親族の居住の用に供されていた土地を当該同居親族が相続した場合（家賃及び地代の支払がなく、保有継続要件及び居住継続要件を満たすケース）
※建物の所有者は被相続人と生計を一にする親族 |

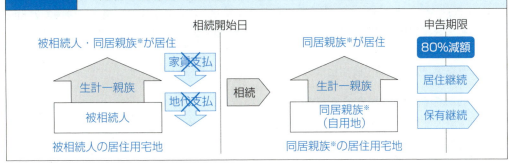

※　被相続人の相続人以外の同居親族

1　小規模宅地等の特例について

被相続人の居住の用に供されていた建物で、その親族が所有していたものの敷地の用に供されていた土地は、土地も建物も無償で貸借していた場合、被相続人の居住の用に供されていた宅地等に該当します。そして、その土地を被相続人の相続人以外の同居親族が相続した場合において、居住継続要件及び保有継続要件を満たすときは、**その土地は特定居住用宅地等に該当し、80％減額が適用できます。**

2　土地評価について

自用地に該当します。

3　参考図表等について

① **居住の用に供されていた宅地が複数ある場合**

⇒「図表4-3　居住の用に供されていた宅地が複数ある場合の判定」39頁を参照

② **建物の建築中等に相続が開始した場合**

⇒「図表4-11　居住用建物の建築中等に相続が開始した場合の留意事項」49頁を参照
⇒措通69の4-8を参照

③ **公共事業の施行により従前地及び仮換地について使用収益が禁止されている場合**

⇒措通69の4-3を参照

④ **被相続人が老人ホームなどに入居している場合**

⇒「図表4-4　被相続人が居住に供せない場合とは」41頁
⇒「図表4-5　老人ホーム等に入居後の居住用宅地の判定」41頁

⇒「Q&A11　老人ホームへの入所により空家となっていた建物の敷地についての小規模宅地等の特例（平成26年1月1日以後に相続又は遺贈により取得する場合の取扱い）」98頁を参照

⇒「Q&A12　老人ホームに入所していた被相続人が要介護認定の申請中に死亡した場合の小規模宅地等の特例」99頁を参照

⇒「Q&A23　老人ホームに入居中に自宅を相続した場合の小規模宅地等についての相続税の課税価格の計算の特例（租税特別措置法第69条の4）の適用について」111頁を参照

⇒要介護認定等の判定時期については、措通69の4-7の2を参照

⑤　複数の利用区分が存する場合

⇒「申告書等の記載例1　複数の利用区分が存する場合」62頁を参照

⑥　共有宅地の場合

⇒「申告書等の記載例5　共有宅地についての小規模宅地等の特例の選択」75頁を参照

⑦　被相続人等の居住用宅地等を共有で取得した場合

⇒「申告書等の記載例8　被相続人等の居住用宅地等を共有で取得し、その1人に小規模宅地等の特例の適用がある場合」85頁を参照

⑧　私道の取扱い

⇒「Q&A6　私道部分に係る小規模宅地等の特例の適用の可否」95頁を参照

⑨　被相続人が入院している場合の取扱い

⇒「Q&A10　入院により空家となっていた建物の敷地についての小規模宅地等の特例」98頁を参照

⑩　二世帯住宅の敷地の取扱い

⇒「図表4-12　二世帯住宅の居住用宅地の判定」51頁

⑪　区分所有建物の登記がされている場合などの取扱い

⇒「Q&A18　区分所有建物の登記がされていない1棟の建物の敷地の場合」105頁を参照
⇒「Q&A19　区分所有建物の登記がされている1棟の建物の敷地の場合」106頁を参照
⇒「Q&A20　区分所有建物の登記がされていない1棟の建物の敷地を措置法69条の4③二ロの親族が取得した場合」108頁を参照

⑫　災害のため居住できない場合

⇒措通69の4-17を参照

⑬　申告期限までに事業用建物等を建て替えた場合

⇒措通69の4-19を参照

| 事例49 | 被相続人及びその相続人以外の同居親族の居住の用に供されていた土地を当該同居親族が相続した場合（家賃及び地代の支払がなく、居住継続要件及び保有継続要件を満たさないケース）
※建物の所有者は被相続人と生計を一にする親族 |

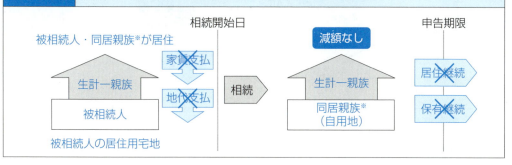

※　被相続人の相続人以外の同居親族

1　小規模宅地等の特例について

　被相続人の居住の用に供されていた建物で、その親族が所有していたものの敷地の用に供されていた土地は、土地も建物も無償で貸借していた場合、被相続人の居住の用に供されていた宅地等に該当します。

　しかしながら、被相続人及びその相続人以外の同居親族の居住の用に供されていた土地を当該同居親族が相続した場合において、相続した土地について相続税の申告期限前に売却などして、居住継続要件及び保有継続要件を満たさないときは、その土地は特定居住用宅地等に該当せず、**小規模宅地等の特例を適用することはできません。**

2　土地評価について

　自用地に該当します。

事例50	被相続人及びその相続人以外の同居親族の居住の用に供されていた土地を家なき子が相続した場合（家賃及び地代の支払がないケース）※建物の所有者は被相続人と生計を一にする親族

相続開始日　　　　　　　　　　　　　　　　申告期限

被相続人・同居親族※1が居住　　　　　80%減額

家賃支払

生計一親族　　　相続　　生計一親族

地代支払

被相続人　　　　　　　　家なき子※2
（自用地）

保有継続

被相続人の居住用宅地

※1　被相続人の相続人以外の同居親族
※2　家なき子の定義については、**事例2**（118頁）を参照してください。

1　小規模宅地等の特例について

　被相続人及びその相続人以外の同居親族の居住の用に供されていた建物で、被相続人の親族が所有していたものの敷地の用に供されていた土地は、土地も建物も無償で貸借していた場合、被相続人の居住の用に供されていた宅地等に該当します。

　そして、保有継続要件を満たす場合は、家なき子が相続した土地は、**特定居住用宅地等に該当し、80%の減額が適用**できます。

2　土地評価について

　自用地に該当します。

| 事例51 | 被相続人及びその相続人以外の同居親族の居住の用に供されていた土地を家なき子が相続した場合（家賃及び地代の支払がなく、保有継続要件を満たさないケース）
※建物の所有者は被相続人と生計を一にする親族 |

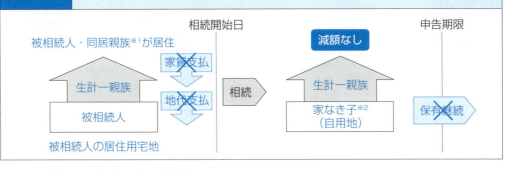

※1 被相続人の相続人以外の同居親族
※2 家なき子の定義については、事例２（118頁）を参照してください。

1 小規模宅地等の特例について

被相続人及びその相続人以外の同居親族の居住の用に供されていた建物で、被相続人の親族が所有していたものの敷地の用に供されていた土地は、土地も建物も無償で貸借していた場合、被相続人の居住の用に供されていた宅地等に該当します。

しかしながら、その土地を家なき子が相続した場合であっても、保有継続要件を満たさないときは、その相続した土地は、特定居住用宅地等に該当せず、**小規模宅地等の特例を適用することはできません。**

2 土地評価について

自用地に該当します。

| 事例52 | 被相続人及びその相続人以外の同居親族の居住の用に供されていた土地を配偶者、当該同居親族及び家なき子以外の親族が相続した場合（家賃及び地代の支払がないケース）
※建物の所有者は被相続人と生計を一にする親族 |

※1　被相続人の相続人以外の同居親族
※2　配偶者、被相続人の相続人以外の同居親族及び家なき子以外の親族

1　小規模宅地等の特例について

　被相続人及びその相続人以外の同居親族の居住の用に供されていた建物で、被相続人の親族が所有していたものの敷地の用に供されていた土地は、土地も建物も無償で貸借していた場合、被相続人の居住の用に供されていた宅地等に該当します。

　しかしながら、被相続人及びその相続人以外の同居親族の居住の用に供されていた土地建物を被相続人の配偶者、当該同居親族及び家なき子以外の親族が相続した場合は、その親族が相続した土地は特定居住用宅地等には該当せず、**小規模宅地等の特例を適用することはできません**（家なき子の定義については、**事例2**（118頁）を参照してください）。

　なお、被相続人の居住の用に供している土地建物を親族以外の第三者に遺贈した場合についても、その土地は特定居住用宅地等には該当せず、小規模宅地等の特例を適用することはできません。

2　土地評価について

　自用地に該当します。

| 事例53 | 生計を一にする親族の居住の用に供されていた土地を配偶者が相続した場合（地代の支払がないケース）
※建物の所有者は被相続人と生計を一にする親族 |

1 小規模宅地等の特例について

被相続人と生計を一にする親族が居住の用に供していた建物の敷地を被相続人が無償で貸し付けていた場合は、その敷地は、被相続人と生計を一にしていた当該被相続人の親族の居住の用に供されていた宅地等に該当します。

そして、その土地を被相続人の配偶者（以下「配偶者」といいます）が相続した場合、その土地は特定居住用宅地等に該当し、80％減額が適用できます。

なお、配偶者が相続した土地が特定居住用宅地等に該当するか否かの判断に当たっては、同居親族（配偶者以外をいいます）が相続するような場合とは異なり、居住継続要件及び保有継続要件は課されていませんので、相続した土地について相続税の申告期限前に売却などした場合であっても、80％減額が適用できます。

2 土地評価について

自用地に該当します。

3 参考図表等について

① 居住の用に供されていた宅地が複数ある場合

⇒「図表4-3 居住の用に供されていた宅地が複数ある場合の判定」39頁を参照

② 建物の建築中等に相続が開始した場合

⇒「図表4-11 居住用建物の建築中等に相続が開始した場合の留意事項」49頁を参照
⇒措通69の4-8を参照

③ 公共事業の施行により従前地及び仮換地について使用収益が禁止されている場合

⇒措通69の4-3を参照

④ 複数の利用区分が存する場合

⇒「申告書等の記載例 1　複数の利用区分が存する場合」62頁を参照

⑤　共有宅地の場合

⇒「申告書等の記載例 5　共有宅地についての小規模宅地等の特例の選択」75頁を参照

⑥　被相続人等の居住用宅地等を共有で取得した場合

⇒「申告書等の記載例 8　被相続人等の居住用宅地等を共有で取得し、その 1 人に小規模宅地等の特例の適用がある場合」85頁を参照

⑦　私道の取扱い

⇒「Q&A 6　私道部分に係る小規模宅地等の特例の適用の可否」95頁を参照

⑧　二世帯住宅の敷地の取扱い

⇒「図表 4 -12　二世帯住宅の居住用宅地の判定」51頁

⑨　区分所有建物の登記がされている場合などの取扱い

⇒「Q&A18　区分所有建物の登記がされていない 1 棟の建物の敷地の場合」105頁を参照
⇒「Q&A19　区分所有建物の登記がされている 1 棟の建物の敷地の場合」106頁を参照
⇒「Q&A20　区分所有建物の登記がされていない 1 棟の建物の敷地を措置法69条の 4 ③二ロの親族が取得した場合」108頁を参照

| 事例54 | 生計を一にする親族の居住の用に供されていた土地を当該親族が相続した場合（地代の支払がなく、保有継続要件及び居住継続要件を満たすケース）
※建物の所有者は被相続人と生計を一にする親族 |

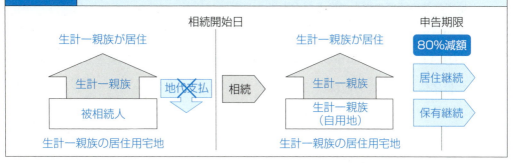

1 小規模宅地等の特例について

　被相続人と生計を一にする親族が居住の用に供していた建物の敷地を被相続人が無償で貸し付けていた場合は、その敷地は、被相続人と生計を一にしていた当該被相続人の親族の居住の用に供されていた宅地等に該当します。

　そして、その土地を当該親族が相続した場合において、居住継続要件及び保有継続要件を満たすときは、**その土地は特定居住用宅地等に該当し、80％減額が適用できます。**

2 土地評価について

　自用地に該当します。

3 参考図表等について

① **居住の用に供されていた宅地が複数ある場合**
　⇒「図表 4 - 3　居住の用に供されていた宅地が複数ある場合の判定」39頁を参照

② **建物の建築中等に相続が開始した場合**
　⇒「図表 4 -11　居住用建物の建築中等に相続が開始した場合の留意事項」49頁を参照
　⇒措通69の 4 - 8 を参照

③ **公共事業の施行により従前地及び仮換地について使用収益が禁止されている場合**
　⇒措通69の 4 - 3 を参照

④ **複数の利用区分が存する場合**
　⇒「申告書等の記載例 1 　複数の利用区分が存する場合」62頁を参照

⑤　共有宅地の場合

⇒「申告書等の記載例 5　共有宅地についての小規模宅地等の特例の選択」75頁を参照

⑥　被相続人等の居住用宅地等を共有で取得した場合

⇒「申告書等の記載例 8　被相続人等の居住用宅地等を共有で取得し、その 1 人に小規模宅地等の特例の適用がある場合」85頁を参照

⑦　私道の取扱い

⇒「Q&A 6　私道部分に係る小規模宅地等の特例の適用の可否」95頁を参照

⑧　二世帯住宅の敷地の取扱い

⇒「図表 4 -12　二世帯住宅の居住用宅地の判定」51頁

⑨　区分所有建物の登記がされている場合などの取扱い

⇒「Q&A18　区分所有建物の登記がされていない 1 棟の建物の敷地の場合」105頁を参照
⇒「Q&A19　区分所有建物の登記がされている 1 棟の建物の敷地の場合」106頁を参照
⇒「Q&A20　区分所有建物の登記がされていない 1 棟の建物の敷地を措置法69条の 4 ③二ロの親族が取得した場合」108頁を参照

⑩　災害のため居住できない場合

⇒措通69の 4 -17を参照

⑪　申告期限までに事業用建物等を建て替えた場合

⇒措通69の 4 -19を参照

| 事例55 | 生計を一にする親族の居住の用に供されていた土地を当該親族が相続した場合（地代の支払がなく、保有継続要件及び居住継続要件を満たさないケース）
※建物の所有者は被相続人と生計を一にする親族 |

1　小規模宅地等の特例について

　被相続人と生計を一にする親族が居住の用に供していた建物の敷地を被相続人が無償で貸し付けていた場合は、その敷地は、被相続人と生計を一にしていた当該被相続人の親族の居住の用に供されていた宅地等に該当します。

　しかしながら、相続した土地を相続税の申告期限前に売却などして、居住継続要件又は保有継続要件を満たさないときは、その土地は特定居住用宅地等に該当せず、小規模宅地等の特例を適用することはできません。

2　土地評価について

　自用地に該当します。

事例56	生計を一にする親族の居住の用に供されていた土地を配偶者及び当該親族以外の親族が相続した場合（地代の支払がないケース） ※建物の所有者は被相続人と生計を一にする親族

相続開始日　　　　　　　　　　　　　　　　　申告期限

生計一親族が居住　　　　　　　　　　減額なし

生計一親族　　地代支払　　相続　　　生計一親族
　　　　　　　　　　　　遺贈
被相続人　　　　　　　　　　　　　親族※
　　　　　　　　　　　　　　　　（自用地）
生計一親族の居住用宅地

※　配偶者及び生計一親族以外の親族

1　小規模宅地等の特例について

　被相続人と生計を一にする親族（以下「生計を一にする親族」といいます）が居住の用に供していた建物の敷地を被相続人が無償で貸し付けていた場合は、その敷地は、被相続人と生計を一にしていた当該被相続人の親族の居住の用に供されていた宅地等に該当します。

　しかしながら、生計を一にする親族の居住の用に供されていた土地が、特定居住用宅地等に該当する場合は、その土地を被相続人の配偶者又は当該親族が相続したときに限られています。

　したがって、この土地は特定居住用宅地等には該当せず、小規模宅地等の特例を適用することはできません。

　なお、生計を一にする親族の居住の用に供している土地を親族以外の第三者に遺贈した場合についても、その土地は特定居住用宅地等には該当せず、小規模宅地等の特例を適用することはできません。

2　土地評価について

　自用地に該当します。

| 事例57 | 配偶者及び生計を一にする親族以外の親族の居住の用に供されていた土地を生計を一にする親族が相続した場合（家賃の支払があるケース）
※建物の所有者は被相続人と生計を一にする親族 |

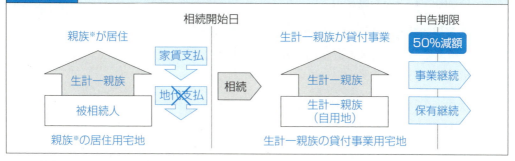

※　配偶者及び生計一親族以外の親族

1　小規模宅地等の特例について

　被相続人又は被相続人と生計を一にする親族（以下「生計を一にする親族」といいます）が居住の用に供していた建物の敷地に供されていませんので、生計を一にする親族が相続した土地は、被相続人又はその被相続人と生計を一にしていた当該被相続人の親族の居住の用に供されていた宅地等に該当しません。

　一方で、被相続人の配偶者及び生計を一にする親族以外の親族から生計を一にする親族に対して家賃の支払があるため、生計を一にする親族が相続した土地は、生計を一にする親族の貸付事業の用に供されていた宅地等に該当します。

　そして、事業継続要件及び保有継続要件を満たす場合は、その土地は貸付事業用宅地等に該当し、50％減額が適用できます。

　なお、被相続人と親族関係にない第三者の居住の用に供されていた場合も同様の理由により、同じ結論になります。

2　土地評価について

　自用地に該当します。

3　参考図表等について

① 複数の利用区分が存する場合

　⇒「申告書等の記載例1　複数の利用区分が存する場合」62頁を参照

② 空室部分がある場合

　⇒「申告書等の記載例6　共同住宅の一部が空室となっていた場合」78頁を参照

③ 共有家屋の取扱い

⇒「Q&A7　共有家屋（貸家）の敷地の用に供されていた宅地等についての小規模宅地等の特例の選択」96頁を参照

④　**公共事業の施行により従前地及び仮換地について使用収益が禁止されている場合**

⇒措通69の4-3を参照

⑤　**事業用建物等の建築中等に相続が開始した場合**

⇒「図表2-4　建物等の建替え等の場合の取扱い」27頁

⇒措通69の4-5を参照

⑥　**使用人の寄宿舎等の敷地の取扱い**

⇒措通69の4-6を参照

⑦　**不動産貸付業等の範囲**

⇒措通69の4-13を参照

⇒「Q&A21　事業的規模でない不動産貸付けの場合」110頁を参照

⑧　**下宿等の取扱い**

⇒措通69の4-14を参照

⑨　**申告期限までに転業又は廃業があった場合**

⇒「図表2-2　事業を転業又は廃業等した場合の事業承継（継続）要件の判定」25頁

⇒措通69の4-16を参照

⑩　**災害のため事業が休止された場合**

⇒「図表2-3　災害のために申告期限において事業を休止している場合」26頁

⇒措通69の4-17を参照

⑪　**申告までに事業用建物を建て替えた場合**

⇒「図表2-4　建物等の建替え等の場合の取扱い」27頁

⇒措通69の4-19を参照

⑫　**一時的に賃貸されていない部分の取扱い**

⇒措通69の4-24の2を参照

⑬　**特定同族会社事業宅地等が混在する場合**

⇒「申告書等の記載例3　特定同族会社事業用宅地等と貸付事業用宅地等が混在する場合」69頁を参照

| 事例58 | 配偶者及び生計を一にする親族以外の親族の居住の用に供されていた土地を生計を一にする親族以外の親族が相続した場合（家賃の支払があるケース）
※建物の所有者は被相続人と生計を一にする親族 |

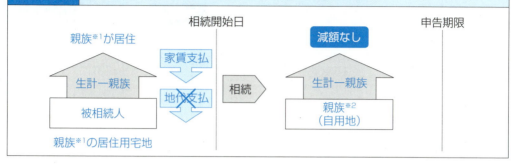

※1　配偶者及び生計一親族以外の親族
※2　生計一親族以外の親族

1　小規模宅地等の特例について

　被相続人又は被相続人と生計を一にする親族（以下「生計を一にする親族」といいます）が居住の用に供していた建物の敷地に供されていませんので、生計を一にする親族以外の親族が相続した土地は、被相続人又はその被相続人と生計を一にしていた当該被相続人の親族の居住の用に供されていた宅地等に該当しません。

　一方で、被相続人の配偶者及び生計を一にする親族以外の親族から生計を一にする親族に対して家賃の支払があるため、生計を一にする親族以外の親族が相続した土地は、生計を一にする親族の貸付事業の用に供されていた宅地等に該当します。

　しかしながら、生計を一にする親族以外の親族が相続した土地が、貸付事業用宅地等に該当する場合は、被相続人の貸付事業（生計を一にする親族の貸付事業は含みません）を引き継いだ場合に限られていますので、この土地は貸付事業用宅地等に該当せず、小規模宅地等の特例を適用することはできません。

　なお、被相続人と親族関係にない第三者の居住の用に供されていた場合も同様の理由により、同じ結論となります。

2　土地評価について

　自用地に該当します。

| 事例59 | 配偶者及び生計を一にする親族以外の親族の居住の用に供されていた土地（家賃及び地代の支払がないケース）
※建物の所有者は被相続人と生計を一にする親族 |

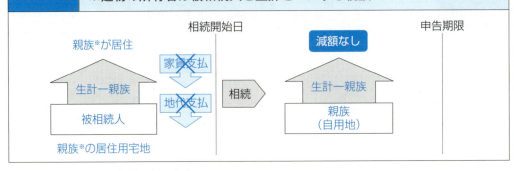

※　配偶者及び生計一親族以外の親族

1　小規模宅地等の特例について

　被相続人又は被相続人と生計を一にする親族（以下「生計を一にする親族」といいます）の居住の用に供していた建物の敷地に供されていませんので、その敷地は、被相続人又はその被相続人と生計を一にしていた当該被相続人の親族（以下「被相続人等」といいます）の居住の用に供されていた宅地等に該当しません。

　また、建物や土地を無償で貸し付けていた場合は、その敷地は、被相続人等の貸付事業の用に供されていた宅地等に該当しません。

　したがって、被相続人の親族が相続した土地は、特定居住用宅地等及び貸付事業用宅地等のいずれにも該当せず、**小規模宅地等の特例を適用することはできません。**

　なお、被相続人と親族関係にない第三者の居住の用に供されていた場合も同様の理由により、同じ結論となります。

2　土地評価について

　自用地に該当します。

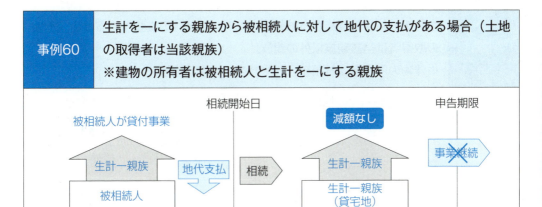

1 小規模宅地等の特例について

　被相続人が所有する土地は、被相続人と生計を一にする親族に有償で貸し付けられていますので、被相続人の貸付事業の用に供されていた宅地等に該当します。
　しかしながら、この相続により賃貸人と賃借人が同一（生計一親族）となり、事業継続要件を満たすことができませんので、この土地は貸付事業用宅地等に該当せず、**小規模宅地等の特例を適用することはできません。**

2 土地評価について

　原則として貸宅地に該当します。

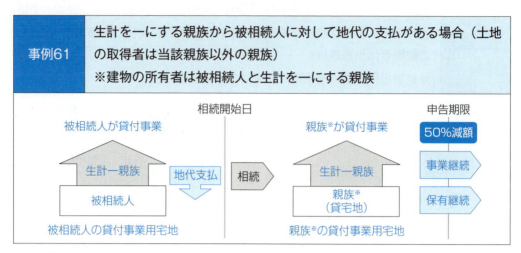

※ 生計一親族以外の親族

1 小規模宅地等の特例について

　被相続人が所有する土地は、被相続人と生計を一にする親族に有償で貸し付けられていますので、被相続人の貸付事業の用に供されていた宅地等に該当します。

　そして、事業継続要件及び保有継続要件を満たす場合は、**その土地は貸付事業用宅地等に該当し、50％減額が適用できます。**

　なお、被相続人の貸付事業の用に供されていた宅地を親族以外の第三者に遺贈した場合については、その土地は、貸付事業用宅地等には該当せず、小規模宅地等の特例を適用することはできません。

2 土地評価について

　原則として貸宅地に該当します。

3 参考図表等について

① **公共事業の施行により従前地及び仮換地について使用収益が禁止されている場合**
　⇒措通69の4-3を参照

② **不動産貸付業等の範囲**
　⇒措通69の4-13を参照
　⇒「Q&A21　事業的規模でない不動産貸付けの場合」110頁を参照

③ **宅地等を取得した親族が申告期限までに死亡した場合**
　⇒措通69の4-15を参照

④ **申告期限までに転業又は廃業があった場合**
　⇒「図表2-2　事業を転業又は廃業等した場合の事業承継（継続）要件の判定」25頁

⇒措通69の4-16を参照

⑤　災害のため事業が休止された場合

⇒「図表2-3　災害のために申告期限において事業を休止している場合」26頁

⇒措通69の4-17を参照

| 事例62 | 被相続人の居住の用に供されていた土地を親族が相続した場合（家賃の支払があるケース）
※建物の所有者は生計を別にする親族 |

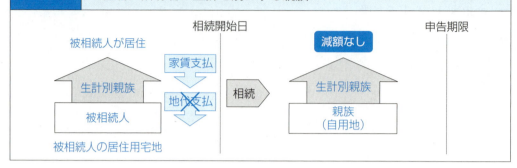

1 小規模宅地等の特例について

　被相続人の居住の用に供されていた建物で、その親族が所有していたものの敷地の用に供されていた土地は、土地も建物も無償で貸借していた場合、被相続人又はその被相続人と生計を一にしていた当該被相続人の親族（以下「被相続人等」といいます）の居住の用に供されていた宅地等に該当します。

　また、被相続人が居住の用に供していた建物を生計を別にする親族が有償で貸し付けていますので、被相続人等の貸付事業の用に供されていた宅地等にも該当せず、いずれにしても小規模宅地等の特例を適用することはできません。

2 土地評価について

　自用地に該当します。

| 事例63 | 被相続人の居住の用に供されていた土地を配偶者が相続した場合（家賃及び地代の支払がないケース）
※建物の所有者は生計を別にする親族 |

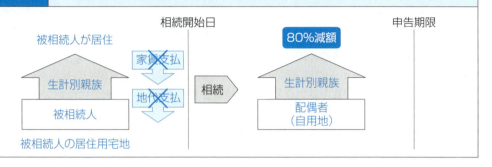

1　小規模宅地等の特例について

　被相続人の居住の用に供されていた建物で、その親族が所有していたものの敷地の用に供されていた土地は、土地も建物も無償で貸借していた場合、被相続人の居住の用に供されていた宅地等に該当します。そして、その土地を被相続人の配偶者（以下「配偶者」といいます）が相続した場合は、その土地は特定居住用宅地等に該当し、80％減額が適用できます。

　なお、配偶者が相続した土地が特定居住用宅地等に該当するか否かの判断に当たっては、同居親族（配偶者以外をいいます）が相続するような場合とは異なり、居住継続要件及び保有継続要件は課されていませんので、相続した土地について相続税の申告期限前に売却などした場合であっても、80％減額が適用できます。

2　土地評価について

　自用地に該当します。

3　参考図表等について

① 居住の用に供されていた宅地が複数ある場合

　⇒「図表4-3　居住の用に供されていた宅地が複数ある場合の判定」39頁を参照

② 建物の建築中等に相続が開始した場合

　⇒「図表4-11　居住用建物の建築中等に相続が開始した場合の留意事項」49頁を参照
　⇒措通69の4-8を参照

③ 公共事業の施行により従前地及び仮換地について使用収益が禁止されている場合

　⇒措通69の4-3を参照

④ 被相続人が老人ホームなどに入居している場合

⇒「図表 4 - 4　被相続人が居住に供せない場合とは」41頁

⇒「図表 4 - 5　老人ホーム等に入居後の居住用宅地の判定」41頁

⇒「Q&A11　老人ホームへの入所により空家となっていた建物の敷地についての小規模宅地等の特例（平成26年 1 月 1 日以後に相続又は遺贈により取得する場合の取扱い）」98頁を参照

⇒「Q&A12　老人ホームに入所していた被相続人が要介護認定の申請中に死亡した場合の小規模宅地等の特例」99頁を参照

⇒「Q&A23　老人ホームに入居中に自宅を相続した場合の小規模宅地等についての相続税の課税価格の計算の特例（租税特別措置法第69条の 4 ）の適用について」111頁を参照

⇒要介護認定等の判定時期については、措通69の 4 - 7 の 2 を参照

⑤　複数の利用区分が存する場合

⇒「申告書等の記載例 1 　複数の利用区分が存する場合」62頁を参照

⑥　共有宅地の場合

⇒「申告書等の記載例 5 　共有宅地についての小規模宅地等の特例の選択」75頁を参照

⑦　被相続人等の居住用宅地等を共有で取得した場合

⇒「申告書等の記載例 8 　被相続人等の居住用宅地等を共有で取得し、その 1 人に小規模宅地等の特例の適用がある場合」85頁を参照

⑧　私道の取扱い

⇒「Q&A 6 　私道部分に係る小規模宅地等の特例の適用の可否」95頁を参照

⑨　被相続人が入院している場合の取扱い

⇒「Q&A10　入院により空家となっていた建物の敷地についての小規模宅地等の特例」98頁を参照

⑩　二世帯住宅の敷地の取扱い

⇒「図表 4 -12　二世帯住宅の居住用宅地の判定」51頁

⑪　区分所有建物の登記がされている場合などの取扱い

⇒「Q&A18　区分所有建物の登記がされていない 1 棟の建物の敷地の場合」105頁を参照

⇒「Q&A19　区分所有建物の登記がされている 1 棟の建物の敷地の場合」106頁を参照

⇒「Q&A20　区分所有建物の登記がされていない 1 棟の建物の敷地を措置法69条の 4 ③二ロの親族が取得した場合」108頁を参照

| 事例64 | 被相続人の居住の用に供されていた土地を家なき子が相続した場合（家賃及び地代の支払がないケース）
※建物の所有者は生計を別にする親族 |

※　家なき子の定義については、**事例２（118頁）**を参照してください。

1　小規模宅地等の特例について

　被相続人の居住の用に供されていた建物で、その親族が所有していたものの敷地の用に供されていた土地は、土地も建物も無償で貸借していた場合、被相続人の居住の用に供されていた宅地等に該当します。

　そして、その土地を家なき子が相続した場合で、保有継続要件を満たすときは、**その土地は特定居住用宅地等に該当し、80％減額が適用できます。**

2　土地評価について

　自用地に該当します。

3　参考図表等について

① **居住の用に供されていた宅地が複数ある場合**
　⇒「図表４-３　居住の用に供されていた宅地が複数ある場合の判定」39頁を参照

② **建物の建築中等に相続が開始した場合**
　⇒「図表４-11　居住用建物の建築中等に相続が開始した場合の留意事項」49頁を参照
　⇒措通69の４-８を参照

③ **公共事業の施行により従前地及び仮換地について使用収益が禁止されている場合**
　⇒措通69の４-３を参照

④ **被相続人が老人ホームなどに入居している場合**
　⇒「図表４-４　被相続人が居住に供せない場合とは」41頁
　⇒「図表４-５　老人ホーム等に入居後の居住用宅地の判定」41頁
　⇒「Q&A11　老人ホームへの入所により空家となっていた建物の敷地についての小規模

宅地等の特例（平成26年１月１日以後に相続又は遺贈により取得する場合の取扱い）」98頁を参照

⇒「Q&A12　老人ホームに入所していた被相続人が要介護認定の申請中に死亡した場合の小規模宅地等の特例」99頁を参照

⇒「Q&A23　老人ホームに入居中に自宅を相続した場合の小規模宅地等についての相続税の課税価格の計算の特例（租税特別措置法第69条の４）の適用について」111頁を参照

⇒要介護認定等の判定時期については、措通69の４-７の２を参照

⑤　複数の利用区分が存する場合

⇒「申告書等の記載例１　複数の利用区分が存する場合」62頁を参照

⑥　共有宅地の場合

⇒「申告書等の記載例５　共有宅地についての小規模宅地等の特例の選択」75頁を参照

⑦　被相続人等の居住用宅地等を共有で取得した場合

⇒「申告書等の記載例８　被相続人等の居住用宅地等を共有で取得し、その１人に小規模宅地等の特例の適用がある場合」85頁を参照

⑧　私道の取扱い

⇒「Q&A６　私道部分に係る小規模宅地等の特例の適用の可否」95頁を参照

⑨　被相続人が入院している場合の取扱い

⇒「Q&A10　入院により空家となっていた建物の敷地についての小規模宅地等の特例」98頁を参照

⑩　二世帯住宅の敷地の取扱い

⇒「図表４-12　二世帯住宅の居住用宅地の判定」51頁

⑪　区分所有建物の登記がされている場合などの取扱い

⇒「Q&A18　区分所有建物の登記がされていない１棟の建物の敷地の場合」105頁を参照

⇒「Q&A19　区分所有建物の登記がされている１棟の建物の敷地の場合」106頁を参照

⇒「Q&A20　区分所有建物の登記がされていない１棟の建物の敷地を措置法69条の４③二ロの親族が取得した場合」108頁を参照

| 事例65 | 被相続人の居住の用に供されていた土地を家なき子が相続後、相続税の申告期限までにその土地を売却した場合（家賃及び地代の支払がないケース）
※建物の所有者は生計を別にする親族 |

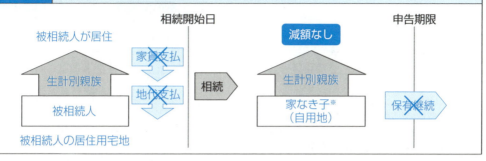

※　家なき子の定義については、**事例2**（118頁）を参照してください。

1　小規模宅地等の特例について

　被相続人の居住の用に供されていた建物で、その親族が所有していたものの敷地の用に供されていた土地は、土地も建物も無償で貸借していた場合、被相続人の居住の用に供されていた宅地等に該当します。

　しかしながら、相続税の申告期限までにその土地を売却した場合は、保有継続要件を満たさないため、小規模宅地等の特例を適用することはできません。

　なお、家なき子が相続した土地が特定居住用宅地等に該当するか否かの判断に当たって、居住継続要件は課されていませんので、家なき子が被相続人の居住の用に供されていた建物に居住するか否かは、小規模宅地等の特例の適用の適否に影響を与えません。

2　土地評価について

　自用地に該当します。

207

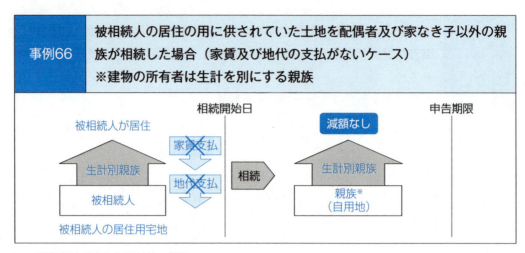

※ 配偶者及び家なき子以外の親族

1 小規模宅地等の特例について

　被相続人の居住の用に供されていた建物で、その親族が所有していたものの敷地の用に供されていた土地は、土地も建物も無償で貸借していた場合、被相続人の居住の用に供されていた宅地等に該当します。

　しかしながら、被相続人の居住の用に供されていた土地を被相続人の配偶者及び家なき子（家なき子の定義については、**事例2**（118頁）を参照してください）以外の親族が相続した場合は、その親族は、被相続人と同居していないため、同居親族（配偶者以外をいいます）には該当に該当しません。

　したがって、その親族が相続した土地は特定居住用宅地等には該当せず、小規模宅地等の特例を適用することはできません。

　なお、被相続人の居住の用に供している土地を親族以外の第三者に遺贈した場合についても、その土地は特定居住用宅地等には該当せず、小規模宅地等の特例を適用することはできません。

2 土地評価について

　自用地に該当します。

事例67　被相続人及びその配偶者の居住の用に供されていた土地について（家賃の支払があるケース）
※建物の所有者は生計を別にする親族

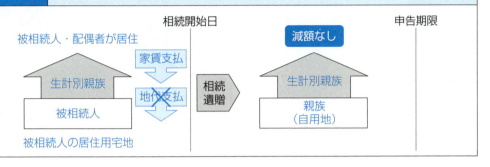

1　小規模宅地等の特例について

　被相続人の居住の用に供されていた建物で、その親族が所有していたものの敷地の用に供されていた土地は、土地も建物も無償で貸借していた場合、被相続人又はその被相続人と生計を一にしていた当該被相続人の親族（以下「被相続人等」といいます）の居住の用に供されていた宅地等に該当します。

　また、被相続人が居住の用に供していた建物を生計を別にする親族が有償で貸し付けていますので、被相続人等の貸付事業の用に供されていた宅地等にも該当せず、いずれにしても小規模宅地等の特例を適用することはできません。

2　土地評価について

　自用地に該当します。

| 事例68 | 被相続人及びその配偶者の居住の用に供されていた土地を配偶者が相続した場合（家賃及び地代の支払がないケース）
※建物の所有者は生計を別にする親族 |

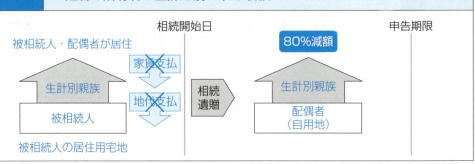

1　小規模宅地等の特例について

　被相続人の居住の用に供されていた建物で、その親族が所有していたものの敷地の用に供されていた土地は、土地も建物も無償で貸借していた場合、被相続人の居住の用に供されていた宅地等に該当します。

　そして、その土地を被相続人の配偶者（以下「配偶者」といいます）が相続した場合は、その土地は特定居住用宅地等に該当し、80％減額が適用できます。

　なお、配偶者が相続した土地が特定居住用宅地等に該当するか否かの判断に当たっては、同居親族（配偶者以外をいいます）が相続するような場合とは異なり、居住継続要件及び保有継続要件は課されていませんので、相続した土地について相続税の申告期限前に売却などした場合であっても、80％減額が適用できます。

2　土地評価について

　自用地に該当します。

3　参考図表等について

　①　居住の用に供されていた宅地が複数ある場合

　　⇒「図表4-3　居住の用に供されていた宅地が複数ある場合の判定」39頁を参照

　②　建物の建築中等に相続が開始した場合

　　⇒「図表4-11　居住用建物の建築中等に相続が開始した場合の留意事項」49頁を参照
　　⇒措通69の4-8を参照

　③　公共事業の施行により従前地及び仮換地について使用収益が禁止されている場合

　　⇒措通69の4-3を参照

　④　被相続人が老人ホームなどに入居している場合

⇒「図表4-4　被相続人が居住に供せない場合とは」41頁

⇒「図表4-5　老人ホーム等に入居後の居住用宅地の判定」41頁

⇒「Q&A11　老人ホームへの入所により空家となっていた建物の敷地についての小規模宅地等の特例（平成26年1月1日以後に相続又は遺贈により取得する場合の取扱い）」98頁を参照

⇒「Q&A12　老人ホームに入所していた被相続人が要介護認定の申請中に死亡した場合の小規模宅地等の特例」99頁を参照

⇒「Q&A23　老人ホームに入居中に自宅を相続した場合の小規模宅地等についての相続税の課税価格の計算の特例（租税特別措置法第69条の4）の適用について」111頁を参照

⇒要介護認定等の判定時期については、措通69の4-7の2を参照

⑤　複数の利用区分が存する場合

⇒「申告書等の記載例1　複数の利用区分が存する場合」62頁を参照

⑥　共有宅地の場合

⇒「申告書等の記載例5　共有宅地についての小規模宅地等の特例の選択」75頁を参照

⑦　被相続人等の居住用宅地等を共有で取得した場合

⇒「申告書等の記載例8　被相続人等の居住用宅地等を共有で取得し、その1人に小規模宅地等の特例の適用がある場合」85頁を参照

⑧　私道の取扱い

⇒「Q&A6　私道部分に係る小規模宅地等の特例の適用の可否」95頁を参照

⑨　被相続人が入院している場合の取扱い

⇒「Q&A10　入院により空家となっていた建物の敷地についての小規模宅地等の特例」98頁を参照

⑩　二世帯住宅の敷地の取扱い

⇒「図表4-12　二世帯住宅の居住用宅地の判定」51頁

⑪　区分所有建物の登記がされている場合などの取扱い

⇒「Q&A18　区分所有建物の登記がされていない1棟の建物の敷地の場合」105頁を参照

⇒「Q&A19　区分所有建物の登記がされている1棟の建物の敷地の場合」106頁を参照

⇒「Q&A20　区分所有建物の登記がされていない1棟の建物の敷地を措置法69条の4③二ロの親族が取得した場合」108頁を参照

事例69	被相続人及びその配偶者の居住の用に供されていた土地を配偶者以外の親族が相続した場合（家賃及び地代の支払がないケース）※建物の所有者は生計を別にする親族

相続開始日　　　　　　　　　　　　　　　　　申告期限

被相続人・配偶者が居住　　　　　　　　　　減額なし

家賃支払

地代支払

生計別親族　　　　　　相続遺贈　　　　　生計別親族

被相続人　　　　　　　　　　　　　　　親族※（自用地）

被相続人の居住用宅地

※　配偶者以外の親族

1　小規模宅地等の特例について

　被相続人の居住の用に供されていた建物で、その親族が所有していたものの敷地の用に供されていた土地は、土地も建物も無償で貸借していた場合、被相続人の居住の用に供されていた宅地等に該当します。

　しかしながら、被相続人の居住の用に供されていた土地を被相続人の配偶者以外の親族が相続した場合は、その親族は、①被相続人と同居していないため、同居親族（配偶者以外をいいます）には該当せず、②被相続人に配偶者がいることから、家なき子（家なき子の定義については、**事例2**（118頁）を参照してください）にも該当しません。

　したがって、その親族が相続した土地は特定居住用宅地等には該当せず、**小規模宅地等の特例を適用することはできません**。

　なお、被相続人の居住の用に供している土地を親族以外の第三者に遺贈した場合についても、その土地は特定居住用宅地等には該当せず、小規模宅地等の特例を適用することはできません。

2　土地評価について

　自用地に該当します。

事例70　被相続人及びその相続人である同居親族（配偶者以外）の居住の用に供されていた土地について（家賃の支払があるケース）
※建物の所有者は生計を別にする親族

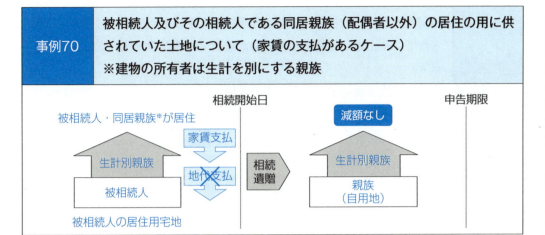

※　被相続人の相続人である同居親族

1　小規模宅地等の特例について

　被相続人の居住の用に供されていた建物で、その親族が所有していたものの敷地の用に供されていた土地は、土地も建物も無償で貸借していた場合、被相続人又はその被相続人と生計を一にしていた当該被相続人の親族（以下「被相続人等」といいます）の居住の用に供されていた宅地等に該当します。

　また、被相続人が居住の用に供していた建物を生計を別にする親族が有償で貸し付けていますので、被相続人等の貸付事業の用に供されていた宅地等にも該当せず、いずれにしても小規模宅地等の特例を適用することはできません。

2　土地評価について

　自用地に該当します。

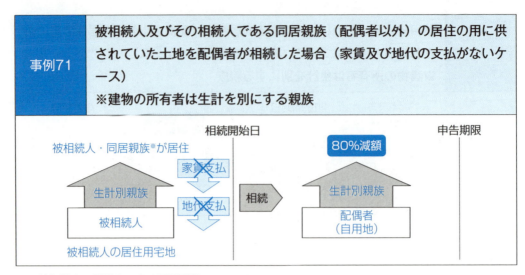

※ 被相続人の相続人である同居親族

1 小規模宅地等の特例について

　被相続人の居住の用に供されていた建物で、その親族が所有していたものの敷地の用に供されていた土地は、土地も建物も無償で貸借していた場合、被相続人の居住の用に供されていた宅地等に該当します。

　そして、その土地を被相続人の配偶者（以下「配偶者」といいます）が相続した場合は、その土地は特定居住用宅地等に該当し、80％減額が適用できます。

　なお、配偶者が相続した土地が特定居住用宅地等に該当するか否かの判断に当たっては、同居親族（配偶者以外をいいます）が相続するような場合とは異なり、居住継続要件及び保有継続要件は課されていませんので、相続した土地について相続税の申告期限前に売却などしたときであっても、80％減額が適用できます。

2 土地評価について

　自用地に該当します。

3 参考図表等について

① 居住の用に供されていた宅地が複数ある場合

　⇒「図表4-3　居住の用に供されていた宅地が複数ある場合の判定」39頁を参照

② 建物の建築中等に相続が開始した場合

　⇒「図表4-11　居住用建物の建築中等に相続が開始した場合の留意事項」49頁を参照
　⇒措通69の4-8を参照

③ 公共事業の施行により従前地及び仮換地について使用収益が禁止されている場合

⇒措通69の4−3を参照

④ **被相続人が老人ホームなどに入居している場合**

⇒「図表4−4　被相続人が居住に供せない場合とは」41頁

⇒「図表4−5　老人ホーム等に入居後の居住用宅地の判定」41頁

⇒「Q&A11　老人ホームへの入所により空家となっていた建物の敷地についての小規模宅地等の特例（平成26年1月1日以後に相続又は遺贈により取得する場合の取扱い）」98頁を参照

⇒「Q&A12　老人ホームに入所していた被相続人が要介護認定の申請中に死亡した場合の小規模宅地等の特例」99頁を参照

⇒「Q&A23　老人ホームに入居中に自宅を相続した場合の小規模宅地等についての相続税の課税価格の計算の特例（租税特別措置法第69条の4）の適用について」111頁を参照

⇒要介護認定等の判定時期については、措通69の4−7の2を参照

⑤ **複数の利用区分が存する場合**

⇒「申告書等の記載例1　複数の利用区分が存する場合」62頁を参照

⑥ **共有宅地の場合**

⇒「申告書等の記載例5　共有宅地についての小規模宅地等の特例の選択」75頁を参照

⑦ **被相続人等の居住用宅地等を共有で取得した場合**

⇒「申告書等の記載例8　被相続人等の居住用宅地等を共有で取得し、その1人に小規模宅地等の特例の適用がある場合」85頁を参照

⑧ **私道の取扱い**

⇒「Q&A6　私道部分に係る小規模宅地等の特例の適用の可否」95頁を参照

⑨ **被相続人が入院している場合の取扱い**

⇒「Q&A10　入院により空家となっていた建物の敷地についての小規模宅地等の特例」98頁を参照

⑩ **二世帯住宅の敷地の取扱い**

⇒「図表4−12　二世帯住宅の居住用宅地の判定」51頁

⑪ **区分所有建物の登記がされている場合などの取扱い**

⇒「Q&A18　区分所有建物の登記がされていない1棟の建物の敷地の場合」105頁を参照

⇒「Q&A19　区分所有建物の登記がされている1棟の建物の敷地の場合」106頁を参照

⇒「Q&A20　区分所有建物の登記がされていない1棟の建物の敷地を措置法69条の4③二ロの親族が取得した場合」108頁を参照

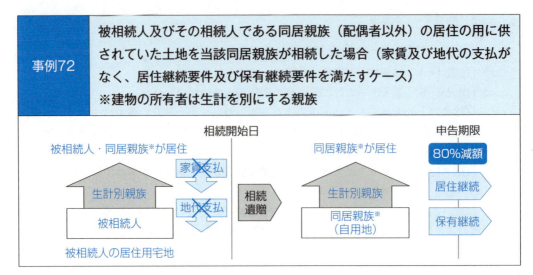

※ 被相続人の相続人である同居親族

1　小規模宅地等の特例について

　被相続人の居住の用に供されていた建物で、その親族が所有していたものの敷地の用に供されていた土地は、土地も建物も無償で貸借していた場合、被相続人の居住の用に供されていた宅地等に該当します。

　そして、その土地を被相続人の相続人である同居親族（配偶者以外をいいます）が相続した場合において、居住継続要件及び保有継続要件を満たすときは、その土地は特定居住用宅地等に該当し、80％減額が適用できます。

2　土地評価について

　自用地に該当します。

3　参考図表等について

① 居住の用に供されていた宅地が複数ある場合

　⇒「図表4-3　居住の用に供されていた宅地が複数ある場合の判定」39頁を参照

② 建物の建築中等に相続が開始した場合

　⇒「図表4-11　居住用建物の建築中等に相続が開始した場合の留意事項」49頁を参照
　⇒措通69の4-8を参照

③ 公共事業の施行により従前地及び仮換地について使用収益が禁止されている場合

　⇒措通69の4-3を参照

④ 被相続人が老人ホームなどに入居している場合

　⇒「図表4-4　被相続人が居住に供せない場合とは」41頁

⇒「図表4-5　老人ホーム等に入居後の居住用宅地の判定」41頁

⇒「Q&A11　老人ホームへの入所により空家となっていた建物の敷地についての小規模宅地等の特例（平成26年1月1日以後に相続又は遺贈により取得する場合の取扱い）」98頁を参照

⇒「Q&A12　老人ホームに入所していた被相続人が要介護認定の申請中に死亡した場合の小規模宅地等の特例」99頁を参照

⇒「Q&A23　老人ホームに入居中に自宅を相続した場合の小規模宅地等についての相続税の課税価格の計算の特例（租税特別措置法第69条の4）の適用について」111頁を参照

⇒要介護認定等の判定時期については、措通69の4-7の2を参照

⑤　複数の利用区分が存する場合

⇒「申告書等の記載例1　複数の利用区分が存する場合」62頁を参照

⑥　共有宅地の場合

⇒「申告書等の記載例5　共有宅地についての小規模宅地等の特例の選択」75頁を参照

⑦　被相続人等の居住用宅地等を共有で取得した場合

⇒「申告書等の記載例8　被相続人等の居住用宅地等を共有で取得し、その1人に小規模宅地等の特例の適用がある場合」85頁を参照

⑧　私道の取扱い

⇒「Q&A6　私道部分に係る小規模宅地等の特例の適用の可否」95頁を参照

⑨　被相続人が入院している場合の取扱い

⇒「Q&A10　入院により空家となっていた建物の敷地についての小規模宅地等の特例」98頁を参照

⑩　二世帯住宅の敷地の取扱い

⇒「図表4-12　二世帯住宅の居住用宅地の判定」51頁

⑪　区分所有建物の登記がされている場合などの取扱い

⇒「Q&A18　区分所有建物の登記がされていない1棟の建物の敷地の場合」105頁を参照

⇒「Q&A19　区分所有建物の登記がされている1棟の建物の敷地の場合」106頁を参照

⇒「Q&A20　区分所有建物の登記がされていない1棟の建物の敷地を措置法69条の4③二ロの親族が取得した場合」108頁を参照

⑫　災害のため居住できない場合

⇒措通69の4-17を参照

⑬　申告期限までに事業用建物等を建て替えた場合

⇒措通69の4-19を参照

| 事例73 | 被相続人及びその相続人である同居親族（配偶者以外）の居住の用に供されていた土地を当該同居親族が相続した場合（地代及び家賃の支払がなく、居住継続要件及び保有継続要件を満たさないケース）
※建物の所有者は生計を別にする親族 |

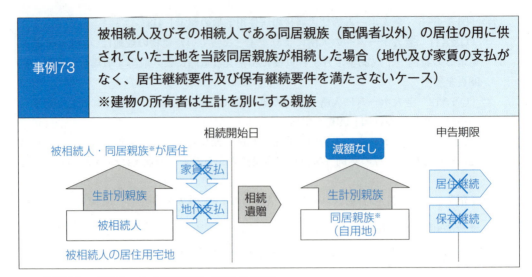

※　被相続人の相続人である同居親族（配偶者以外）

1　小規模宅地等の特例について

　被相続人の居住の用に供されていた建物で、その親族が所有していたものの敷地の用に供されていた土地は、土地も建物も無償で貸借していた場合、被相続人の居住の用に供されていた宅地等に該当します。

　しかしながら、被相続人及びその相続人である同居親族（配偶者以外をいいます）の居住の用に供されていた土地を当該同居親族が相続した場合においても、相続した土地を相続税の申告期限前に売却などして、居住継続要件及び保有継続要件を満たさないときは、その土地は特定居住用宅地等に該当せず、小規模宅地等の特例を適用することはできません。

2　土地評価について

　自用地に該当します。

| 事例74 | 被相続人及びその相続人である同居親族（配偶者以外）の居住の用に供されていた土地を配偶者及び当該同居親族以外の親族が相続した場合（地代及び家賃の支払がないケース）
※建物の所有者は生計を別にする親族 |

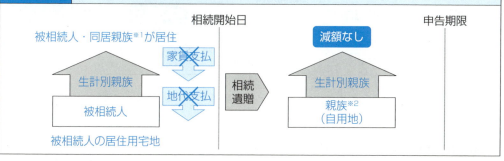

※1　被相続人の相続人である同居親族（配偶者以外）
※2　配偶者及び被相続人の相続人である同居親族以外の親族

1　小規模宅地等の特例について

　被相続人及びその相続人である同居親族（配偶者以外をいいます）の居住の用に供されていた建物で、被相続人の親族が所有していたものの敷地の用に供されていた土地は、土地も建物も無償で貸借していた場合、被相続人の居住の用に供されていた宅地等に該当します。

　しかしながら、被相続人の居住の用に供されていた土地を被相続人の配偶者及び当該同居親族以外の親族が相続した場合は、その親族は、①被相続人と同居していないため、同居親族には該当せず、②被相続人にその相続人である同居親族がいることから、家なき子（家なき子の定義については、**事例２**（118頁）を参照してください）にも該当しません。

　したがって、その親族が相続した土地は特定居住用宅地等には該当せず、小規模宅地等の特例を適用することはできません。

　なお、被相続人の居住の用に供している土地を親族以外の第三者に遺贈した場合についても、その土地は特定居住用宅地等には該当せず、小規模宅地等の特例を適用することはできません。

2　土地評価について

　自用地に該当します。

| 事例75 | 被相続人及びその相続人以外の同居親族の居住の用に供されていた土地について（家賃の支払があるケース）
※建物の所有者は生計を別にする親族 |

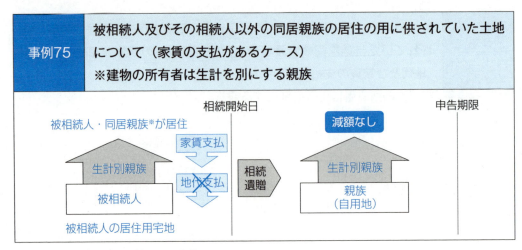

※　被相続人の相続人以外の同居親族

1　小規模宅地等の特例について

　被相続人の居住の用に供されていた建物で、その親族が所有していたものの敷地の用に供されていた土地は、土地も建物も無償で貸借していた場合、被相続人又はその被相続人と生計を一にしていた当該被相続人の親族（以下「被相続人等」といいます）の居住の用に供されていた宅地等に該当します。

　また、被相続人が居住の用に供していた建物を生計を別にする親族が有償で貸し付けていますので、被相続人等の貸付事業の用に供されていた宅地等にも該当せず、いずれにしても小規模宅地等の特例を適用することはできません。

2　土地評価について

　自用地に該当します。

| 事例76 | 被相続人及びその相続人以外の同居親族の居住の用に供されていた土地を配偶者が相続した場合（家賃及び地代の支払がないケース）
※建物の所有者は生計を別にする親族 |

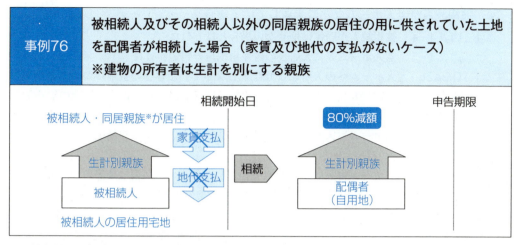

※　被相続人の相続人以外の同居親族

1　小規模宅地等の特例について

　被相続人の居住の用に供されていた建物で、その親族が所有していたものの敷地の用に供されていた土地は、土地も建物も無償で貸借していた場合、被相続人の居住の用に供されていた宅地等に該当します。

　そして、その土地を被相続人の配偶者（以下「配偶者」といいます）が相続した場合は、その土地は特定居住用宅地等に該当し、80％減額が適用できます。

　なお、配偶者が相続した土地が特定居住用宅地等に該当するか否かの判断に当たっては、同居親族（配偶者以外をいいます）が相続するような場合とは異なり、居住継続要件及び保有継続要件は課されていませんので、相続した土地について相続税の申告期限前に売却などしたときであっても、80％減額が適用できます。

2　土地評価について

　自用地に該当します。

3　参考図表等について

① 居住の用に供されていた宅地が複数ある場合

　⇒「図表4－3　居住の用に供されていた宅地が複数ある場合の判定」39頁を参照

② 建物の建築中等に相続が開始した場合

　⇒「図表4－11　居住用建物の建築中等に相続が開始した場合の留意事項」49頁を参照
　⇒措通69の4－8を参照

③ 公共事業の施行により従前地及び仮換地について使用収益が禁止されている場合

　⇒措通69の4－3を参照

④　被相続人が老人ホームなどに入居している場合
　⇒「図表4-4　被相続人が居住に供せない場合とは」41頁
　⇒「図表4-5　老人ホーム等に入居後の居住用宅地の判定」41頁
　⇒「Q&A11　老人ホームへの入所により空家となっていた建物の敷地についての小規模宅地等の特例（平成26年1月1日以後に相続又は遺贈により取得する場合の取扱い）」98頁を参照
　⇒「Q&A12　老人ホームに入所していた被相続人が要介護認定の申請中に死亡した場合の小規模宅地等の特例」99頁を参照
　⇒「Q&A23　老人ホームに入居中に自宅を相続した場合の小規模宅地等についての相続税の課税価格の計算の特例（租税特別措置法第69条の4）の適用について」111頁を参照
　⇒要介護認定等の判定時期については、措通69の4-7の2を参照

⑤　複数の利用区分が存する場合
　⇒「申告書等の記載例1　複数の利用区分が存する場合」62頁を参照

⑥　共有宅地の場合
　⇒「申告書等の記載例5　共有宅地についての小規模宅地等の特例の選択」75頁を参照

⑦　被相続人等の居住用宅地等を共有で取得した場合
　⇒「申告書等の記載例8　被相続人等の居住用宅地等を共有で取得し、その1人に小規模宅地等の特例の適用がある場合」85頁を参照

⑧　私道の取扱い
　⇒「Q&A6　私道部分に係る小規模宅地等の特例の適用の可否」95頁を参照

⑨　被相続人が入院している場合の取扱い
　⇒「Q&A10　入院により空家となっていた建物の敷地についての小規模宅地等の特例」98頁を参照

⑩　二世帯住宅の敷地の取扱い
　⇒「図表4-12　二世帯住宅の居住用宅地の判定」51頁

⑪　区分所有建物の登記がされている場合などの取扱い
　⇒「Q&A18　区分所有建物の登記がされていない1棟の建物の敷地の場合」105頁を参照
　⇒「Q&A19　区分所有建物の登記がされている1棟の建物の敷地の場合」106頁を参照
　⇒「Q&A20　区分所有建物の登記がされていない1棟の建物の敷地を措置法69条の4③二ロの親族が取得した場合」108頁を参照

| 事例77 | 被相続人及びその相続人以外の同居親族の居住の用に供されていた土地を当該同居親族が相続した場合（家賃及び地代の支払がなく、居住継続要件及び保有継続要件を満たすケース）
※建物の所有者は生計を別にする親族 |

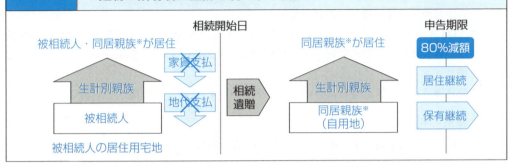

※ 被相続人の相続人以外の同居親族

1 小規模宅地等の特例について

　被相続人の居住の用に供されていた建物で、その親族が所有していたものの敷地の用に供されていた土地は、土地も建物も無償で貸借していた場合、被相続人の居住の用に供されていた宅地等に該当します。

　そして、その土地を被相続人の相続人以外の同居親族が相続した場合において、居住継続要件及び保有継続要件を満たすときは、その土地は特定居住用宅地等に該当し、80％減額が適用できます。

2 土地評価について

　自用地に該当します。

3 参考図表等について

① 居住の用に供されていた宅地が複数ある場合

　⇒「図表4-3　居住の用に供されていた宅地が複数ある場合の判定」39頁を参照

② 建物の建築中等に相続が開始した場合

　⇒「図表4-11　居住用建物の建築中等に相続が開始した場合の留意事項」49頁を参照
　⇒措通69の4-8を参照

③ 公共事業の施行により従前地及び仮換地について使用収益が禁止されている場合

　⇒措通69の4-3を参照

④ 被相続人が老人ホームなどに入居している場合

　⇒「図表4-4　被相続人が居住に供せない場合とは」41頁

⇒「図表4−5　老人ホーム等に入居後の居住用宅地の判定」41頁

⇒「Q&A11　老人ホームへの入所により空家となっていた建物の敷地についての小規模宅地等の特例（平成26年1月1日以後に相続又は遺贈により取得する場合の取扱い）」98頁を参照

⇒「Q&A12　老人ホームに入所していた被相続人が要介護認定の申請中に死亡した場合の小規模宅地等の特例」99頁を参照

⇒「Q&A23　老人ホームに入居中に自宅を相続した場合の小規模宅地等についての相続税の課税価格の計算の特例（租税特別措置法第69条の4）の適用について」111頁を参照

⇒要介護認定等の判定時期については、措通69の4−7の2を参照

⑤　複数の利用区分が存する場合

⇒「申告書等の記載例1　複数の利用区分が存する場合」62頁を参照

⑥　共有宅地の場合

⇒「申告書等の記載例5　共有宅地についての小規模宅地等の特例の選択」75頁を参照

⑦　被相続人等の居住用宅地等を共有で取得した場合

⇒「申告書等の記載例8　被相続人等の居住用宅地等を共有で取得し、その1人に小規模宅地等の特例の適用がある場合」85頁を参照

⑧　私道の取扱い

⇒「Q&A6　私道部分に係る小規模宅地等の特例の適用の可否」95頁を参照

⑨　被相続人が入院している場合の取扱い

⇒「Q&A10　入院により空家となっていた建物の敷地についての小規模宅地等の特例」98頁を参照

⑩　二世帯住宅の敷地の取扱い

⇒「図表4−12　二世帯住宅の居住用宅地の判定」51頁

⑪　区分所有建物の登記がされている場合などの取扱い

⇒「Q&A18　区分所有建物の登記がされていない1棟の建物の敷地の場合」105頁を参照

⇒「Q&A19　区分所有建物の登記がされている1棟の建物の敷地の場合」106頁を参照

⇒「Q&A20　区分所有建物の登記がされていない1棟の建物の敷地を措置法69条の4③二ロの親族が取得した場合」108頁を参照

⑫　災害のため居住できない場合

⇒措通69の4−17を参照

⑬　申告期限までに事業用建物等を建て替えた場合

⇒措通69の4−19を参照

事例78	被相続人及びその相続人以外の同居親族の居住の用に供されていた土地を当該同居親族が相続した場合（地代及び家賃の支払がなく、居住継続要件及び保有継続要件を満たさないケース） ※建物の所有者は生計を別にする親族

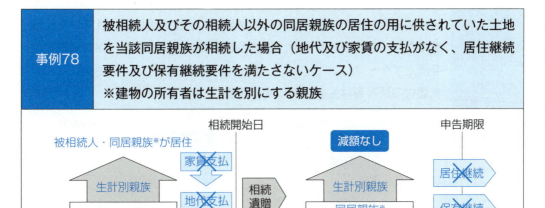

※　被相続人の相続人以外の同居親族

1　小規模宅地等の特例について

　被相続人の居住の用に供されていた建物で、その親族が所有していたものの敷地の用に供されていた土地は、土地も建物も無償で貸借していた場合、被相続人の居住の用に供されていた宅地等に該当します。

　しかしながら、被相続人及びその相続人以外の同居親族の居住の用に供されていた土地を当該同居親族が相続した場合においても、相続した土地を相続税の申告期限前に売却などして、居住継続要件及び保有継続要件を満たさないときは、その土地は特定居住用宅地等に該当せず、小規模宅地等の特例を適用することはできません。

2　土地評価について

　自用地に該当します。

| 事例79 | 被相続人及びその相続人以外の同居親族の居住の用に供されていた土地を家なき子が相続した場合（地代及び家賃の支払がなく、保有継続要件を満たすケース）
※建物の所有者は生計を別にする親族 |

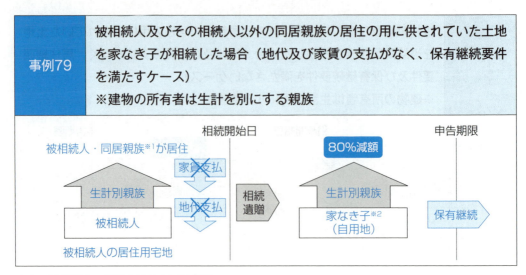

※1 被相続人の相続人以外の同居親族
※2 家なき子の定義については、事例2（118頁）を参照してください。

1 小規模宅地等の特例について

　被相続人及びその相続人以外の同居親族の居住の用に供されていた建物で、被相続人の親族が所有していたものの敷地の用に供されていた土地は、土地も建物も無償で貸借していた場合、被相続人の居住の用に供されていた宅地等に該当します。

　そして、保有継続要件を満たす場合は、家なき子が相続した土地は、特定居住用宅地等に該当し、80％の減額が適用できます。

2 土地評価について

　自用地に該当します。

| 事例80 | 被相続人及びその相続人以外の同居親族の居住の用に供されていた土地を家なき子が相続した場合（地代及び家賃の支払がなく、保有継続要件を満たさないケース）
※建物の所有者は生計を別にする親族 |

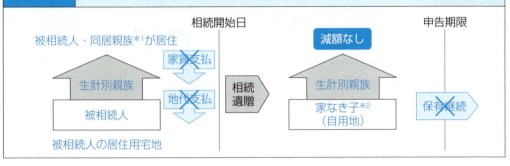

※　被相続人の相続人以外の同居親族
※　家なき子の定義については、**事例2**（118頁）を参照してください。

1　小規模宅地等の特例について

　被相続人及びその相続人以外の同居親族の居住の用に供されていた建物で、被相続人の親族が所有していたものの敷地の用に供されていた土地は、土地も建物も無償で貸借していた場合、被相続人の居住の用に供されていた宅地等に該当します。
　しかしながら、その土地を家なき子が相続した場合であっても、保有継続要件を満たさないときは、その相続した土地は、特定居住用宅地等に該当せず、**小規模宅地等の特例を適用することはできません。**

2　土地評価について

　自用地に該当します。

事例81	被相続人及びその相続人以外の同居親族の居住の用に供されていた土地を配偶者、当該同居親族及び家なき子以外の親族が相続した場合（地代及び家賃の支払がないケース） ※建物の所有者は生計を別にする親族

相続開始日　　　　　　　　　　　　　　　　　申告期限

被相続人・同居親族※1が居住

家賃支払（取消）

地代支払（取消）

生計別親族

被相続人

被相続人の居住用宅地

相続遺贈

減額なし

生計別親族

親族※2
（自用地）

※1　被相続人の相続人以外の同居親族
※2　配偶者、被相続人の相続人以外の同居親族及び家なき子以外の親族

1　小規模宅地等の特例について

　被相続人及びその相続人以外の同居親族の居住の用に供されていた建物で、被相続人の親族が所有していたものの敷地の用に供されていた土地は、土地も建物も無償で貸借していた場合、被相続人の居住の用に供されていた宅地等に該当します。

　しかしながら、被相続人及びその相続人以外の同居親族の居住の用に供されていた土地を被相続人の配偶者、当該同居親族及び家なき子以外の親族が相続した場合は、その親族が相続した土地は特定居住用宅地等には該当せず、小規模宅地等の特例を適用することはできません。

　なお、被相続人の居住の用に供している土地建物を親族以外の第三者に遺贈した場合についても、その土地は特定居住用宅地等には該当せず、小規模宅地等の特例を適用することはできません（家なき子の定義については、事例2（118頁）を参照してください）。

2　土地評価について

　自用地に該当します。

| 事例82 | 生計を一にする親族の居住の用に供されていた土地（家賃の支払があるケース）
※建物の所有者は生計を別にする親族 |

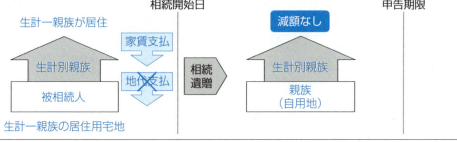

1 小規模宅地等の特例について

　被相続人と生計を一にする親族が居住の用に供していた建物を生計を別にする親族が有償で貸し付けていた場合は、その敷地は、被相続人又はその被相続人と生計を一にしていた当該被相続人の親族（以下「被相続人等」といいます）の居住の用に供されていた宅地等及び被相続人等の貸付事業の用に供されていた宅地等には該当しません。

　したがって、特定居住用宅地等及び貸付事業用宅地等のいずれにも該当せず、小規模宅地等の特例を適用することはできません。

2 土地評価について

　自用地に該当します。

| 事例83 | 生計を一にする親族の居住の用に供されていた土地を配偶者が相続した場合（家賃及び地代の支払がないケース）
※建物の所有者は生計を別にする親族 |

相続開始日　　　　　　　　　申告期限

生計一親族が居住

家賃支払

地代支払

相続遺贈

80%減額

生計別親族

被相続人

生計一親族の居住用宅地

生計別親族

配偶者（自用地）

1　小規模宅地等の特例について

被相続人と生計を一にする親族が居住の用に供していた建物で、被相続人の親族が所有していたものの敷地は、土地も建物も無償で貸借していた場合、被相続人と生計を一にしていた当該被相続人の親族の居住の用に供されていた宅地等に該当します。

そして、その土地を被相続人の配偶者（以下「配偶者」といいます）が相続した場合は、その土地は特定居住用宅地等に該当し、80%減額が適用できます。

なお、配偶者が相続した土地が特定居住用宅地等に該当するか否かの判断に当たっては、同居親族（配偶者以外をいいます）が相続するような場合とは異なり、居住継続要件及び保有継続要件は課されていませんので、相続した土地について相続税の申告期限前に売却などした場合であっても、80%減額が適用できます。

2　土地評価について

自用地に該当します。

3　参考図表等について

① 居住の用に供されていた宅地が複数ある場合

⇒「図表4-3　居住の用に供されていた宅地が複数ある場合の判定」39頁を参照

② 建物の建築中等に相続が開始した場合

⇒「図表4-11　居住用建物の建築中等に相続が開始した場合の留意事項」49頁を参照
⇒措通69の4-8を参照

③ 公共事業の施行により従前地及び仮換地について使用収益が禁止されている場合

⇒措通69の4-3を参照

④ 複数の利用区分が存する場合

⇒「申告書等の記載例 1　複数の利用区分が存する場合」62頁を参照

⑤　共有宅地の場合

⇒「申告書等の記載例 5　共有宅地についての小規模宅地等の特例の選択」75頁を参照

⑥　被相続人等の居住用宅地等を共有で取得した場合

⇒「申告書等の記載例 8　被相続人等の居住用宅地等を共有で取得し、その 1 人に小規模宅地等の特例の適用がある場合」85頁を参照

⑦　私道の取扱い

⇒「Q&A 6　私道部分に係る小規模宅地等の特例の適用の可否」95頁を参照

⑧　二世帯住宅の敷地の取扱い

⇒「図表 4 -12　二世帯住宅の居住用宅地の判定」51頁

⑨　区分所有建物の登記がされている場合などの取扱い

⇒「Q&A18　区分所有建物の登記がされていない 1 棟の建物の敷地の場合」105頁を参照
⇒「Q&A19　区分所有建物の登記がされている 1 棟の建物の敷地の場合」106頁を参照
⇒「Q&A20　区分所有建物の登記がされていない 1 棟の建物の敷地を措置法69条の 4 ③二ロの親族が取得した場合」108頁を参照

事例84	生計を一にする親族の居住の用に供されていた土地を当該親族が相続した場合（家賃及び地代の支払がなく、保有継続要件及び居住継続要件を満たすケース） ※建物の所有者は生計を別にする親族

相続開始日　　　　　　　　　　　　　　　申告期限

生計一親族が居住　　　　　　　　　　生計一親族が居住　　　　80％減額

家賃支払　　　　　　　　　　　　　　　　　居住継続
生計別親族　　　　　　　　　　　　生計別親族
地代支払　　相続遺贈　　　　　　　　　　　保有継続
被相続人　　　　　　　　　　　生計一親族（自用地）

生計一親族の居住用宅地　　　　　　生計一親族の居住用宅地

1　小規模宅地等の特例について

　被相続人と生計を一にする親族（以下「生計を一にする親族」といいます）が居住の用に供していた建物で、被相続人の親族が所有していたものの敷地は、土地も建物も無償で貸借していた場合、被相続人と生計を一にしていた当該被相続人の親族の居住の用に供されていた宅地等に該当します。

　そして、その土地を生計を一にする親族が相続した場合において、居住継続要件及び保有継続要件を満たすときは、その土地は特定居住用宅地等に該当し、80％減額が適用できます。

2　土地評価について

　自用地に該当します。

3　参考図表等について

① 居住の用に供されていた宅地が複数ある場合

　⇒「図表4-3　居住の用に供されていた宅地が複数ある場合の判定」39頁を参照

② 建物の建築中等に相続が開始した場合

　⇒「図表4-11　居住用建物の建築中等に相続が開始した場合の留意事項」49頁を参照
　⇒措通69の4-8を参照

③ 公共事業の施行により従前地及び仮換地について使用収益が禁止されている場合

　⇒措通69の4-3を参照

④ 複数の利用区分が存する場合

　⇒「申告書等の記載例1　複数の利用区分が存する場合」62頁を参照

⑤　共有宅地の場合

⇒「申告書等の記載例 5　共有宅地についての小規模宅地等の特例の選択」75頁を参照

⑥　被相続人等の居住用宅地等を共有で取得した場合

⇒「申告書等の記載例 8　被相続人等の居住用宅地等を共有で取得し、その 1 人に小規模宅地等の特例の適用がある場合」85頁を参照

⑦　私道の取扱い

⇒「Q&A 6　私道部分に係る小規模宅地等の特例の適用の可否」95頁を参照

⑧　二世帯住宅の敷地の取扱い

⇒「図表 4 -12　二世帯住宅の居住用宅地の判定」51頁

⑨　区分所有建物の登記がされている場合などの取扱い

⇒「Q&A18　区分所有建物の登記がされていない 1 棟の建物の敷地の場合」105頁を参照
⇒「Q&A19　区分所有建物の登記がされている 1 棟の建物の敷地の場合」106頁を参照
⇒「Q&A20　区分所有建物の登記がされていない 1 棟の建物の敷地を措置法69条の 4 ③二ロの親族が取得した場合」108頁を参照

⑩　災害のため居住できない場合

⇒措通69の 4 -17を参照

⑪　申告期限までに事業用建物等を建て替えた場合

⇒措通69の 4 -19を参照

| 事例85 | 生計を一にする親族の居住の用に供されていた土地を当該親族が相続した場合（家賃及び地代の支払がなく、保有継続要件及び居住継続要件を満たさないケース）
※建物の所有者は生計を別にする親族 |

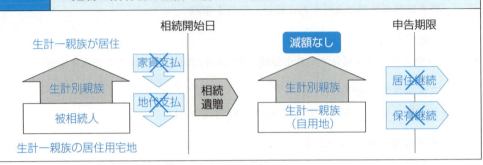

1　小規模宅地等の特例について

　被相続人と生計を一にする親族が居住の用に供していた建物で、被相続人の親族が所有していたものの敷地は、土地も建物も無償で貸借していた場合、被相続人と生計を一にしていた当該被相続人の親族の居住の用に供されていた宅地等に該当します。

　しかしながら、その相続した土地を相続税の申告期限前に売却などして、居住継続要件及び保有継続要件を満たさない場合は、その土地は特定居住用宅地等に該当せず、小規模宅地等の特例を適用することはできません。

2　土地評価について

　自用地に該当します。

| 事例86 | 生計を一にする親族の居住の用に供されていた土地を配偶者及び生計を一にする親族以外の親族が相続した場合（家賃及び地代の支払がないケース）
※建物の所有者は生計を別にする親族 |

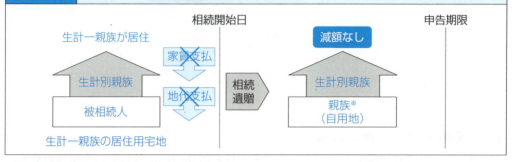

※　配偶者及び生計一親族以外の親族

1　小規模宅地等の特例について

　被相続人と生計を一にする親族（以下「生計を一にする親族」といいます）が居住の用に供していた建物で、被相続人の親族が所有していたものの敷地は、土地も建物も無償で貸借していた場合、被相続人と生計を一にしていた当該被相続人の親族の居住の用に供されていた宅地等に該当します。

　しかしながら、生計を一にする親族の居住の用に供されていた土地が、特定居住用宅地等に該当する場合は、被相続人の配偶者又は当該親族がその土地を相続したときに限られていますので、小規模宅地等の特例を適用することはできません。

2　土地評価について

　自用地に該当します。

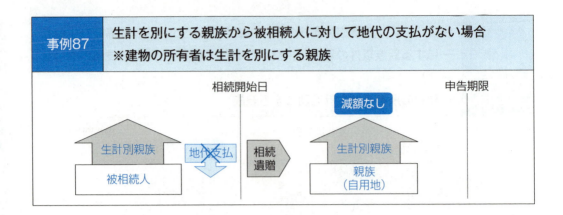

1 小規模宅地等の特例について

　被相続人又は被相続人と生計を一にする親族が居住の用に供していた建物の敷地に供されていませんので、その敷地は、被相続人又はその被相続人と生計を一にしていた当該被相続人の親族（以下「被相続人等」といいます）の居住の用に供されていた宅地等に該当しません。

　また、被相続人が所有する土地について、生計を別にする親族に無償で貸し付けられていますので、被相続人等の貸付事業の用に供されていた宅地等にも該当せず、小規模宅地等の特例を適用することはできません。

2 土地評価について

　自用地に該当します。

| 事例88 | 生計を別にする親族から被相続人に対して地代の支払がある場合（土地の取得者は被相続人と生計を一にする親族）
※建物の所有者は生計を別にする親族 |

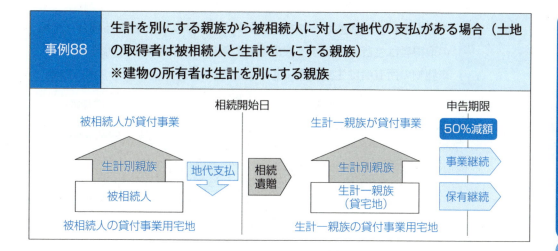

1　小規模宅地等の特例について

　被相続人が所有する土地について、生計を別にする親族に有償で貸し付けられていますので、その敷地は、被相続人の貸付事業の用に供されていた宅地等に該当します。そして、事業継続要件及び保有継続要件を満たす場合は、その土地は貸付事業用宅地等に該当し、50％減額が適用できます。

2　土地評価について

　原則として貸宅地に該当します。

3　参考図表等について

① 公共事業の施行により従前地及び仮換地について使用収益が禁止されている場合
　⇒措通69の4-3を参照

② 不動産貸付業等の範囲
　⇒措通69の4-13を参照
　⇒「Q&A21　事業的規模でない不動産貸付けの場合」110頁を参照

③ 宅地等を取得した親族が申告期限までに死亡した場合
　⇒措通69の4-15を参照

④ 申告期限までに転業又は廃業があった場合
　⇒「図表2-2　事業を転業又は廃業等した場合の事業承継（継続）要件の判定」25頁
　⇒措通69の4-16を参照

⑤ 災害のため事業が休止された場合
　⇒「図表2-3　災害のために申告期限において事業を休止している場合」26頁
　⇒措通69の4-17を参照

事例89	生計を別にする親族から被相続人に対して地代の支払がある場合（土地の取得者は生計を一にする親族以外の親族（生計別親族を除く）） ※建物の所有者は生計を別にする親族

相続開始日　　　　　　　　　　　　　　申告期限

被相続人が貸付事業　　　　　　　　　　親族※が貸付事業　　　　50%減額

生計別親族　　地代支払　　相続遺贈　　生計別親族　　　　事業継続

被相続人　　　　　　　　　　　親族※（貸宅地）　　　保有継続

被相続人の貸付事業用宅地　　　　　　　親族※の貸付事業用宅地

※　生計一親族以外の親族（生計別親族を除く）

1　小規模宅地等の特例について

　被相続人が所有する土地について、被相続人と生計を別にする親族に有償で貸し付けられていますので、その敷地は、被相続人の貸付事業の用に供されていた宅地等に該当します。そして、事業継続要件及び保有継続要件を満たす場合は、その土地は貸付事業用宅地等に該当し、50%減額が適用できます。

　なお、この相続により賃貸人と賃借人が同一（生計別親族）となった場合は、事業継続要件を満たしませんので、この土地は貸付事業用宅地等に該当せず、小規模宅地等の特例の適用をすることはできません。

　また、被相続人の貸付事業の用に供されてい土地を親族以外の第三者に遺贈した場合についても、その土地は、貸付事業用宅地等には該当せず、小規模宅地等の特例を適用することはできません。

2　土地評価について

　原則として貸宅地に該当します。

3　参考図表等について

①　公共事業の施行により従前地及び仮換地について使用収益が禁止されている場合
　　⇒措通69の4-3を参照

②　不動産貸付業等の範囲
　　⇒措通69の4-13を参照
　　⇒「Q&A21　事業的規模でない不動産貸付けの場合」110頁を参照

③　宅地等を取得した親族が申告期限までに死亡した場合

⇒措通69の4 -15を参照

④　申告期限までに転業又は廃業があった場合

⇒「図表2 - 2　事業を転業又は廃業等した場合の事業承継（継続）要件の判定」25頁

⇒措通69の4 -16を参照

⑤　災害のため事業が休止された場合

⇒「図表2 - 3　災害のために申告期限において事業を休止している場合」26頁

⇒措通69の4 -17を参照

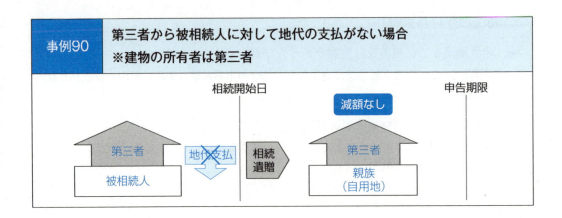

1 小規模宅地等の特例について

　被相続人が所有する土地は、第三者に無償で貸し付けられていますので、被相続人又はその被相続人と生計を一にしていた当該被相続人の親族の貸付事業の用に供されていた宅地等に該当せず、小規模宅地等の特例を適用することはできません。

2 土地評価について

　自用地に該当します。

事例91　第三者から被相続人に対して地代の支払がある場合
※建物の所有者は第三者

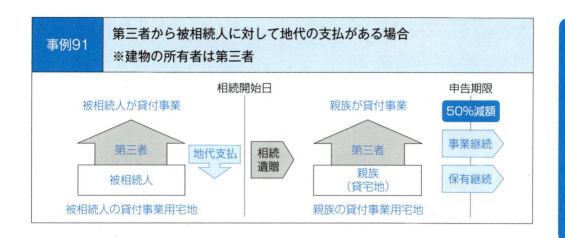

1　小規模宅地等の特例について

被相続人が所有する土地は、第三者に有償で貸し付けられていますので、被相続人の貸付事業の用に供されていた宅地等に該当します。そして、事業継続要件及び保有継続要件を満たす場合は、その土地は貸付事業用宅地等に該当し、50％減額が適用できます。なお、被相続人の貸付事業の用に供されていた宅地を親族以外の第三者に遺贈した場合については、その土地は、貸付事業用宅地等には該当せず、小規模宅地等の特例を適用することはできません。

2　土地評価について

原則として貸宅地に該当します。

3　参考図表等について

① 公共事業の施行により従前地及び仮換地について使用収益が禁止されている場合
　⇒措通69の4-3を参照

② 不動産貸付業等の範囲
　⇒措通69の4-13を参照
　⇒「Q&A21　事業的規模でない不動産貸付けの場合」110頁を参照

③ 宅地等を取得した親族が申告期限までに死亡した場合
　⇒措通69の4-15を参照

④ 申告期限までに転業又は廃業があった場合
　⇒「図表2-2　事業を転業又は廃業等した場合の事業承継（継続）要件の判定」25頁
　⇒措通69の4-16を参照

⑤ 災害のため事業が休止された場合
　⇒「図表2-3　災害のために申告期限において事業を休止している場合」26頁
　⇒措通69の4-17を参照

特定事業用宅地等の要件

【特定事業用宅地等の要件のポイント】

特定事業用宅地等とは、被相続人及び被相続人と生計を一にする親族の事業の用に供されていた宅地等で、次に掲げる要件のいずれかを満たす被相続人の親族が相続又は遺贈により相続開始時から申告期限まで引き続き有し、かつ、申告期限まで引き続き事業の用に供されているものをいいます。

宅地等	取得者		事特例の適用要件
被相続人の事業の用	被相続人の親族	事業承継	被相続人の事業を相続税の申告期限までに承継し、かつ、申告期限まで当該事業を営んでいること
		保有継続	その宅地等を相続税の申告期限まで保有していること
被相続人と生計を一にする親族の事業の用	その事業を行っていた親族	事業承継	相続開始前から行っていた事故の事業を相続税の申告期限まで継続すること
		保有継続	その宅地等を相続税の申告期限まで保有していること
		無償使用	被相続人に対して当該宅地等に係る地代又は当該宅地等の上に建築されている建物に係る家賃の支払がないこと

| 事例92 | 被相続人の事業の用に供されていた土地建物を親族が相続した場合
※建物の所有者は被相続人 |

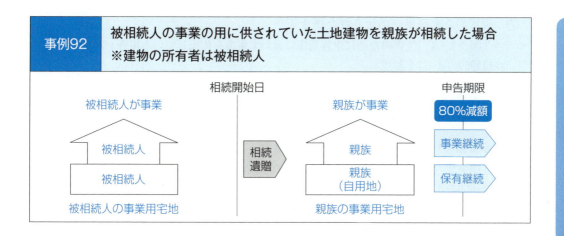

1　小規模宅地等の特例について

被相続人の事業の用に供されていた土地建物を親族が相続した場合において、事業継続要件及び保有継続要件を満たすときは、**その土地は特定事業用宅地等に該当し、80％減額が適用できます。**

2　土地評価について

自用地に該当します。

3　参考図表等について

① 公共事業の施行により従前地及び仮換地について使用収益が禁止されている場合
⇒措通69の4-3を参照

② 複数の利用区分が存する場合
⇒「申告書等の記載例1　複数の利用区分が存する場合」62頁を参照

③ 事業用建物等の建築中等に相続が開始した場合
⇒「図表2-4　建物等の建替え等の場合の取扱い」27頁
⇒措通69の4-5を参照

④ 使用人の寄宿舎等の敷地の取扱い
⇒措通69の4-6を参照

⑤ 宅地等を取得した親族が申告期限までに死亡した場合
⇒措通69の4-15を参照

⑥ 申告期限までに転業又は廃業があった場合
⇒「図表2-2　事業を転業又は廃業等した場合の事業承継（継続）要件の判定」25頁
⇒措通69の4-16を参照

⑦　災害のため事業が休止された場合

⇒「図表2-3　災害のために申告期限において事業を休止している場合」26頁

⇒措通69の4-17を参照

⑨　宅地等の一部の譲渡等があった場合

⇒措通69の4-18を参照

⑩　申告までに事業用建物を建て替えた場合

⇒「図表2-4　建物等の建替え等の場合の取扱い」27頁

⇒措通69の4-19を参照

⑪　宅地等を取得した親族が事業主となっていない場合

⇒措通69の4-20を参照

⑫　農機具置き場などに係る取扱い

⇒「Q&A22　農機具置き場や農作業を行うための建物の敷地に係る小規模宅地等の特例」
110頁を参照

| 事例93 | 被相続人の事業の用に供されていた土地建物を親族が相続した後に、相続税の申告期限までに廃業やその土地建物を売却した場合
※建物の所有者は被相続人 |

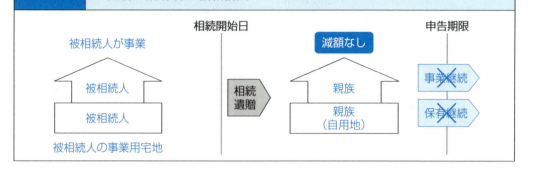

1　小規模宅地等の特例について

被相続人の事業の用に供されていた土地建物を親族が相続した後に、相続税の申告期限までに事業の廃業やその土地建物を売却した場合は、事業継続要件又は保有継続要件を満たさないことから、その土地は特定事業用宅地等に該当せず、小規模宅地等の特例を適用することはできません。

2　土地評価について

自用地に該当します。

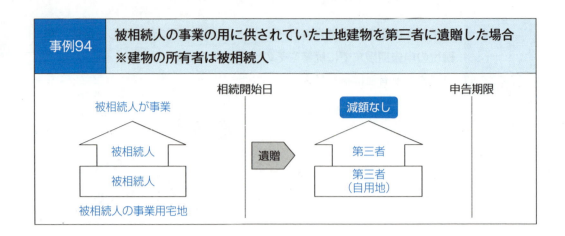

1 小規模宅地等の特例について

　被相続人の事業の用に供している土地建物を親族以外の第三者に遺贈した場合、その土地は特定事業用宅地等には該当せず、小規模宅地等の特例を適用することはできません。

2 土地評価について

　自用地に該当します。

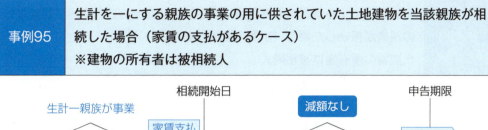

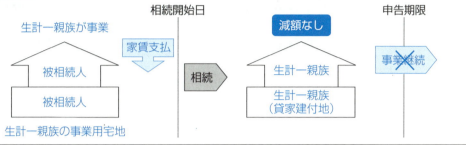

1　小規模宅地等の特例について

　被相続人と生計を一にする親族から被相続人に対して家賃の支払があるため、生計を一にする親族が相続した土地は、被相続人の貸付事業の用に供されていた宅地等に該当します。

　しかしながら、この相続により賃貸人と賃借人が同一（生計一親族）となり、事業継続要件を満たすことができませんので、この土地は貸付事業用宅地等に該当せず、小規模宅地等の特例を適用することはできません。

2　土地評価について

　貸家建付地に該当します。

| 事例96 | 生計を一にする親族の事業の用に供されていた土地建物を当該親族以外の親族が相続した場合（家賃の支払があるケース）
※建物の所有者は被相続人 |

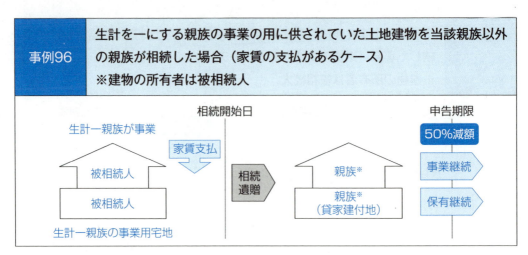

※ 生計一親族以外の親族

1 **小規模宅地等の特例について**
　被相続人と生計を一にする親族から被相続人に対して家賃の支払があるため、生計を一にする親族以外の親族が相続した土地は、被相続人の貸付事業の用に供されていた宅地等に該当します。そして、事業継続要件及び保有継続要件を満たす場合は、その土地は貸付事業用宅地等に該当し、50％減額が適用できます。
　なお、被相続人の貸付事業の用に供している土地建物を親族以外の第三者に遺贈した場合については、その土地は特定事業用宅地等には該当せず、小規模宅地等の特例を適用することはできません。

2 **土地評価について**
　貸家建付地に該当します。

3 **参考図表等について**
① 複数の利用区分が存する場合
　⇒「申告書等の記載例1　複数の利用区分が存する場合」62頁を参照

② 空室部分がある場合
　⇒「申告書等の記載例6　共同住宅の一部が空室となっていた場合」78頁を参照

③ 共有家屋の取扱い
　⇒「Q&A7　共有家屋（貸家）の敷地の用に供されていた宅地等についての小規模宅地等の特例の選択」96頁を参照

④ 公共事業の施行により従前地及び仮換地について使用収益が禁止されている場合
　⇒措通69の4-3を参照

⑤　事業用建物等の建築中等に相続が開始した場合

⇒「図表 2 - 4　建物等の建替え等の場合の取扱い」27頁
⇒措通69の 4 - 5 を参照

⑥　使用人の寄宿舎等の敷地の取扱い

⇒措通69の 4 - 6 を参照

⑦　不動産貸付業等の範囲

⇒措通69の 4 -13を参照
⇒「Q&A21　事業的規模でない不動産貸付けの場合」110頁を参照

⑧　下宿等の取扱い

⇒措通69の 4 -14を参照

⑨　宅地等を取得した親族が申告期限までに死亡した場合

⇒措通69の 4 -15を参照

⑩　申告期限までに転業又は廃業があった場合

⇒「図表 2 - 2　事業を転業又は廃業等した場合の事業承継（継続）要件の判定」25頁
⇒措通69の 4 -16を参照

⑪　災害のため事業が休止された場合

⇒「図表 2 - 3　災害のために申告期限において事業を休止している場合」26頁
⇒措通69の 4 -17を参照

⑫　申告までに事業用建物を建て替えた場合

⇒「図表 2 - 4　建物等の建替え等の場合の取扱い」27頁
⇒措通69の 4 -19を参照

⑬　一時的に賃貸されていない部分の取扱い

⇒措通69の 4 -24の 2 を参照

⑭　特定同族会社事業宅地等が混在する場合

⇒「申告書等の記載例 3　特定同族会社事業用宅地等と貸付事業用宅地等が混在する場合」69頁を参照

事例97	生計を一にする親族の事業の用に供されていた土地建物を当該親族が相続した場合（家賃の支払がないケース） ※建物の所有者は被相続人

相続開始日 申告期限

生計一親族が事業　　家賃支払　　　　生計一親族が事業　　80%減額

被相続人　　　相続遺贈　　　生計一親族　　事業継続

被相続人　　　　　　　　　生計一親族（自用地）　　保有継続

生計一親族の事業用宅地　　　　　生計一親族の事業用宅地

1　小規模宅地等の特例について

　被相続人と生計を一にする親族が事業の用に供していた建物を被相続人が無償で貸し付けていた場合は、その敷地は、被相続人と生計を一にしていた当該被相続人の親族の事業の用に供されていた宅地等に該当します。

　そして、その土地を当該親族が相続した場合において、事業継続要件及び保有継続要件を満たすときは、その土地は特定事業用宅地等に該当し、80%減額が適用できます。

2　土地評価について

　自用地に該当します。

3　参考図表等について

① 公共事業の施行により従前地及び仮換地について使用収益が禁止されている場合
　⇒措通69の4-3を参照

② 複数の利用区分が存する場合
　⇒「申告書等の記載例1　複数の利用区分が存する場合」62頁を参照

③ 事業用建物等の建築中等に相続が開始した場合
　⇒「図表2-4　建物等の建替え等の場合の取扱い」27頁
　⇒措通69の4-5を参照

④ 使用人の寄宿舎等の敷地の取扱い
　⇒措通69の4-6を参照

⑤ 申告期限までに転業又は廃業があった場合
　⇒「図表2-2　事業を転業又は廃業等した場合の事業承継（継続）要件の判定」25頁

⇒措通69の4-16を参照

⑥　災害のため事業が休止された場合

⇒「図表2-3　災害のために申告期限において事業を休止している場合」26頁

⇒措通69の4-17を参照

⑦　宅地等の一部の譲渡等があった場合

⇒措通69の4-18を参照

⑧　申告までに事業用建物を建て替えた場合

⇒「図表2-4　建物等の建替え等の場合の取扱い」27頁

⇒措通69の4-19を参照

⑨　農機具置き場などに係る取扱い

⇒「Q&A22　農機具置き場や農作業を行うための建物の敷地に係る小規模宅地等の特例」110頁を参照

| 事例98 | 生計を一にする親族の事業の用に供されていた土地建物を当該親族が相続した場合（家賃の支払がなく、保有継続要件及び事業継続要件を満たさないケース）
※建物の所有者は被相続人 |

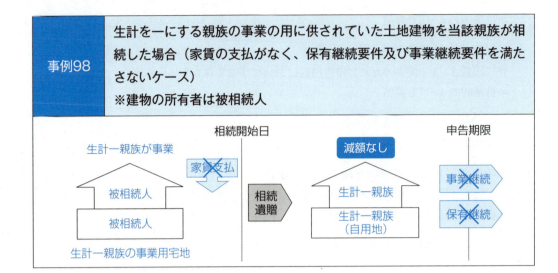

1 小規模宅地等の特例について

　被相続人と生計を一にする親族が事業の用に供していた建物を被相続人が無償で貸し付けていた場合は、その敷地は、被相続人と生計を一にしていた当該被相続人の親族の事業の用に供されていた宅地等に該当します。

　しかしながら、相続税の申告期限までに事業の廃業やその土地建物を売却した場合は、事業継続要件又は保有継続要件を満たさないため、その土地は特定事業用宅地等に該当せず、小規模宅地等の特例を適用することはできません。

2 土地評価について

　自用地に該当します。

| 事例99 | 生計を一にする親族の事業の用に供されていた土地建物を当該親族以外の親族が相続した場合（家賃の支払がないケース）
※建物の所有者は被相続人 |

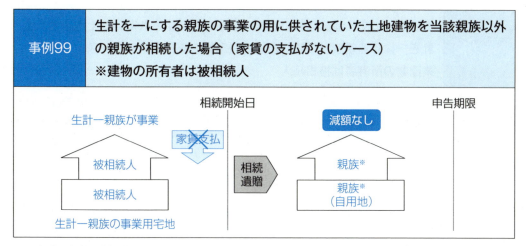

※ 生計一親族以外の親族

1　小規模宅地等の特例について

　被相続人と生計を一にする親族（以下「生計を一にする親族」といいます）が事業の用に供していた建物を被相続人が無償で貸し付けていた場合は、その敷地は、被相続人と生計を一にしていた当該被相続人の親族の事業の用に供されていた宅地等に該当します。

　しかしながら、生計を一にする親族以外の親族が相続した土地が、特定事業用宅地等に該当する場合は、被相続人の事業（生計を一にする親族の事業は含みません）を引き継いだ場合に限られますので、小規模宅地等の特例を適用することはできません。

2　土地評価について

　自用地に該当します。

事例100	生計を一にする親族以外の親族の事業の用に供されていた土地建物を生計を一にする親族が相続した場合（家賃の支払があるケース） ※建物の所有者は被相続人

1 小規模宅地等の特例について

　被相続人又は被相続人と生計を一にする親族（以下「生計を一にする親族」といいます）の事業の用に供していた建物の敷地に供されていませんので、その敷地は、被相続人又はその被相続人と生計を一にしていた当該被相続人の親族の事業の用に供されていた宅地等に該当しません。

　一方で、生計を一にする親族以外の親族が事業の用に供していた建物を被相続人が有償で貸し付けていますので、その敷地は、被相続人の貸付事業の用に供されていた宅地等に該当します。そして、事業継続要件及び保有継続要件を満たす場合は、その土地は貸付事業用宅地等に該当し、50％減額が適用できます。

　なお、被相続人と親族関係のない第三者の事業の用に供されていた場合も同様の理由により、同じ結論となります。

2 土地評価について

　貸家建付地に該当します。

3 参考図表等について

① 複数の利用区分が存する場合

　⇒「申告書等の記載例1　複数の利用区分が存する場合」62頁を参照

② 空室部分がある場合

　⇒「申告書等の記載例6　共同住宅の一部が空室となっていた場合」78頁を参照

③ 共有家屋の取扱い

　⇒「Q&A7　共有家屋（貸家）の敷地の用に供されていた宅地等についての小規模宅地等の特例の選択」96頁を参照

④ 公共事業の施行により従前地及び仮換地について使用収益が禁止されている場合

⇒措通69の4-3を参照

⑤ 事業用建物等の建築中等に相続が開始した場合

⇒「図表2-4　建物等の建替え等の場合の取扱い」27頁

⇒措通69の4-5を参照

⑥ 使用人の寄宿舎等の敷地の取扱い

⇒措通69の4-6を参照

⑦ 不動産貸付業等の範囲

⇒措通69の4-13を参照

⇒「Q&A21　事業的規模でない不動産貸付けの場合」110頁を参照

⑧ 下宿等の取扱い

⇒措通69の4-14を参照

⑨ 宅地等を取得した親族が申告期限までに死亡した場合

⇒措通69の4-15を参照

⑩ 申告期限までに転業又は廃業があった場合

⇒「図表2-2　事業を転業又は廃業等した場合の事業承継（継続）要件の判定」25頁

⇒措通69の4-16を参照

⑪ 災害のため事業が休止された場合

⇒「図表2-3　災害のために申告期限において事業を休止している場合」26頁

⇒措通69の4-17を参照

⑫ 申告までに事業用建物を建て替えた場合

⇒「図表2-4　建物等の建替え等の場合の取扱い」27頁

⇒措通69の4-19を参照

⑬ 一時的に賃貸されていない部分の取扱い

⇒措通69の4-24の2を参照

⑭ 特定同族会社事業宅地等が混在する場合

⇒「申告書等の記載例3　特定同族会社事業用宅地等と貸付事業用宅地等が混在する場合」69頁を参照

特定居住用宅地等と貸付事業用宅地等

特定事業用宅地等

特定同族会社事業用宅地等

| 事例101 | 生計を一にする親族以外の親族の事業の用に供されていた土地建物を当該親族以外の親族が相続した場合（家賃の支払があるケース）
※建物の所有者は被相続人 |

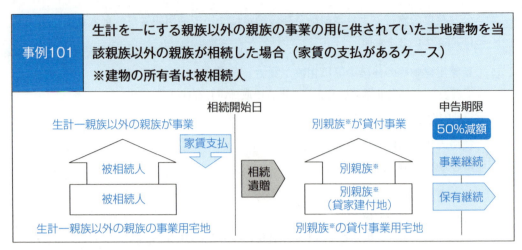

※ 事業の用に供している親族（家賃支払者）以外の親族

1 小規模宅地等の特例について

　被相続人又は被相続人と生計を一にする親族（以下「生計を一にする親族」といいます）の事業の用に供していた建物の敷地に供されていませんので、その敷地は、被相続人又はその被相続人と生計を一にしていた当該被相続人の親族の事業の用に供されていた宅地等に該当しません。

　一方で、生計を一にする親族以外の親族が事業の用に供していた建物を被相続人が有償で貸し付けていますので、その敷地は、被相続人の貸付事業の用に供されていた宅地等に該当します。そして、事業継続要件及び保有継続要件を満たす場合は、その土地は貸付事業用宅地等に該当し、50％減額が適用できます（被相続人と親族関係にない第三者の事業の用に供されていた場合も同様の理由により、同じ結論となります）。

　なお、この相続により賃貸人と賃借人が同一（生計を一にする親族以外の親族）となった場合は、事業継続要件を満たしませんので、この土地は貸付事業用宅地等に該当せず、小規模宅地等の特例の適用をすることはできません。

　また、被相続人の貸付事業の用に供している土地建物を親族以外の第三者に遺贈した場合、その土地は、特定貸付事業用宅地等には該当せず、小規模宅地等の特例を適用することはできません。

2 土地評価について

　貸家建付地に該当します。

3 参考図表等について

① 複数の利用区分が存する場合
　⇒「申告書等の記載例1　複数の利用区分が存する場合」62頁を参照

② 空室部分がある場合

⇒「申告書等の記載例6　共同住宅の一部が空室となっていた場合」78頁を参照

③ 共有家屋の取扱い

⇒「Q&A7　共有家屋（貸家）の敷地の用に供されていた宅地等についての小規模宅地等の特例の選択」96頁を参照

④ 公共事業の施行により従前地及び仮換地について使用収益が禁止されている場合

⇒措通69の4−3を参照

⑤ 事業用建物等の建築中等に相続が開始した場合

⇒「図表2−4　建物等の建替え等の場合の取扱い」27頁
⇒措通69の4−5を参照

⑥ 使用人の寄宿舎等の敷地の取扱い

⇒措通69の4−6を参照

⑦ 不動産貸付業等の範囲

⇒措通69の4−13を参照
⇒「Q&A21　事業的規模でない不動産貸付けの場合」110頁を参照

⑧ 下宿等の取扱い

⇒措通69の4−14を参照

⑨ 宅地等を取得した親族が申告期限までに死亡した場合

⇒措通69の4−15を参照

⑩ 申告期限までに転業又は廃業があった場合

⇒「図表2−2　事業を転業又は廃業等した場合の事業承継（継続）要件の判定」25頁
⇒措通69の4−16を参照

⑪ 災害のため事業が休止された場合

⇒「図表2−3　災害のために申告期限において事業を休止している場合」26頁
⇒措通69の4−17を参照

⑫ 申告までに事業用建物を建て替えた場合

⇒「図表2−4　建物等の建替え等の場合の取扱い」27頁
⇒措通69の4−19を参照

⑬ 一時的に賃貸されていない部分の取扱い

⇒措通69の4−24の2を参照

⑭ 特定同族会社事業宅地等が混在する場合

⇒「申告書等の記載例3　特定同族会社事業用宅地等と貸付事業用宅地等が混在する場合」69頁を参照

特定居住用宅地等と貸付事業用宅地等

特定事業用宅地等

特定同族会社事業用宅地等

事例102	生計を一にする親族以外の親族の事業の用に供されていた土地建物（家賃の支払がないケース） ※建物の所有者は被相続人

相続開始日　　　　　　　　　　　　　申告期限

生計一親族以外の親族が事業

家賃支払

被相続人

被相続人

生計一親族以外の親族の事業用宅地

相続
遺贈

減額なし

親族

親族
（自用地）

1　小規模宅地等の特例について

　被相続人又は被相続人と生計を一にする親族が事業の用に供していた建物の敷地に供されていませんので、その敷地は、被相続人又はその被相続人と生計を一にしていた当該被相続人の親族の事業の用に供されていた宅地に該当しません。

　また、建物を被相続人が無償で貸し付けていた場合、その敷地は、被相続人の貸付事業の用に供されていた宅地等に該当しません。

　したがって、この土地は、特定事業用宅地等及び貸付事業用宅地等のいずれにも該当せず、小規模宅地等の特例を適用することはできません。

2　土地評価について

　自用地に該当します。

| 事例103 | 被相続人の事業の用に供されていた土地を生計を一にする親族が相続した場合（家賃の支払があるケース）
※建物の所有者は被相続人と生計を一にする親族 |

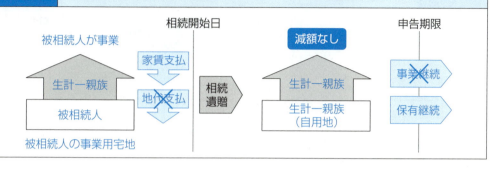

1 小規模宅地等の特例について

　被相続人が事業の用に供していた建物を被相続人と生計を一にする親族が有償で賃し付けていますので、その敷地は、被相続人と生計を一にしていた当該被相続人の親族の貸付事業の用に供されていた宅地等に該当します。

　しかしながら、この相続により賃借人（被相続人）が存在しないこととなり、事業継続要件を満たすことができませんので、この土地は貸付事業用宅地等に該当せず、小規模宅地等の特例を適用することはできません。

2 土地評価について

　自用地に該当します。

| 事例104 | 被相続人の事業の用に供されていた土地を生計を一にする親族以外の親族が相続した場合（家賃の支払があるケース）
※建物の所有者は被相続人と生計を一にする親族 |

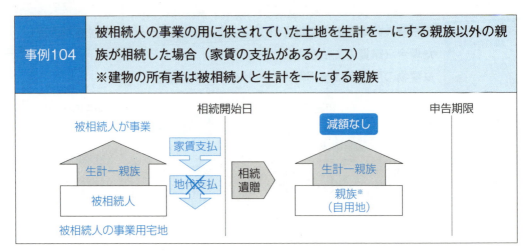

※　生計一親族以外の親族

1　小規模宅地等の特例について

　被相続人が事業の用に供していた建物を被相続人と生計を一にする親族（以下「生計を一にする親族」といいます）が有償で貸し付けていますので、その敷地は、被相続人と生計を一にしていた当該被相続人の親族の貸付事業の用に供されていた宅地等に該当します。

　しかしながら、生計を一にする親族以外の親族が相続した土地が、貸付事業用宅地等に該当する場合は、被相続人の貸付事業（生計を一にする親族の貸付事業は含みません）を引き継いだ場合に限られ、また、この相続により賃借人（被相続人）が存在しないこととなり、事業継続要件を満たすことができませんので、小規模宅地等の特例を適用することはできません。

2　土地評価について

　自用地に該当します。

事例105　被相続人の事業の用に供されていた土地を親族が相続した場合（家賃及び地代の支払がないケース）
※建物の所有者は被相続人と生計を一にする親族

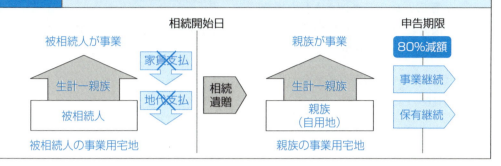

1　小規模宅地等の特例について

　被相続人の事業の用に供されていた建物で、被相続人と生計を一にする親族が所有していたものの敷地の用に供されていた土地は、土地も建物も無償で貸借していた場合、被相続人の事業の用に供されていた宅地等に該当します。

　そして、事業継続要件及び保有継続要件を満たす場合は、その土地は特定事業用宅地等に該当し、80％減額が適用できます。

2　土地評価について

　自用地に該当します。

3　参考図表等について

① 公共事業の施行により従前地及び仮換地について使用収益が禁止されている場合
　⇒措通69の4-3を参照

② 複数の利用区分が存する場合
　⇒「申告書等の記載例1　複数の利用区分が存する場合」62頁を参照

③ 事業用建物等の建築中等に相続が開始した場合
　⇒「図表2-4　建物等の建替え等の場合の取扱い」27頁
　⇒措通69の4-5を参照

④ 使用人の寄宿舎等の敷地の取扱い
　⇒措通69の4-6を参照

⑤ 宅地等を取得した親族が申告期限までに死亡した場合
　⇒措通69の4-15を参照

⑥　申告期限までに転業又は廃業があった場合

⇒「図表2-2　事業を転業又は廃業等した場合の事業承継（継続）要件の判定」25頁
⇒措通69の4-16を参照

⑦　災害のため事業が休止された場合

⇒「図表2-3　災害のために申告期限において事業を休止している場合」26頁
⇒措通69の4-17を参照

⑧　宅地等の一部の譲渡等があった場合

⇒措通69の4-18を参照

⑨　申告までに事業用建物を建て替えた場合

⇒「図表2-4　建物等の建替え等の場合の取扱い」27頁
⇒措通69の4-19を参照

⑩　宅地等を取得した親族が事業主となっていない場合

⇒措通69の4-20を参照

⑪　農機具置き場などに係る取扱い

⇒「Q&A22　農機具置き場や農作業を行うための建物の敷地に係る小規模宅地等の特例」
110頁を参照

| 事例106 | 被相続人の事業の用に供されていた土地を親族が相続後、相続税の申告期限までに廃業やその土地を売却した場合（家賃及び地代の支払がないケース）
※建物の所有者は被相続人と生計を一にする親族 |

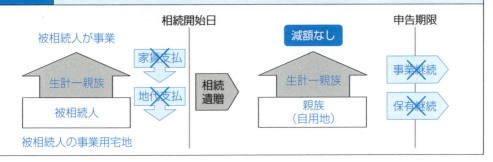

1 小規模宅地等の特例について

　被相続人の事業の用に供されていた建物で、被相続人と生計を一にする親族が所有していたものの敷地の用に供されていた土地は、土地も建物も無償で貸借していた場合、被相続人の事業の用に供されていた宅地等に該当します。

　しかしながら、被相続人の事業の用に供されていた土地を親族が相続した後に、相続税の申告期限までに事業の廃業やその土地を売却した場合は、事業継続要件又は保有継続要件を満たさないことから、小規模宅地等の特例を適用することはできません。

2 土地評価について

　自用地に該当します。

| 事例107 | 被相続人の事業の用に供されていた土地を第三者が相続した場合（家賃及び地代の支払がないケース）
※建物の所有者は被相続人と生計を一にする親族 |

1　小規模宅地等の特例について

　被相続人の事業の用に供されていた建物で、被相続人と生計を一にする親族が所有していたものの敷地の用に供されていた土地は、土地も建物も無償で貸借していた場合、被相続人の事業の用に供されていた宅地等に該当します。

　しかしながら、被相続人の事業の用に供している土地を親族以外の第三者に遺贈した場合、その土地は特定事業用宅地等には該当せず、小規模宅地等の特例を適用することはできません。

2　土地評価について

　自用地に該当します。

| 事例108 | 生計を一にする親族の事業の用に供されていた土地を当該親族が相続した場合（地代の支払がなく、事業継続要件及び保有継続要件を満たすケース）
※建物の所有者は被相続人と生計を一にする親族 |

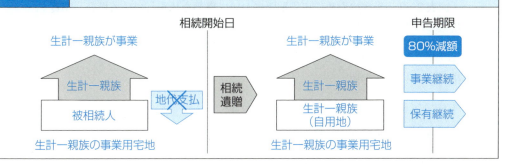

1 小規模宅地等の特例について

被相続人と生計を一にする親族の事業の用に供されていた建物で、当該親族が所有していたものの敷地の用に供されていた土地は、土地を無償で貸借していた場合、被相続人と生計を一にしていた当該被相続人の親族の事業の用に供されていた宅地等に該当します。

そして、事業継続要件及び保有継続要件を満たす場合は、**その土地は特定事業用宅地等に該当し、80％減額が適用できます。**

2 土地評価について

自用地に該当します。

3 参考図表等について

① **公共事業の施行により従前地及び仮換地について使用収益が禁止されている場合**
　⇒措通69の4－3を参照

② **複数の利用区分が存する場合**
　⇒「申告書等の記載例1　複数の利用区分が存する場合」62頁を参照

③ **事業用建物等の建築中等に相続が開始した場合**
　⇒「図表2－4　建物等の建替え等の場合の取扱い」27頁
　⇒措通69の4－5を参照

④ **使用人の寄宿舎等の敷地の取扱い**
　⇒措通69の4－6を参照

⑤　申告期限までに転業又は廃業があった場合

⇒「図表 2 - 2　事業を転業又は廃業等した場合の事業承継（継続）要件の判定」25頁

⇒措通69の 4 -16を参照

⑥　災害のため事業が休止された場合

⇒「図表 2 - 3　災害のために申告期限において事業を休止している場合」26頁

⇒措通69の 4 -17を参照

⑦　宅地等の一部の譲渡等があった場合

⇒措通69の 4 -18を参照

⑧　申告までに事業用建物を建て替えた場合

⇒「図表 2 - 4　建物等の建替え等の場合の取扱い」27頁

⇒措通69の 4 -19を参照

⑨　農機具置き場などに係る取扱い

⇒「Q&A22　農機具置き場や農作業を行うための建物の敷地に係る小規模宅地等の特例」
　110頁を参照

| 事例109 | 生計を一にする親族の事業の用に供されていた土地を当該親族が相続した場合（地代の支払がなく、事業継続要件及び保有継続要件を満たさないケース）
※建物の所有者は被相続人と生計を一にする親族 |

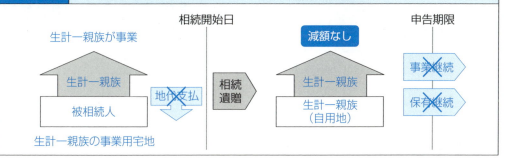

1 小規模宅地等の特例について

　被相続人と生計を一にする親族の事業の用に供されていた建物で、当該親族が所有していたものの敷地の用に供されていた土地は、土地を無償で貸借していた場合、被相続人と生計を一にしていた当該被相続人の親族の事業の用に供されていた宅地等に該当します。

　しかしながら、相続税の申告期限までに事業の廃業やその土地を売却した場合は、事業継続要件又は保有継続要件を満たさず、その土地は特定事業用宅地等に該当せず、小規模宅地等の特例を適用することはできません。

2 土地評価について

　自用地に該当します。

事例110	生計を一にする親族の事業の用に供されていた土地を当該親族以外の親族が相続した場合（地代の支払がないケース） ※建物の所有者は被相続人と生計を一にする親族

相続開始日　　　　　　　　　　　　　　　　　申告期限

生計一親族が事業　　　　　　　　　　　　　　減額なし

生計一親族　　　　　　　　　　　　　生計一親族

被相続人　　　地代支払　　相続遺贈　　親族※（自用地）

生計一親族の事業用宅地

※　生計一親族以外の親族

1　小規模宅地等の特例について

　被相続人と生計を一にする親族（以下「生計を一にする親族」といいます）の事業の用に供されていた建物で、当該親族が所有していたものの敷地の用に供されていた土地は、土地を無償で貸借していた場合、被相続人と生計を一にしていた当該被相続人の親族の事業の用に供されていた宅地等に該当します。

　しかしながら、生計を一にする親族以外の親族が相続した土地が、特定事業用宅地等に該当する場合は、被相続人の事業（生計を一にする親族の事業は含みません）を引き継いだ場合に限られますので、小規模宅地等の特例を適用することはできません。

2　土地評価について

　自用地に該当します。

| 事例111 | 生計を一にする親族以外の親族の事業の用に供されていた土地を生計を一にする親族が相続した場合（家賃の支払があるケース）
※建物の所有者は被相続人と生計を一にする親族 |

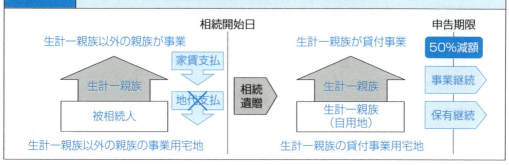

1　小規模宅地等の特例について

　被相続人又は被相続人と生計を一にする親族（以下「生計を一にする親族」といいます）が事業の用に供していた建物の敷地に供されていませんので、その敷地は、被相続人又はその被相続人と生計を一にしていた当該被相続人の親族の事業の用に供されていた宅地等に該当しません。

　一方で、生計を一にする親族以外の親族が事業の用に供していた建物を生計を一にする親族が有償で貸し付けていますので、生計を一にする親族の貸付事業の用に供されていた宅地に該当します。そして、事業継続要件及び保有継続要件を満たす場合は、その土地は貸付事業用宅地等に該当し、50％減額が適用できます。

　なお、被相続人と親族関係にない第三者の事業の用に供されていた場合も同様の理由により、同じ結論となります。

2　土地評価について

　自用地に該当します。

3　参考図表等について

① 複数の利用区分が存する場合

　⇒「申告書等の記載例1　複数の利用区分が存する場合」62頁を参照

② 空室部分がある場合

　⇒「申告書等の記載例6　共同住宅の一部が空室となっていた場合」78頁を参照

③ 共有家屋の取扱い

　⇒「Q&A 7　共有家屋（貸家）の敷地の用に供されていた宅地等についての小規模宅地等の特例の選択」96頁を参照

④ 公共事業の施行により従前地及び仮換地について使用収益が禁止されている場合

⇒措通69の4-3を参照

⑤ 事業用建物等の建築中等に相続が開始した場合

⇒「図表2-4　建物等の建替え等の場合の取扱い」27頁

⇒措通69の4-5を参照

⑥ 使用人の寄宿舎等の敷地の取扱い

⇒措通69の4-6を参照

⑦ 不動産貸付業等の範囲

⇒措通69の4-13を参照

⇒「Q&A21　事業的規模でない不動産貸付けの場合」110頁を参照

⑧ 下宿等の取扱い

⇒措通69の4-14を参照

⑨ 申告期限までに転業又は廃業があった場合

⇒「図表2-2　事業を転業又は廃業等した場合の事業承継（継続）要件の判定」25頁

⇒措通69の4-16を参照

⑩ 災害のため事業が休止された場合

⇒「図表2-3　災害のために申告期限において事業を休止している場合」26頁

⇒措通69の4-17を参照

⑪ 申告までに事業用建物を建て替えた場合

⇒「図表2-4　建物等の建替え等の場合の取扱い」27頁

⇒措通69の4-19を参照

⑫ 一時的に賃貸されていない部分の取扱い

⇒措通69の4-24の2を参照

⑬ 特定同族会社事業宅地等が混在する場合

⇒「申告書等の記載例3　特定同族会社事業用宅地等と貸付事業用宅地等が混在する場合」69頁を参照

| 事例112 | 生計を一にする親族以外の親族の事業の用に供されていた土地を当該親族が相続した場合（家賃の支払があるケース）
※建物の所有者は被相続人と生計を一にする親族 |

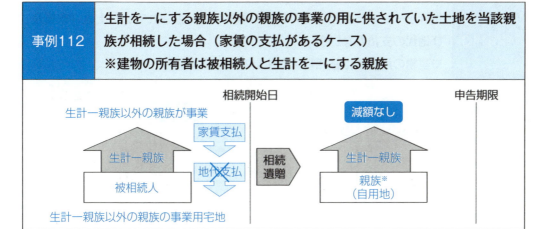

※　生計一親族以外の親族

1　小規模宅地等の特例について

　被相続人又は被相続人と生計を一にする親族（以下「生計を一にする親族」といいます）が事業の用に供していた建物の敷地に供されていませんので、その敷地は、被相続人又はその被相続人と生計を一にしていた当該被相続人の親族の事業の用に供されていた宅地等に該当しません。

　一方で、生計を一にする親族以外の親族が事業の用に供していた建物を生計を一にする親族が有償で貸し付けていますので、生計を一にする親族の貸付事業の用に供されていた宅地に該当しますが、生計を一にする親族以外の親族が相続した土地が、貸付事業用宅地等に該当する場合は、被相続人の貸付事業（生計を一にする親族の貸付事業は含みません）を引き継いだときに限られますので、小規模宅地等の特例を適用することはできません。

　なお、被相続人と親族関係にない第三者の事業の用に供されていた場合も同様の理由により、同じ結論となります。

2　土地評価について

　自用地に該当します。

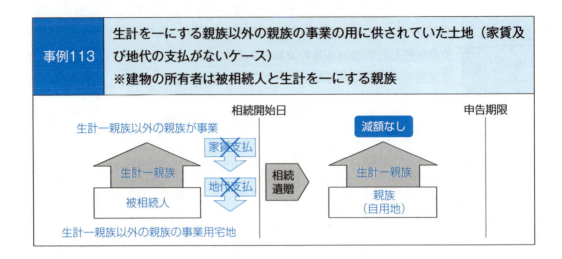

1 小規模宅地等の特例について

　被相続人又は被相続人と生計を一にする親族（以下「生計を一にする親族」といいます）が事業の用に供していた建物の敷地に供されていませんので、その敷地は、被相続人又はその被相続人と生計を一にしていた当該被相続人の親族（以下「被相続人等」といいます）の事業の用に供されていた宅地等に該当しません。

　また、生計を一にする親族が建物を無償で貸し付けていた場合は、その敷地は、被相続人等の貸付事業の用に供されていた宅地等にも該当しません。

　したがって、この土地は、特定事業用宅地等及び貸付事業用宅地等のいずれにも該当せず、小規模宅地等の特例を適用することはできません。

　なお、被相続人と親族関係にない第三者の事業の用に供されていた場合も同様の理由により、同じ結論となります。

2 土地評価について

　自用地に該当します。

| 事例114 | 生計を一にする親族から被相続人に対して地代の支払がある場合（土地の取得者は当該親族）
※建物の所有者は被相続人と生計を一にする親族 |

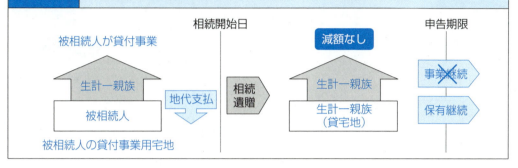

1 小規模宅地等の特例について

　被相続人が所有する土地は、被相続人と生計を一にする親族に有償で貸し付けていますので、被相続人の貸付事業の用に供されていた宅地等に該当します。

　しかしながら、この相続により賃貸人と賃借人が同一（生計一親族）となり、事業継続要件を満たすことができませんので、この土地は貸付事業用宅地等に該当せず、小規模宅地等の特例を適用することはできません。

2 土地評価について

　原則として貸宅地に該当します。

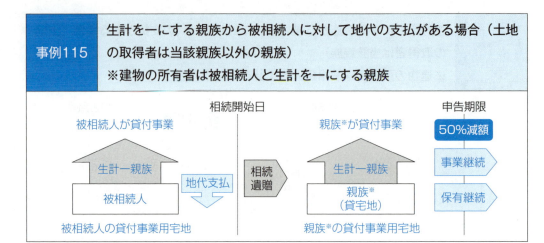

※ 生計一親族以外の親族

1 小規模宅地等の特例について

　被相続人が所有する土地は、被相続人と生計を一にする親族に有償で貸し付けられていますので、被相続人の貸付事業の用に供されていた宅地等に該当します。

　そして、事業継続要件及び保有継続要件を満たす場合は、**その土地は貸付事業用宅地等に該当し、50％減額が適用できます。**

　なお、被相続人の貸付事業の用に供されていた土地を親族以外の第三者に遺贈した場合については、その土地は、貸付事業用宅地等には該当せず、小規模宅地等の特例を適用することはできません。

2 土地評価について

　原則として貸宅地に該当します。

3 参考図表等について

① **公共事業の施行により従前地及び仮換地について使用収益が禁止されている場合**
　⇒措通69の4-3を参照

② **不動産貸付業等の範囲**
　⇒措通69の4-13を参照
　⇒「Q&A21　事業的規模でない不動産貸付けの場合」110頁を参照

③ **宅地等を取得した親族が申告期限までに死亡した場合**
　⇒措通69の4-15を参照

④ **申告期限までに転業又は廃業があった場合**
　⇒「図表2-2　事業を転業又は廃業等した場合の事業承継（継続）要件の判定」25頁

⇒措通69の4 -16を参照

⑤　災害のため事業が休止された場合

⇒「図表2 - 3　災害のために申告期限において事業を休止している場合」26頁
⇒措通69の4 -17を参照

特定居住用宅地等と貸付事業用宅地等

特定事業用宅地等

特定同族会社事業用宅地等

| 事例116 | 被相続人の事業の用に供されていた土地を親族が相続した場合（家賃の支払があるケース）
※建物の所有者は生計を別にする親族 |

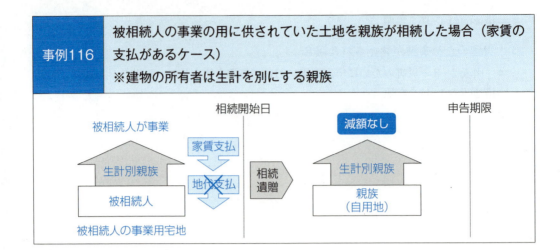

1 小規模宅地等の特例について

　被相続人の事業の用に供されていた建物で、その親族が所有していたものの敷地の用に供されていた土地は、土地も建物も無償で貸借していた場合、被相続人の事業の用に供されていた宅地等に該当します。

　また、被相続人が事業の用に供していた建物を生計を別にする親族が有償で貸し付けていますので、被相続人又はその被相続人と生計を一にしていた当該被相続人の親族の貸付事業の用に供されていた宅地等には該当せず、いずれにしても小規模宅地等の特例を適用することはできません。

2 土地評価について

　自用地に該当します。

| 事例117 | 被相続人の事業の用に供されていた土地を親族が相続した場合（家賃及び地代の支払がなく、保有継続要件及び事業継続要件を満たすケース）※建物の所有者は生計を別にする親族 |

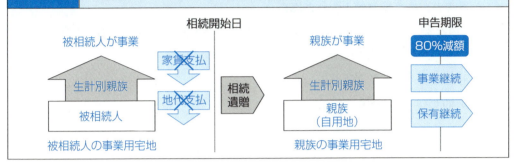

1　小規模宅地等の特例について

被相続人の事業の用に供されていた建物で、その親族が所有していたものの敷地の用に供されていた土地は、土地も建物も無償で貸借していた場合、被相続人の事業の用に供されていた宅地等に該当します。

そして、事業継続要件及び保有継続要件を満たす場合は、その土地は特定事業用宅地等に該当し、80％減額が適用できます。

2　土地評価について

自用地に該当します。

3　参考図表等について

① 公共事業の施行により従前地及び仮換地について使用収益が禁止されている場合
　⇒措通69の4-3を参照

② 複数の利用区分が存する場合
　⇒「申告書等の記載例1　複数の利用区分が存する場合」62頁を参照

③ 事業用建物等の建築中等に相続が開始した場合
　⇒「図表2-4　建物等の建替え等の場合の取扱い」27頁
　⇒措通69の4-5を参照

④ 使用人の寄宿舎等の敷地の取扱い
　⇒措通69の4-6を参照

⑤ 宅地等を取得した親族が申告期限までに死亡した場合
　⇒措通69の4-15を参照

⑥　申告期限までに転業又は廃業があった場合

⇒「図表2-2　事業を転業又は廃業等した場合の事業承継（継続）要件の判定」25頁
⇒措通69の4-16を参照

⑦　災害のため事業が休止された場合

⇒「図表2-3　災害のために申告期限において事業を休止している場合」26頁
⇒措通69の4-17を参照

⑧　宅地等の一部の譲渡等があった場合

⇒措通69の4-18を参照

⑨　申告までに事業用建物を建て替えた場合

⇒「図表2-4　建物等の建替え等の場合の取扱い」27頁
⇒措通69の4-19を参照

⑩　宅地等を取得した親族が事業主となっていない場合

⇒措通69の4-20を参照

⑪　農機具置き場などに係る取扱い

⇒「Q&A22　農機具置き場や農作業を行うための建物の敷地に係る小規模宅地等の特例」
　110頁を参照

| 事例118 | 被相続人の事業の用に供されていた土地を親族が相続した後に、相続税の申告期限までに廃業やその土地を売却した場合（家賃及び地代の支払がないケース）
※建物の所有者は生計を別にする親族 |

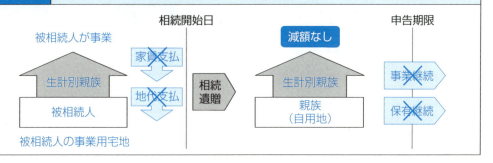

1　小規模宅地等の特例について

　被相続人の事業の用に供されていた建物で、その親族が所有していたものの敷地の用に供されていた土地は、土地も建物も無償で貸借していた場合、被相続人の事業の用に供されていた宅地等に該当します。

　しかしながら、相続税の申告期限までに事業の廃業やその土地を売却した場合は、事業継続要件又は保有継続要件を満たさないことから、小規模宅地等の特例を適用することはできません。

2　土地評価について

　自用地に該当します。

| 事例119 | 被相続人の事業の用に供されていた土地を第三者が取得した場合（家賃及び地代の支払がないケース）
※建物の所有者は生計を別にする親族 |

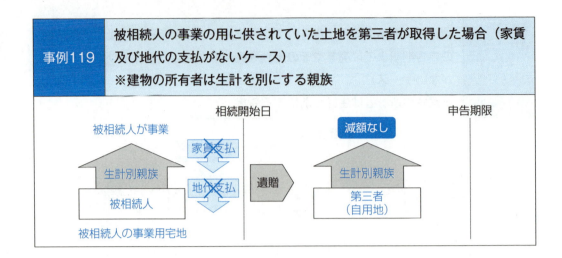

1 　小規模宅地等の特例について

　被相続人の事業の用に供されていた建物で、その親族が所有していたものの敷地の用に供されていた土地は、土地も建物も無償で貸借していた場合、被相続人の事業の用に供されていた宅地等に該当します。

　しかしながら、被相続人の事業の用に供している土地を親族以外の第三者に遺贈した場合、その土地は特定事業用宅地等には該当せず、小規模宅地等の特例を適用することはできません。

2 　土地評価について

　自用地に該当します。

| 事例120 | 生計を一にする親族の事業の用に供されていた土地（家賃の支払があるケース）
※建物の所有者は生計を別にする親族 |

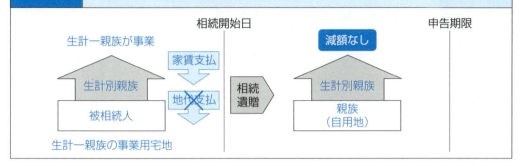

1　小規模宅地等の特例について

　被相続人と生計を一にする親族（以下「生計を一にする親族」といいます）の事業の用に供されていた建物で、被相続人の親族が所有していたものの敷地の用に供されていた土地は、建物を無償で貸借していた場合、被相続人又はその被相続人と生計を一にしていた当該被相続人の親族（以下「被相続人等」といいます）の事業の用に供されていた宅地等に該当します。

　また、被相続人と生計を別にする親族が建物を有償で貸し付けていた場合は、その敷地は被相続人等の貸付事業の用に供されていた宅地等に該当しません。

　したがって、この土地は、特定事業用宅地等及び貸付事業用宅地等のいずれにも該当せず、小規模宅地等の特例を適用することはできません。

2　土地評価について

　自用地に該当します。

| 事例121 | 生計を一にする親族の事業の用に供されていた土地を当該親族が相続した場合（家賃及び地代の支払がなく、保有継続要件及び事業継続要件を満たすケース）
※建物の所有者は生計を別にする親族 |

1 **小規模宅地等の特例について**

　被相続人と生計を一にする親族（以下「生計を一にする親族」といいます）の事業の用に供していた建物で、被相続人の親族が所有していたものの敷地は、土地も建物も無償で貸借していた場合、被相続人と生計を一にしていた当該被相続人の親族の事業の用に供されていた宅地等に該当します。

　そして、その土地を生計を一にする親族が相続した場合において、事業継続要件及び保有継続要件を満たすときは、その土地は特定事業用宅地等に該当し、80％減額が適用できます。

2 **土地評価について**

　自用地に該当します。

3 **参考図表等について**

　①　公共事業の施行により従前地及び仮換地について使用収益が禁止されている場合
　　⇒措通69の4-3を参照

　②　複数の利用区分が存する場合
　　⇒「申告書等の記載例1　複数の利用区分が存する場合」62頁を参照

　③　事業用建物等の建築中等に相続が開始した場合
　　⇒「図表2-4　建物等の建替え等の場合の取扱い」27頁
　　⇒措通69の4-5を参照

　④　使用人の寄宿舎等の敷地の取扱い
　　⇒措通69の4-6を参照

⑤　**申告期限までに転業又は廃業があった場合**

⇒「図表2-2　事業を転業又は廃業等した場合の事業承継（継続）要件の判定」25頁

⇒措通69の4-16を参照

⑥　**災害のため事業が休止された場合**

⇒「図表2-3　災害のために申告期限において事業を休止している場合」26頁

⇒措通69の4-17を参照

⑦　**宅地等の一部の譲渡等があった場合**

⇒措通69の4-18を参照

⑧　**申告までに事業用建物を建て替えた場合**

⇒「図表2-4　建物等の建替え等の場合の取扱い」27頁

⇒措通69の4-19を参照

⑨　**農機具置き場などに係る取扱い**

⇒「Q&A22　農機具置き場や農作業を行うための建物の敷地に係る小規模宅地等の特例」
110頁を参照

| 事例122 | 生計を一にする親族の事業の用に供されていた土地を当該親族が相続した後に、相続税の申告期限までに廃業やその土地を売却した場合（家賃及び地代の支払がないケース）
※建物の所有者は生計を別にする親族 |

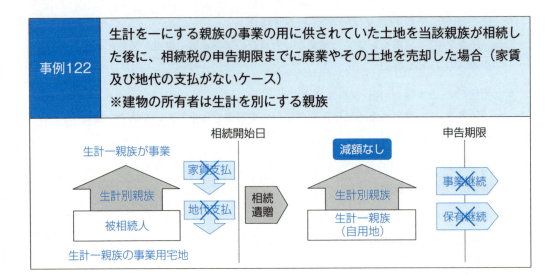

1　小規模宅地等の特例について

　被相続人と生計を一にする親族の事業の用に供していた建物で、被相続人の親族が所有していたものの敷地は、土地も建物も無償で貸借していた場合、被相続人と生計を一にしていた当該被相続人の親族の事業の用に供されていた宅地等に該当します。

　しかしながら、相続税の申告期限までに事業の廃業やその土地を売却した場合は、事業継続要件又は保有継続要件を満たさないことから、小規模宅地等の特例を適用することはできません。

2　土地評価について

　自用地に該当します。

| 事例123 | 生計を一にする親族の事業の用に供されていた土地を当該親族以外の親族が相続した場合（家賃及び地代の支払がないケース）
※建物の所有者は生計を別にする親族 |

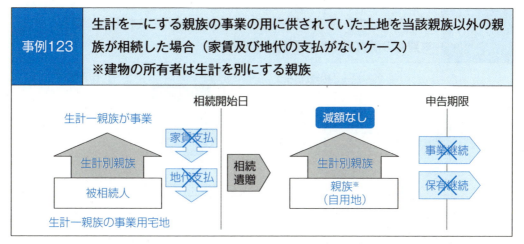

※　生計一親族以外の親族

1　小規模宅地等の特例について

　被相続人と生計を一にする親族（以下「生計を一にする親族」といいます）の事業の用に供していた建物で、被相続人の親族が所有していたものの敷地は、土地も建物も無償で貸借していた場合、被相続人と生計を一にしていた当該被相続人の親族の事業の用に供されていた宅地等に該当します。

　しかしながら、生計を一にする親族以外の親族が相続した土地が、特定事業用宅地等に該当する場合は、被相続人の事業（生計を一にする親族の事業は含みません）を引き継いだ場合に限られますので、小規模宅地等の特例を適用することはできません。

2　土地評価について

　自用地に該当します

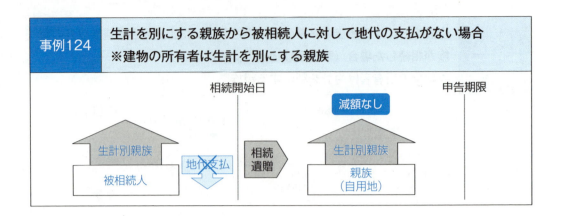

1 小規模宅地等の特例について

　被相続人が所有する土地は、生計を別にする親族に無償で貸し付けられていますので、被相続人又はその被相続人と生計を一にしていた当該被相続人の親族の貸付事業の用に供されていた宅地等に該当せず、小規模宅地等の特例を適用することはできません。

2 土地評価について

　自用地に該当します。

| 事例125 | 生計を別にする親族から被相続人に対して地代の支払がある場合（土地の取得者は被相続人と生計を一にする親族）
※建物の所有者は生計を別にする親族 |

1 小規模宅地等の特例について

　被相続人が所有する土地は、生計を別にする親族に有償で貸し付けられていますので、被相続人の貸付事業の用に供されていた宅地等に該当します。

　そして、事業継続要件及び保有継続要件を満たす場合は、**その土地は貸付事業用宅地等に該当し、50％減額が適用できます。**

2 土地評価について

　原則として貸宅地に該当します。

3 参考図表等について

① 公共事業の施行により従前地及び仮換地について使用収益が禁止されている場合

　⇒措通69の4-3を参照

② 不動産貸付業等の範囲

　⇒措通69の4-13を参照
　⇒「Q&A21　事業的規模でない不動産貸付けの場合」110頁を参照

③ 宅地等を取得した親族が申告期限までに死亡した場合

　⇒措通69の4-15を参照

④ 申告期限までに転業又は廃業があった場合

　⇒「図表2-2　事業を転業又は廃業等した場合の事業承継（継続）要件の判定」25頁
　⇒措通69の4-16を参照

⑤ 災害のため事業が休止された場合

　⇒「図表2-3　災害のために申告期限において事業を休止している場合」26頁
　⇒措通69の4-17を参照

| 事例126 | 生計を別にする親族から被相続人に対して地代の支払がある場合（土地の取得者は被相続人と生計を一にする親族以外の親族）
※建物の所有者は生計を別にする親族 |

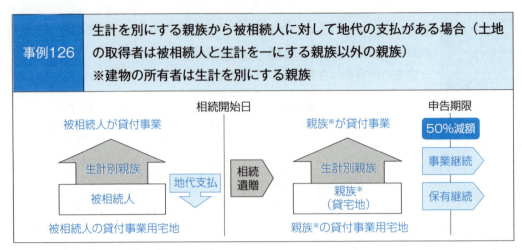

※　生計一親族以外の親族（賃借人以外）

1　小規模宅地等の特例について

被相続人が所有する土地は、生計を別にする親族に有償で貸し付けられていますので、被相続人の貸付事業の用に供されていた宅地等に該当します。そして、事業継続要件及び保有継続要件を満たす場合は、その土地は貸付事業用宅地等に該当し、50％減額が適用できます。

なお、被相続人の貸付事業の用に供されていた宅地を親族以外の第三者に遺贈した場合、その土地は、貸付事業用宅地等には該当せず、小規模宅地等の特例を適用することはできません。

また、建物所有者である生計別親族が土地を相続した場合のように、相続により賃貸人と賃借人が同一となるときは、事業継続要件を満たすことができませんので、その土地は貸付事業用宅地等に該当せず、小規模宅地等の特例の適用をすることはできません。

2　土地評価について

原則として貸宅地に該当します。

3　参考図表等について

① 公共事業の施行により従前地及び仮換地について使用収益が禁止されている場合
⇒措通69の4-3を参照

② 不動産貸付業等の範囲
⇒措通69の4-13を参照
⇒「Q&A21　事業的規模でない不動産貸付けの場合」110頁を参照

③　宅地等を取得した親族が申告期限までに死亡した場合

⇒措通69の4 -15を参照

④　申告期限までに転業又は廃業があった場合

⇒「図表2 - 2　事業を転業又は廃業等した場合の事業承継（継続）要件の判定」25頁

⇒措通69の4 -16を参照

⑤　災害のため事業が休止された場合

⇒「図表2 - 3　災害のために申告期限において事業を休止している場合」26頁

⇒措通69の4 -17を参照

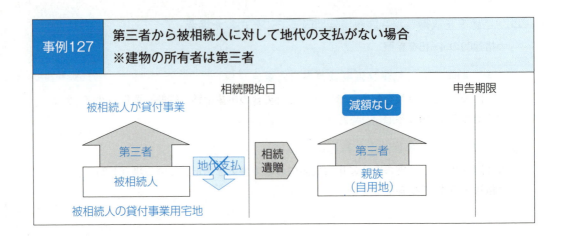

1 小規模宅地等の特例について

　被相続人が所有する土地は、第三者に無償で貸し付けられていますので、被相続人の貸付事業の用に供されていた宅地等に該当せず、**小規模宅地等の特例を適用することはできません。**

2 土地評価について

　自用地に該当します。

| 事例128 | 第三者から被相続人に対して地代の支払がある場合（土地の取得者は被相続人と生計を一にする親族）
※建物の所有者は第三者 |

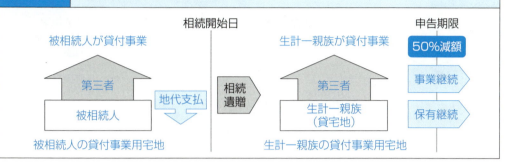

1 小規模宅地等の特例について

被相続人が所有する土地は、第三者に有償で貸し付けられていますので、被相続人の貸付事業の用に供されていた宅地等に該当します。

そして、事業継続要件及び保有継続要件を満たすときは、その土地は貸付事業用宅地等に該当し、50％減額が適用できます。

2 土地評価について

原則として貸宅地に該当します。

3 参考図表等について

① 公共事業の施行により従前地及び仮換地について使用収益が禁止されている場合
　⇒措通69の4-3を参照

② 不動産貸付業等の範囲
　⇒措通69の4-13を参照
　⇒「Q&A21　事業的規模でない不動産貸付けの場合」110頁を参照

③ 宅地等を取得した親族が申告期限までに死亡した場合
　⇒措通69の4-15を参照

④ 申告期限までに転業又は廃業があった場合
　⇒「図表2-2　事業を転業又は廃業等した場合の事業承継（継続）要件の判定」25頁
　⇒措通69の4-16を参照

⑤ 災害のため事業が休止された場合
　⇒「図表2-3　災害のために申告期限において事業を休止している場合」26頁
　⇒措通69の4-17を参照

事例129	第三者から被相続人に対して地代の支払がある場合（土地の取得者は被相続人と生計を一にする親族以外の親族） ※建物の所有者は第三者

相続開始日　　　　　　　　　　　　　　　　　申告期限

被相続人が貸付事業　　　　　　　　　　親族※が貸付事業　　　　　50％減額

第三者　　　　　　　相続　　　　　　第三者　　　　　　事業継続
被相続人　　地代支払　遺贈　　　親族※（貸宅地）　　保有継続

被相続人の貸付事業用宅地　　　　　　親族※の貸付事業用宅地

※　生計一親族以外の親族

1　小規模宅地等の特例について

被相続人が所有する土地は、第三者に有償で貸し付けられていますので、被相続人の貸付事業の用に供されていた宅地等に該当します。

そして、事業継続要件及び保有継続要件を満たす場合は、その土地は貸付事業用宅地等に該当し、50％減額が適用できます。

なお、被相続人の貸付事業の用に供されていた宅地を親族以外の第三者に遺贈した場合については、その土地は貸付事業用宅地等には該当せず、小規模宅地等の特例を適用することはできません。

2　土地評価について

原則として貸宅地に該当します。

3　参考図表等について

① 公共事業の施行により従前地及び仮換地について使用収益が禁止されている場合

⇒措通69の4-3を参照

② 不動産貸付業等の範囲

⇒措通69の4-13を参照

⇒「Q&A21　事業的規模でない不動産貸付けの場合」110頁を参照

③ 宅地等を取得した親族が申告期限までに死亡した場合

⇒措通69の4-15を参照

④ 申告期限までに転業又は廃業があった場合

⇒「図表2-2　事業を転業又は廃業等した場合の事業承継（継続）要件の判定」25頁

⇒措通69の4 -16を参照

⑤ 災害のため事業が休止された場合

⇒「図表2 - 3　災害のために申告期限において事業を休止している場合」26頁
⇒措通69の4 -17を参照

特定同族会社事業用宅地等の要件

【特定同族会社事業用宅地等の要件のポイント】

　特定同族会社事業用宅地等とは、相続開始直前に被相続人及び被相続人と生計を一にする親族が特定の同族会社の事業の用に供していた宅地等で、当該宅地等を相続又は遺贈により取得した被相続人の財務省令で定める親族が相続開始時から申告期限まで引き続き有し、申告期限まで引き続き当該法人の事業の用に供されているものをいいます。

要件区分			特例の適用要件
特定同族会社要件			相続開始直前に被相続人及び被相続人の親族その他当該被相続人と特別の関係のある者の持株割合・出資割合（議決権に制限のある株式又は出資を含めないで計算した割合）が50％を超える法人であること
	事業要件		特定同族会社の事業の用（不動産貸付業、駐車場業、自転車駐車場業及び準事業を除きます）に供されていること
取得親族要件	法人役員		相続税の申告期限においてその法人の役員であること
	保有継続		相続税の申告期限まで保有していること
	事業継続		申告期限まで引き続き当該法人の事業の用に供していること
賃貸要件	宅地	被相続人所有	法人の事業の用に供されていた宅地を相当の対価を得て当該法人に継続的に賃貸していたこと
	建物	被相続人所有	法人の事業の用に供されていた建物を相当の対価を得て当該法人に継続的に賃貸していたこと
		生計を一にする親族所有	当該親族が敷地を被相続人から無償で借り受けていること

| 事例130 | 特定同族会社の事業の用に供されていた土地建物を役員である親族が相続した場合（家賃の支払があるケース）
※建物の所有者は被相続人 |

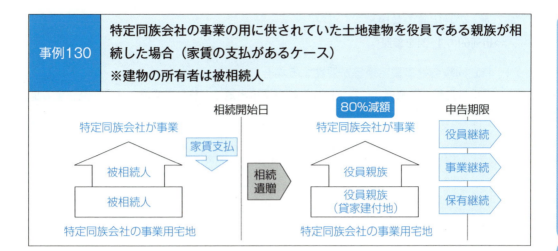

1 小規模宅地等の特例について

被相続人が所有する建物について、特定同族会社に有償で貸し付けられていますので、その敷地は、特定同族会社の事業の用に供されていた宅地等に該当します。

そして、その特定同族会社の事業の用に供されていた土地建物を役員である親族が相続した場合において、事業継続要件、保有継続要件及び法人役員要件を満たすときは、その土地は特定同族会社事業用宅地等に該当し、80％減額が適用できます。

2 土地評価について

貸家建付地に該当します。

3 参考図表等について

① 公共事業の施行により従前地及び仮換地について使用収益が禁止されている場合
　⇒措通69の4-3を参照

② 申告期限までに転業又は廃業があった場合
　⇒措通69の4-16を参照

③ 災害のため事業が休止された場合
　⇒措通69の4-17を参照

④ 宅地等の一部の譲渡等があった場合
　⇒措通69の4-18を参照

⑤ 申告までに事業用建物を建て替えた場合
　⇒「Q&A16　特定同族会社に貸し付けられていた建物が相続税の申告期限までに建て替えられた場合の小規模宅地等の特例」102頁を参照
　⇒措通69の4-19を参照

⑥　法人の社宅等の敷地

　⇒措通69の 4 -24を参照

⑦　特定同族会社事業宅地等が混在する場合

　⇒「申告書等の記載例 3 　特定同族会社事業用宅地等と貸付事業用宅地等が混在する場合」69頁を参照

事例131　特定同族会社の事業の用に供されていた土地建物を役員である親族が相続した場合（家賃の支払はあるが、事業継続要件、保有継続要件及び法人役員要件を満たさないケース）
※建物の所有者は被相続人

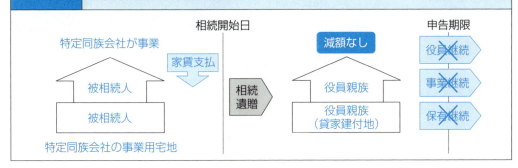

1　小規模宅地等の特例について

　被相続人が所有する建物について、特定同族会社に有償で貸し付けられていますので、その敷地は、特定同族会社の事業の用に供されていた宅地等に該当します。

　しかしながら、特定同族会社の事業の用に供されていた土地建物を役員である親族が相続した場合であっても、事業継続要件、保有継続要件及び法人役員要件を満たさないときは、その土地は、特定同族会社事業用宅地等及び貸付事業用宅地等に該当せず、小規模宅地等の特例を適用することはできません。

2　土地評価について

　貸家建付地に該当します。

事例132	特定同族会社の事業の用に供されていた土地建物を第三者が取得した場合（家賃の支払があるケース） ※建物の所有者は被相続人

相続開始日　　　　　　　　　　　　　　　　申告期限

特定同族会社が事業

家賃支払

被相続人

被相続人

特定同族会社の事業用宅地

遺贈

減額なし

第三者

第三者
（貸家建付地）

1　小規模宅地等の特例について

　被相続人が所有する建物について、特定同族会社に有償で貸し付けられていますので、その敷地は、特定同族会社の事業の用に供されていた宅地等に該当します。

　しかしながら、特定同族会社の事業の用に供している土地建物を被相続人の親族以外の第三者に遺贈した場合、その土地について、小規模宅地等の特例を適用することはできません。

2　土地評価について

　貸家建付地に該当します。

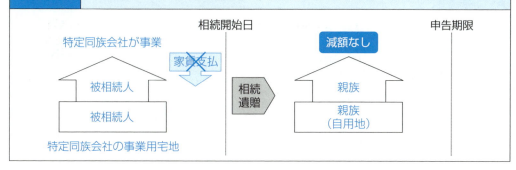

1 小規模宅地等の特例について

被相続人が所有する建物について、特定同族会社に無償で貸し付けられていますので、その敷地は、特定同族会社の事業の用に供されていた宅地等に該当せず、小規模宅地等の特例を適用することはできません。

2 土地評価について

自用地に該当します。

| 事例134 | 特定同族会社以外の法人の事業の用に供されていた土地建物（家賃の支払があるケース）を親族が相続した場合
※建物の所有者は被相続人 |

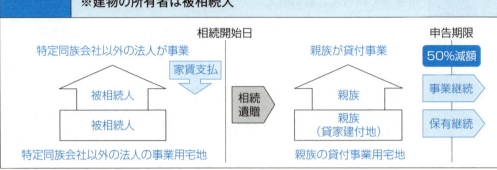

1 **小規模宅地等の特例について**

　特定同族会社以外の法人の事業の用に供していた建物を被相続人が有償で貸し付けていますので、その敷地は、被相続人の貸付事業の用に供されていた宅地等に該当します。

　そして、事業継続要件及び保有継続要件を満たす場合は、**その土地は貸付事業用宅地等に該当し、50％減額が適用**できます。

2 **土地評価について**

　貸家建付地に該当します。

3 **参考図表等について**

① **複数の利用区分が存する場合**

　⇒「申告書等の記載例 1　複数の利用区分が存する場合」62頁を参照

② **空室部分がある場合**

　⇒「申告書等の記載例 6　共同住宅の一部が空室となっていた場合」78頁を参照

③ **共有家屋の取扱い**

　⇒「Q&A 7　共有家屋（貸家）の敷地の用に供されていた宅地等についての小規模宅地等の特例の選択」96頁を参照

④ **公共事業の施行により従前地及び仮換地について使用収益が禁止されている場合**

　⇒措通69の4-3を参照

⑤ **事業用建物等の建築中等に相続が開始した場合**

　⇒「図表 2-4　建物等の建替え等の場合の取扱い」27頁
　⇒措通69の4-5を参照

⑥ 使用人の寄宿舎等の敷地の取扱い

⇒措通69の4−6を参照

⑦ 不動産貸付業等の範囲

⇒措通69の4−13を参照

⇒「Q&A21 事業的規模でない不動産貸付けの場合」110頁を参照

⑧ 下宿等の取扱い

⇒措通69の4−14を参照

⑨ 宅地等を取得した親族が申告期限までに死亡した場合

⇒措通69の4−15を参照

⑩ 申告期限までに転業又は廃業があった場合

⇒「図表2−2 事業を転業又は廃業等した場合の事業承継（継続）要件の判定」25頁

⇒措通69の4−16を参照

⑪ 災害のため事業が休止された場合

⇒「図表2−3 災害のために申告期限において事業を休止している場合」26頁

⇒措通69の4−17を参照

⑫ 申告までに事業用建物を建て替えた場合

⇒「図表2−4 建物等の建替え等の場合の取扱い」27頁

⇒措通69の4−19を参照

⑬ 一時的に賃貸されていない部分の取扱い

⇒措通69の4−24の2を参照

⑭ 特定同族会社事業宅地等が混在する場合

⇒「申告書等の記載例3 特定同族会社事業用宅地等と貸付事業用宅地等が混在する場合」69頁を参照

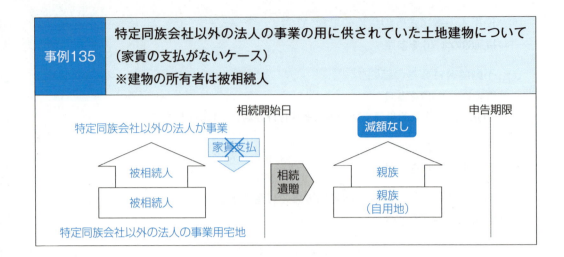

1 小規模宅地等の特例について

　被相続人が建物を無償で貸し付けていた場合は、その敷地は、被相続人又はその被相続人と生計を一にしていた当該被相続人の親族の貸付事業の用に供されていた宅地等に該当しません。

　したがって、この土地は貸付事業用宅地等には該当せず、小規模宅地等の特例を適用することはできません。

2 土地評価について

　自用地に該当します。

| 事例136 | 特定同族会社の事業の用に供されていた土地を役員である生計を一にする親族が相続した場合（家賃の支払があるケース）
※建物の所有者は被相続人と生計を一にする親族 |

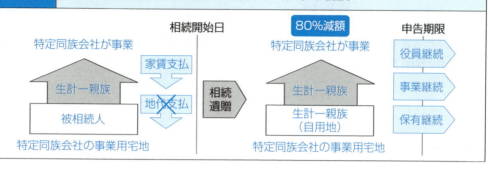

1 小規模宅地等の特例について

被相続人と生計を一にする親族が所有する建物について、特定同族会社に有償で貸し付けられており、特定同族会社が事業の用に供していた建物の敷地を被相続人から当該親族が無償で借りていますので、その敷地は、特定同族会社の事業の用に供されていた宅地等に該当します。

そして、事業継続要件、保有継続要件及び法人役員要件を満たす場合は、その土地は特定同族会社事業用宅地等に該当し、80％減額が適用できます。

2 土地評価について

自用地に該当します。

3 参考図表等について

① 公共事業の施行により従前地及び仮換地について使用収益が禁止されている場合
　⇒措通69の4-3を参照

② 申告期限までに転業又は廃業があった場合
　⇒措通69の4-16を参照

③ 災害のため事業が休止された場合
　⇒措通69の4-17を参照

④ 宅地等の一部の譲渡等があった場合
　⇒措通69の4-18を参照

⑤ 申告までに事業用建物を建て替えた場合
　⇒「Q&A16 特定同族会社に貸し付けられていた建物が相続税の申告期限までに建て替えられた場合の小規模宅地等の特例」102頁を参照

⇒措通69の4-19を参照

⑥　法人の社宅等の敷地

⇒措通69の4-24を参照

⑦　特定同族会社事業宅地等が混在する場合

⇒「申告書等の記載例3　特定同族会社事業用宅地等と貸付事業用宅地等が混在する場合」69頁を参照

| 事例137 | 特定同族会社の事業の用に供されていた土地を役員でない生計を一にする親族が相続した場合（家賃の支払があるケース）
※建物の所有者は被相続人と生計を一にする親族 |

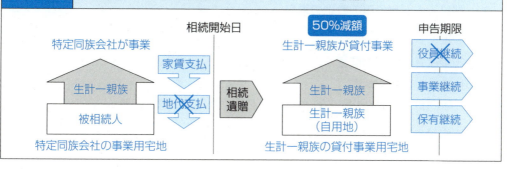

1　小規模宅地等の特例について

　被相続人と生計を一にする親族が所有する建物について、特定同族会社に有償で貸し付けられており、特定同族会社が事業の用に供していた建物の敷地を被相続人から当該親族が無償で借りていますので、その敷地は、特定同族会社の事業の用に供されていた宅地等に該当します。

　そして、法人役員要件を満たさないため、この土地は特定同族会社事業用宅地等に該当しませんが、事業継続要件及び保有継続要件を満たす場合は、貸付事業用宅地等に該当し、50％減額が適用できます。

2　土地評価について

　自用地に該当します。

3　参考図表等について

① 複数の利用区分が存する場合
　⇒「申告書等の記載例1　複数の利用区分が存する場合」62頁を参照

② 空室部分がある場合
　⇒「申告書等の記載例6　共同住宅の一部が空室となっていた場合」78頁を参照

③ 共有家屋の取扱い
　⇒「Q&A7　共有家屋（貸家）の敷地の用に供されていた宅地等についての小規模宅地等の特例の選択」96頁を参照

④ 公共事業の施行により従前地及び仮換地について使用収益が禁止されている場合
　⇒措通69の4-3を参照

⑤ 事業用建物等の建築中等に相続が開始した場合

⇒「図表2-4　建物等の建替え等の場合の取扱い」27頁

⇒措通69の4-5を参照

⑥ 使用人の寄宿舎等の敷地の取扱い

⇒措通69の4-6を参照

⑦ 不動産貸付業等の範囲

⇒措通69の4-13を参照

⇒「Q&A21　事業的規模でない不動産貸付けの場合」110頁を参照

⑧ 下宿等の取扱い

⇒措通69の4-14を参照

⑨ 申告期限までに転業又は廃業があった場合

⇒「図表2-2　事業を転業又は廃業等した場合の事業承継（継続）要件の判定」25頁

⇒措通69の4-16を参照

⑩ 災害のため事業が休止された場合

⇒「図表2-3　災害のために申告期限において事業を休止している場合」26頁

⇒措通69の4-17を参照

⑪ 申告までに事業用建物を建て替えた場合

⇒「図表2-4　建物等の建替え等の場合の取扱い」27頁

⇒措通69の4-19を参照

⑫ 一時的に賃貸されていない部分の取扱い

⇒措通69の4-24の2を参照

⑬ 特定同族会社事業宅地等が混在する場合

⇒「申告書等の記載例3　特定同族会社事業用宅地等と貸付事業用宅地等が混在する場合」69頁を参照

| 事例138 | 特定同族会社の事業の用に供されていた土地を生計を一にする親族以外の役員である親族が相続した場合（家賃の支払があるケース）
※建物の所有者は被相続人と生計を一にする親族 |

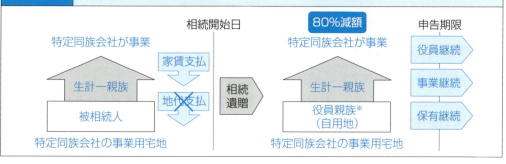

※　生計一親族以外

1　小規模宅地等の特例について

　被相続人と生計を一にする親族（以下「生計を一にする親族」といいます）が所有する建物について、特定同族会社に有償で貸し付けられており、特定同族会社が事業の用に供していた建物の敷地を被相続人から当該親族が無償で借りていますので、その敷地は、特定同族会社の事業の用に供されていた宅地等に該当します。

　そして、その土地を生計を一にする親族以外の役員である親族が相続した場合において、事業継続要件、保有継続要件及び法人役員要件を満たすときは、**その土地は特定同族会社事業用宅地等に該当し、80％減額が適用できます。**

2　土地評価について

　自用地に該当します。

3　参考図表等について

① 公共事業の施行により従前地及び仮換地について使用収益が禁止されている場合

　⇒措通69の4-3を参照

② 申告期限までに転業又は廃業があった場合

　⇒措通69の4-16を参照

③ 災害のため事業が休止された場合

　⇒措通69の4-17を参照

④ 宅地等の一部の譲渡等があった場合

　⇒措通69の4-18を参照

⑤　申告までに事業用建物を建て替えた場合

　⇒「Q&A16　特定同族会社に貸し付けられていた建物が相続税の申告期限までに建て替えられた場合の小規模宅地等の特例」102頁を参照

　⇒措通69の4-19を参照

⑥　法人の社宅等の敷地

　⇒措通69の4-24を参照

⑦　特定同族会社事業宅地等が混在する場合

　⇒「申告書等の記載例3　特定同族会社事業用宅地等と貸付事業用宅地等が混在する場合」69頁を参照

| 事例139 | 特定同族会社の事業の用に供されていた土地を生計を一にする親族以外の役員ではない親族が相続した場合（家賃の支払はあるが、事業継続要件、保有継続要件及び法人役員要件を満たさないケース）
※建物の所有者は被相続人と生計を一にする親族 |

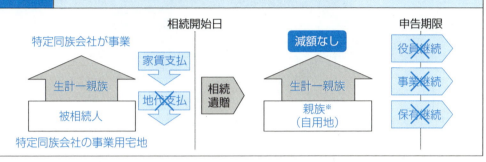

※　生計一親族以外の役員ではない親族

1　小規模宅地等の特例について

　被相続人と生計を一にする親族（以下「生計を一にする親族」といいます）が所有する建物について、特定同族会社に有償で貸し付けられており、特定同族会社が事業の用に供していた建物の敷地を被相続人から当該親族が無償で借りていますので、その敷地は、特定同族会社の事業の用に供されていた宅地等に該当しますが、法人役員要件を満たさないため、特定同族会社事業用宅地等に該当しません。

　また、生計を一にする親族以外の役員でない親族が相続した土地が、貸付事業用宅地等に該当する場合は、被相続人の貸付事業（生計を一にする親族の貸付事業は含みません）を引き継いだ場合に限られますので、いずれにしても小規模宅地等の特例を適用することはできません。

2　土地評価について

　自用地に該当します。

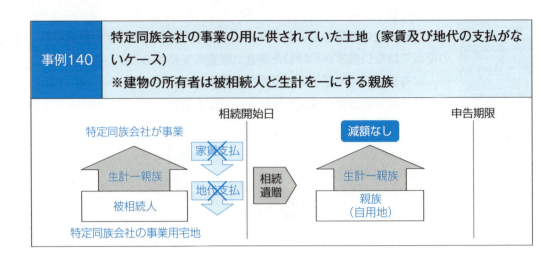

事例140　特定同族会社の事業の用に供されていた土地（家賃及び地代の支払がないケース）
※建物の所有者は被相続人と生計を一にする親族

1　小規模宅地等の特例について

被相続人と生計を一にする親族が所有する建物について、特定同族会社に無償で貸し付けられていますので、その敷地は、特定同族会社の事業の用に供されていた宅地等及び被相続人と生計を一にしていた当該被相続人の親族の貸付事業の用に供されていた宅地等のいずれにも該当せず、小規模宅地等の特例を適用することはできません。

なお、特定同族会社の事業の用に供している土地建物を被相続人の親族以外の第三者に遺贈した場合、その土地について、小規模宅地等の特例を適用することはできません。

2　土地評価について

自用地に該当します。

| 事例141 | 特定同族会社以外の法人の事業の用に供されていた土地を生計を一にする親族が相続した場合（家賃の支払があるケース）
※建物の所有者は被相続人と生計を一にする親族 |

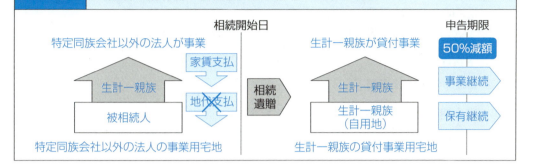

1 小規模宅地等の特例について

被相続人と生計を一にする親族が所有する建物について、特定同族会社以外の法人に有償で貸し付けられていますので、その敷地は、被相続人と生計を一にしていた当該被相続人の親族の貸付事業の用に供されていた宅地等に該当します。

そして、事業継続要件及び保有継続要件を満たす場合は、その土地は貸付事業用宅地等に該当し、50％減額が適用できます。

2 土地評価について

自用地に該当します。

3 参考図表等について

① 複数の利用区分が存する場合

⇒「申告書等の記載例1 複数の利用区分が存する場合」62頁を参照

② 空室部分がある場合

⇒「申告書等の記載例6 共同住宅の一部が空室となっていた場合」78頁を参照

③ 共有家屋の取扱い

⇒「Q&A7 共有家屋（貸家）の敷地の用に供されていた宅地等についての小規模宅地等の特例の選択」96頁を参照

④ 公共事業の施行により従前地及び仮換地について使用収益が禁止されている場合

⇒措通69の4-3を参照

⑤ 事業用建物等の建築中等に相続が開始した場合

⇒「図表2-4 建物等の建替え等の場合の取扱い」27頁
⇒措通69の4-5を参照

⑥　使用人の寄宿舎等の敷地の取扱い

⇒措通69の4-6を参照

⑦　不動産貸付業等の範囲

⇒措通69の4-13を参照

⇒「Q&A21　事業的規模でない不動産貸付けの場合」110頁を参照

⑧　下宿等の取扱い

⇒措通69の4-14を参照

⑨　申告期限までに転業又は廃業があった場合

⇒「図表2-2　事業を転業又は廃業等した場合の事業承継（継続）要件の判定」25頁

⇒措通69の4-16を参照

⑩　災害のため事業が休止された場合

⇒「図表2-3　災害のために申告期限において事業を休止している場合」26頁

⇒措通69の4-17を参照

⑪　申告までに事業用建物を建て替えた場合

⇒「図表2-4　建物等の建替え等の場合の取扱い」27頁

⇒措通69の4-19を参照

⑫　一時的に賃貸されていない部分の取扱い

⇒措通69の4-24の2を参照

⑬　特定同族会社事業宅地等が混在する場合

⇒「申告書等の記載例3　特定同族会社事業用宅地等と貸付事業用宅地等が混在する場合」69頁を参照

| 事例142 | 特定同族会社以外の法人の事業の用に供されていた土地を生計を一にする親族以外の親族が相続した場合（家賃の支払があるケース）
※建物の所有者は被相続人と生計を一にする親族 |

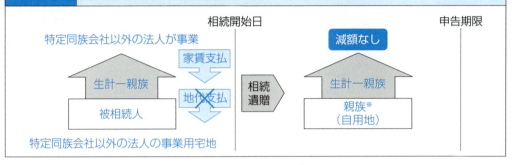

※　生計一親族以外の親族

1　小規模宅地等の特例について

　被相続人と生計を一にする親族（以下「生計を一にする親族」といいます）が所有する建物について、特定同族会社以外の法人に有償で貸し付けられていますので、その敷地は、被相続人と生計を一にしていた当該被相続人の親族の貸付事業の用に供されていた宅地等に該当します。

　しかしながら、生計を一にする親族以外の親族が相続した土地が、貸付事業用宅地等に該当する場合は、被相続人の貸付事業（生計を一にする親族の貸付事業は含みません）を引き継いだ場合に限られますので、小規模宅地等の特例を適用することはできません。

2　土地評価について

　自用地に該当します。

事例143	特定同族会社以外の法人の事業の用に供されていた土地（家賃及び地代の支払がないケース） ※建物の所有者は被相続人と生計を一にする親族

相続開始日　　　　　　　　　　　　　　　申告期限

特定同族会社以外の法人が事業　　　　　　　減額なし

生計一親族　　　　家賃支払　　　　相続　　　生計一親族
　　　　　　　　　地代支払　　　　遺贈
被相続人　　　　　　　　　　　　　　　　　親族
　　　　　　　　　　　　　　　　　　　　　（自用地）

特定同族会社以外の法人の事業用宅地

1　小規模宅地等の特例について

　被相続人と生計を一にする親族が所有する建物について、特定同族会社以外の法人に無償で貸し付けられていますので、その敷地は、被相続人と生計を一にしていた当該被相続人の親族の貸付事業の用に供されていた宅地等に該当せず、小規模宅地等の特例を適用することはできません。

2　土地評価について

　自用地に該当します。

1 小規模宅地等の特例について

被相続人が所有する土地について、被相続人と生計を一にする親族に有償で貸し付けられていますので、その敷地は、被相続人の貸付事業の用に供されていた宅地等に該当します。

しかしながら、この相続により賃貸人と賃借人が同一（生計一親族）となり、事業継続要件を満たすことができませんので、この土地は貸付事業用宅地等に該当せず、小規模宅地等の特例を適用することはできません。

2 土地評価について

原則として貸宅地に該当します。

| 事例145 | 生計を一にする親族から被相続人に対して地代の支払がある場合（土地の取得者は当該親族以外の親族）
※建物の所有者は被相続人と生計を一にする親族 |

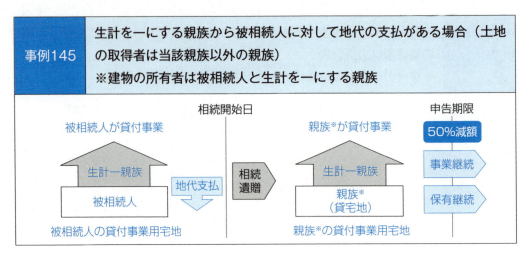

※　生計一親族以外の親族

1　小規模宅地等の特例について

　被相続人が所有する土地は、被相続人と生計を一にする親族に有償で貸し付けられていますので、被相続人の貸付事業の用に供されていた宅地等に該当します。

　そして、事業継続要件及び保有継続要件を満たす場合は、その土地は貸付事業用宅地等に該当し、50％減額が適用できます。

　なお、被相続人の貸付事業の用に供されていた土地を親族以外の第三者に遺贈した場合については、その土地は、貸付事業用宅地等には該当せず、小規模宅地等の特例を適用することはできません。

2　土地評価について

原則として貸宅地に該当します。

3　参考図表等について

① 公共事業の施行により従前地及び仮換地について使用収益が禁止されている場合
　⇒措通69の4-3を参照

② 不動産貸付業等の範囲
　⇒措通69の4-13を参照
　⇒「Q&A21　事業的規模でない不動産貸付けの場合」110頁を参照

③ 宅地等を取得した親族が申告期限までに死亡した場合
　⇒措通69の4-15を参照

④ 申告期限までに転業又は廃業があった場合
　⇒「図表2-2　事業を転業又は廃業等した場合の事業承継（継続）要件の判定」25頁

⇒措通69の4 -16を参照

⑤　災害のため事業が休止された場合

⇒「図表 2 - 3　災害のために申告期限において事業を休止している場合」26頁
⇒措通69の4 -17を参照

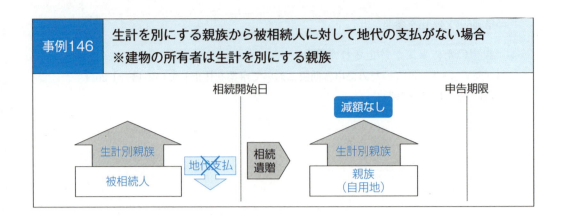

1　小規模宅地等の特例について
　被相続人が所有する土地は、被相続人と生計を別にする親族に無償で貸し付けられていますので、被相続人の貸付事業の用に供されていた宅地等に該当せず、小規模宅地等の特例を適用することはできません。

2　土地評価について
　自用地に該当します。

| 事例147 | 生計を別にする親族から被相続人に対して地代の支払がある場合（土地の取得者は当該親族）
※建物の所有者は生計を別にする親族 |

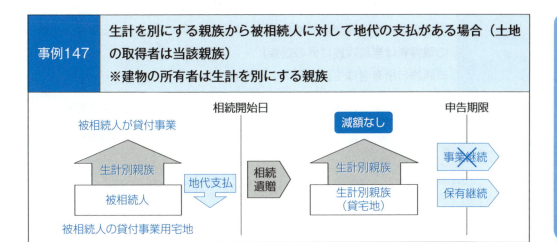

1　小規模宅地等の特例について

　被相続人が所有する土地は、被相続人と生計を別にする親族に有償で貸し付けられていますので、被相続人の貸付事業の用に供されていた宅地等に該当します。

　しかしながら、この相続により賃貸人と賃借人が同一（生計別親族）となり、事業継続要件を満たすことができませんので、この土地は貸付事業用宅地等に該当せず、小規模宅地等の特例を適用することはできません。

2　土地評価について

　原則として貸宅地に該当します。

| 事例148 | 生計を別にする親族から被相続人に対して地代の支払がある場合（土地の取得者は当該親族以外の親族）
※建物の所有者は生計を別にする親族 |

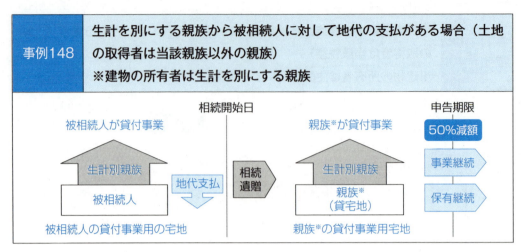

※ 生計別親族以外の親族

1 小規模宅地等の特例について

被相続人が所有する土地は、生計を別にする親族に有償で貸し付けられていますので、被相続人の貸付事業の用に供されていた宅地等に該当します。

そして、事業継続要件及び保有継続要件を満たす場合は、その土地は貸付事業用宅地等に該当し、50％減額が適用できます。

なお、被相続人の貸付事業の用に供されていた宅地を親族以外の第三者に遺贈した場合については、その土地は貸付事業用宅地等には該当せず、小規模宅地等の特例を適用することはできません。

2 土地評価について

原則として貸宅地に該当します。

3 参考図表等について

① 公共事業の施行により従前地及び仮換地について使用収益が禁止されている場合
⇒措通69の4-3を参照

② 不動産貸付業等の範囲
⇒措通69の4-13を参照
⇒「Q&A21 事業的規模でない不動産貸付けの場合」110頁を参照

③ 宅地等を取得した親族が申告期限までに死亡した場合
⇒措通69の4-15を参照

④ 申告期限までに転業又は廃業があった場合
⇒「図表2-2 事業を転業又は廃業等した場合の事業承継（継続）要件の判定」25頁

⇒措通69の4 -16を参照

⑤　災害のため事業が休止された場合

⇒「図表 2 - 3　災害のために申告期限において事業を休止している場合」26頁

⇒措通69の4 -17を参照

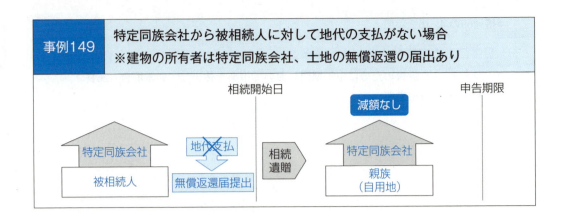

1　小規模宅地等の特例について

　被相続人が所有する土地は、特定同族会社に無償で貸し付けられていますので、特定同族会社の事業の用に供されている宅地等及び被相続人の貸付事業の用に供されていた宅地等に該当せず、小規模宅地等の特例を適用することはできません。

2　土地評価等について

　自用地に該当します（相当地代通達8《「土地の無償返還に関する届出書」が提出されている場合の貸宅地の評価》(注)）。

　また、特定同族会社の株式評価に当たり、同社の純資産価額に借地権の価額は算入されません。

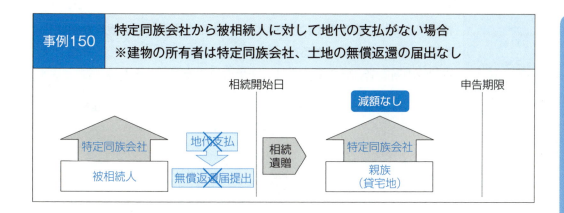

1 小規模宅地等の特例について

被相続人が所有する土地は、特定同族会社に無償で貸し付けられていますので、特定同族会社の事業の用に供されている宅地等及び被相続人の貸付事業の用に供されていた宅地等に該当せず、小規模宅地等の特例を適用することはできません。

2 土地評価等について

原則として貸宅地に該当します。

なお、特定同族会社の株式評価に当たり、同社の純資産価額に借地権の価額が算入されます。

事例151	特定同族会社の事業の用に供されていた土地を役員である親族が相続した場合（地代の支払があるケース） ※建物の所有者は特定同族会社、土地の無償返還の届出あり

相続開始日　　　　　　　　　80%減額　　　　申告期限

特定同族会社が事業　　　　　　　　　　特定同族会社が事業

特定同族会社　　　地代支払　　相続　　特定同族会社　　　役員継続

被相続人　　無償返還届提出　　遺贈　　役員親族（自用地の80%）　　事業継続

特定同族会社の事業用宅地　　　　　　　特定同族会社の事業用宅地　　保有継続

1　小規模宅地等の特例について

　被相続人が所有する土地は、特定同族会社に有償で貸し付けられていますので、特定同族会社の事業の用に供されていた宅地等に該当します。

　そして、その特定同族会社の事業の用に供されていた土地を役員である親族が相続した場合において、事業継続要件、保有継続要件及び法人役員要件を満たすときは、その土地は、**特定同族会社事業用宅地等に該当し、80%減額が適用できます。**

　なお、特定同族会社の事業の用に供されていた宅地を親族以外の第三者に遺贈した場合、その土地は、特定同族会社事業用宅地等に該当せず、小規模宅地等の特例を適用することはできません。

2　土地評価等について

　原則、土地については自用地としての評価額の80%で評価するとともに、特定同族会社の株式評価に当たっては、自用地の評価額の20%に相当する金額を借地権の価額として同社の純資産価額に算入します（相当地代通達8）。

3　参考図表等について

① **公共事業の施行により従前地及び仮換地について使用収益が禁止されている場合**
　⇒措通69の4-3を参照

② **申告期限までに転業又は廃業があった場合**
　⇒措通69の4-16を参照

③ **災害のため事業が休止された場合**
　⇒措通69の4-17を参照

④ **宅地等の一部の譲渡等があった場合**

⇒措通69の4 –18を参照

⑤　申告までに事業用建物を建て替えた場合

⇒措通69の4 –19を参照

⑥　法人の社宅等の敷地

⇒措通69の4 –24を参照

事例152　特定同族会社の事業の用に供されていた土地を役員である親族が相続した場合（地代の支払があるケース）
※建物の所有者は特定同族会社、土地の無償返還の届出なし

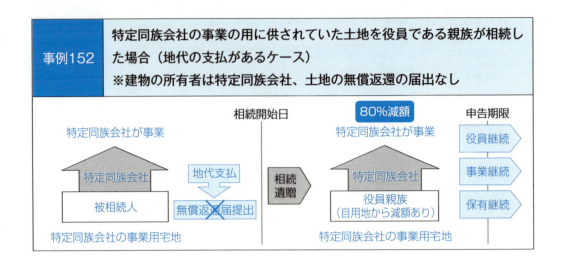

1　小規模宅地等の特例について

　被相続人が所有する土地は、特定同族会社に有償で貸し付けられていますので、特定同族会社の事業の用に供されていた宅地等に該当します。

　そして、その特定同族会社の事業の用に供されていた土地を役員である親族が相続した場合において、事業継続要件、保有継続要件及び法人役員要件を満たすときは、その土地は特定同族会社事業用宅地等に該当し、80％減額が適用できます。

　なお、特定同族会社の事業の用に供されていた宅地を親族以外の第三者に遺贈した場合、その土地は、特定同族会社事業用宅地等に該当せず、小規模宅地等の特例を適用することはできません。

2　土地評価等について

　原則、土地については、自用地としての評価額から相当地代通達4《相当の地代に満たない地代を支払っている場合の借地権の評価》に定める借地権の価額を控除した金額（注）によって評価するとともに、特定同族会社の株式評価に当たっては、この借地権の価額を同社の純資産価額に算入します（相当地代通達7《相当の地代に満たない地代を収受している場合の貸宅地の評価》）。

（注）この金額が自用地としての価額の100分の80に相当する金額を超える場合は、その金額（自用地×80％）によって評価します。

3　参考図表等について

① 公共事業の施行により従前地及び仮換地について使用収益が禁止されている場合
　⇒措通69の4-3を参照

② 申告期限までに転業又は廃業があった場合

⇒措通69の4 –16を参照

③　災害のため事業が休止された場合

⇒措通69の4 –17を参照

④　宅地等の一部の譲渡等があった場合

⇒措通69の4 –18を参照

⑤　申告までに事業用建物を建て替えた場合

⇒措通69の4 –19を参照

⑥　法人の社宅等の敷地

⇒措通69の4 –24を参照

事例153　特定同族会社以外の法人の事業の用に供されていた土地を親族が相続した場合（地代の支払があるケース）
※建物の所有者は特定同族会社、土地の無償返還の届出あり

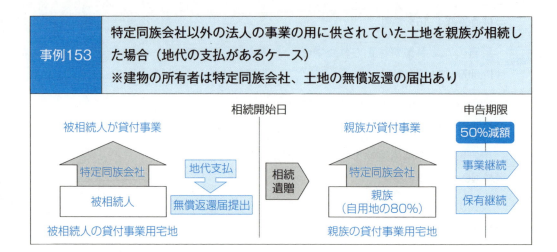

1　小規模宅地等の特例について

　被相続人が所有する土地は、特定同族会社に有償で貸し付けられていますので、被相続人の貸付事業の用に供されていた宅地等に該当します。

　そして、その土地を親族が相続した場合において、事業継続要件及び保有継続要件を満たすときは、その土地は貸付事業用宅地等に該当し、50％減額が適用できます。

　なお、被相続人の貸付事業の用に供されていた宅地を親族以外の第三者に遺贈した場合、その土地は貸付事業用宅地等には該当せず、小規模宅地等の特例を適用することはできません。

2　土地評価について

　原則、土地については自用地としての評価額の80％で評価するとともに、特定同族会社の株式評価に当たっては、自用地の評価額の20％に相当する金額を借地権の価額として同社の純資産価額に算入します（相当地代通達8）。

3　参考図表等について

① 公共事業の施行により従前地及び仮換地について使用収益が禁止されている場合
　⇒措通69の4-3を参照

② 不動産貸付業等の範囲
　⇒措通69の4-13を参照
　⇒「Q&A21　事業的規模でない不動産貸付けの場合」110頁を参照

③ 宅地等を取得した親族が申告期限までに死亡した場合
　⇒措通69の4-15を参照

④ 申告期限までに転業又は廃業があった場合

⇒「図表 2 - 2　事業を転業又は廃業等した場合の事業承継（継続）要件の判定」25頁
⇒措通69の 4 -16を参照

⑤　災害のため事業が休止された場合

⇒「図表 2 - 3　災害のために申告期限において事業を休止している場合」26頁
⇒措通69の 4 -17を参照

| 事例154 | 特定同族会社以外の法人の事業の用に供されていた土地（地代の支払があるケース）を親族が相続した場合
※建物の所有者は特定同族会社、土地の無償返還の届出なし |

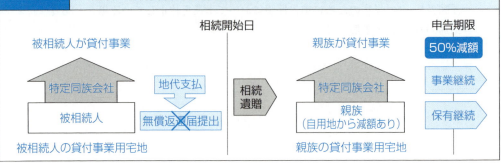

1 小規模宅地等の特例について

　被相続人が所有する土地は、特定同族会社に有償で貸し付けられていますので、被相続人の貸付事業の用に供されていた宅地等に該当します。

　そして、その土地を親族が相続した場合において、事業継続要件及び保有継続要件を満たすときは、その土地は貸付事業用宅地等に該当し、50％減額が適用できます。

　なお、被相続人の貸付事業の用に供されていた宅地を親族以外の第三者に遺贈した場合、その土地は貸付事業用宅地等には該当せず、小規模宅地等の特例を適用することはできません。

2 土地評価について

　原則、土地については、自用地としての評価額から相当地代通達4《相当の地代に満たない地代を支払っている場合の借地権の評価》に定める借地権の価額を控除した金額（注）によって評価するとともに、特定同族会社の株式評価に当たっては、この借地権の価額を同社の純資産価額に算入します（相当地代通達7《相当の地代に満たない地代を収受している場合の貸宅地の評価》）。

（注）この金額が自用地としての価額の100分の80に相当する金額を超える場合は、その金額（自用地×80％）によって評価します。

3 参考図表等について

① 公共事業の施行により従前地及び仮換地について使用収益が禁止されている場合
　⇒措通69の4-3を参照

② 不動産貸付業等の範囲
　⇒措通69の4-13を参照

⇒「Q&A21　事業的規模でない不動産貸付けの場合」110頁を参照

③　宅地等を取得した親族が申告期限までに死亡した場合

⇒措通69の4–15を参照

④　申告期限までに転業又は廃業があった場合

⇒「図表2–2　事業を転業又は廃業等した場合の事業承継（継続）要件の判定」25頁
⇒措通69の4–16を参照

⑤　災害のため事業が休止された場合

⇒「図表2–3　災害のために申告期限において事業を休止している場合」26頁
⇒措通69の4–17を参照

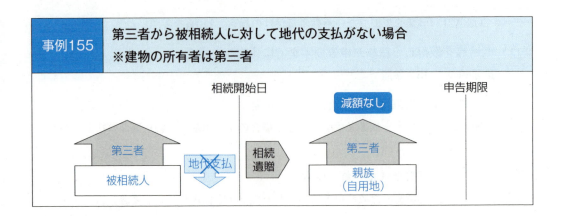

1　小規模宅地等の特例について
　　被相続人が所有する土地は、第三者に無償で貸し付けられていますので、被相続人の貸付事業の用に供されていた宅地等に該当せず、小規模宅地等の特例を適用することはできません。

2　土地評価について
　　自用地に該当します。

| 事例156 | 第三者から被相続人に対して地代の支払がある場合（土地の取得者は親族）
※建物の所有者は第三者 |

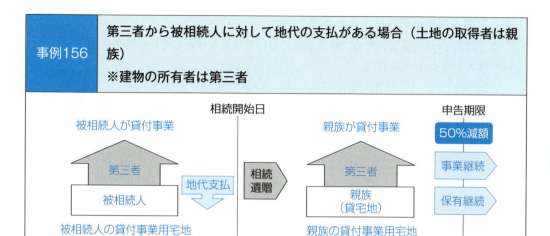

1　小規模宅地等の特例について

被相続人が所有する土地は、第三者に有償で貸し付けられていますので、被相続人の貸付事業の用に供されていた宅地等に該当します。

そして、事業継続要件及び保有継続要件を満たす場合は、その土地は貸付事業用宅地等に該当し、50％減額が適用できます。

なお、被相続人の貸付事業の用に供されていた宅地を親族以外の第三者に遺贈した場合、その土地は貸付事業用宅地等には該当せず、小規模宅地等の特例を適用することはできません。

2　土地評価について

原則として貸宅地に該当します。

3　参考図表等について

① 公共事業の施行により従前地及び仮換地について使用収益が禁止されている場合
　⇒措通69の4-3を参照

② 不動産貸付業等の範囲
　⇒措通69の4-13を参照
　⇒「Q&A21　事業的規模でない不動産貸付けの場合」110頁を参照

③ 宅地等を取得した親族が申告期限までに死亡した場合
　⇒措通69の4-15を参照

④ 申告期限までに転業又は廃業があった場合
　⇒「図表2-2　事業を転業又は廃業等した場合の事業承継（継続）要件の判定」25頁
　⇒措通69の4-16を参照

⑤　災害のため事業が休止された場合

⇒「図表 2 - 3　災害のために申告期限において事業を休止している場合」26頁

⇒措通69の 4 -17を参照

索　引

あ

新たに貸付事業の用に供されたか否かの判
　定……………………………………………58

い

家なき子……………………………………42
家なき子の特例要件の留意事項…………47
遺産が未分割であることについてやむを得
　ない事由がある旨の承認申請書………92
１棟の建物を事業の用や居住の用などの複
　数用途に使用している場合…………… 5
遺留分減殺に伴う修正申告及び更正の請求
　における小規模宅地等の選択替えの可
　否……………………………………………96

か

海外にある宅地等………………………… 8
会社や社団、財団などの法人が取得した土
　地等………………………………………… 2
貸付事業…………………………… 55, 57
貸付事業の態様と所得区分………………61
貸付事業用宅地等………………… 14, 55
貸付事業用宅地等に係る経過措置………61
貸付事業用宅地等の要件…………………56

き

寄宿舎等の敷地の用に供されていた
　宅地等……………………………………23
共同住宅の一部が空室となっていた
　場合………………………………………78
共同相続人等が特例対象宅地等の分割前に
　死亡している場合………………………19
共有家屋（貸家）の敷地の用に供されていた

小規模宅地等の特例の選択……………96
共有宅地についての小規模宅地等の特例の
　選択………………………………………75
共有持分で宅地を取得した場合………… 5
居住の用と貸付事業の用に供されていた場
　合……………………………………………66
居住の用に供されていた１棟の建物……38
居住の用に供されていた宅地が複数ある場
　合……………………………………………39
居住の用に供することができない事由…40
居住用建物の建築中等に相続が開始した場
　合……………………………………………48

く

区分所有建物の登記がされていない１棟の
　建物の敷地の場合…………………… 105
区分所有建物の登記がされていない１棟の
　建物の敷地を租税特別措置法69条の４③
　ニロの親族が取得した場合………… 108
区分所有建物の登記がされている１棟の建
　物の敷地の場合……………………… 106

け

血族と姻族の親等表……………………… 3

こ

公共事業の施行により使用収益が禁止され
　ている宅地等……………………………… 8

さ

災害のため事業が休止された場合………26
財産管理人が被相続人の宅地を事業の用に
　供していた場合の小模宅地等の特例の適
　用の可否…………………………………95

財務省令で定める建物又は構築物………12

し

死因贈与により取得した財産……………2

敷地権の設定がある土地建物を相続人甲、
　乙が共有で取得した場合……………7

敷地権の設定がある土地建物を相続人甲、
　乙がそれぞれ取得した場合……………7

敷地権の設定がない土地建物を相続人甲、
　乙が共有で取得した場合……………6

事業的規模でない不動産貸付けの
　場合…………………………………110

事業に準ずるもの………………………12

事業の用…………………………………23

事業用建物等の建築中等に相続が開始した
　場合……………………………………26

自己の事業を相続税の申告期限まで
　継続……………………………………24

私道部分に係る小規模宅地等の特例の適用
　の可否…………………………………95

社宅等の敷地の用に供されていた宅地等
　…………………………………………33

準事業……………………………………57

小規模宅地等……………………………9

小規模宅地等の減額割合………………10

小規模宅地等の適用限度面積…………9

小規模宅地等の特例……………………2

小規模宅地等の特例の改正経緯………20

小規模宅地等の特例の対象となる「被相続
　人等の居住の用に供されていた宅地等」
　の判定…………………………………97

人格のない社団が遺贈を受けた宅地等の小
　規模宅地等の特例の適用の可否………93

申告期限後3年以内の分割見込書………91

申告期限後の特例選択宅地の選択替え…19

申告期限までに居住用建物等を建て替えた

場合……………………………………50

申告期限までに事業用建物等を建て替えた
　場合……………………………………27

申告期限までに宅地等の一部の譲渡があっ
　た場合…………………………………82

申告期限までに宅地等の一部の譲渡又は貸
　付けがあった場合……………………25

申告期限までに転業又は廃業があった
　場合……………………………………25

申告期限まで保有………………………24

申告手続き及び添付書類………………14

親族………………………………………23

信託の目的となっている信託財産に属する
　宅地等…………………………………8

せ

生計を一にしていた親族…………………3

「生計を一にする」の判定………………3

そ

相続開始時点で被相続人や財産を取得した
　被相続人の親族が当該会社の役員でない
　場合……………………………………31

相続開始の年に被相続人から贈与を受けた
　宅地等に係る小規模宅地等の特例の適用
　の可否…………………………………93

相続開始前3年以内の贈与加算の規定によ
　り相続税の課税価格に加算した土地等に
　係る小規模宅地等の特例の適用の可否94

相続税の申告期限までに遺産分割が成立し
　ていない場合…………………………17

相続又は遺贈により取得した財産………2

その者又はその者の配偶者の所有する
　家屋……………………………………38

た

宅地等…………………………………… 8
宅地等を取得した親族が事業主となっていない場合…………………………………28
宅地等を取得した親族が申告期限までに死亡した場合………………………………28
建物又は構築物……………………………… 8
単身赴任中の相続人が取得した被相続人の居住用宅地等についての小模宅地等の特例……………………………………… 102

て

提出期限から3年以内に分割された場合……………………………………17
提出期限から3年以内に分割されなかった場合……………………………………17
適用限度面積と減額割合………………… 9
店舗兼住宅等の敷地の持分について贈与税の配偶者控除等の適用を受けたもの等の居住の用に供されていた部分…………50
店舗兼住宅の敷地の持分の贈与について贈与税の配偶者控除の適用を受けていた場合……………………………………88

と

当該事業を営んでいる……………………24
特定貸付事業………………………… 57, 60
特定居住用宅地等…………………… 13, 35
特定居住用宅地等に係る経過措置………47
特定居住用宅地等の要件…………………36
特定居住用宅地等の要件の一つである「相続開始時から申告期限まで引き続き当該建物に居住していること」の意義 … 100
特定事業用宅地等………………… 12, 22
特定事業用宅地等の概要…………………22

特定事業用宅地等の要件…………………22
特定同族会社事業用宅地等………… 13, 30
特定同族会社事業用宅地等と貸付事業用宅地等が混在する場合……………………69
特定同族会社に貸し付けられていた建物が相続税の申告期限までに建て替えられた場合の小規模宅地等の特例……… 102
特定の同族会社……………………… 30, 32
特例対象宅地等……………………………… 9
特例対象宅地等の私道に供されている土地等……………………………………… 8
特例適用対象宅地等………………………11

に

二世帯住宅の取扱い………………………51
入院により空家となっていた建物の敷地についての小規模宅地等の特例…………98
庭先部分を相続した場合の小規模宅地等についての相続税の課税価格の計算の特例（租税特別措置法第69条の4）の適用について……………………………… 103

の

農機具置き場や農作業を行うための建物の敷地に係る小規模宅地等の特例…… 110
納税義務者区分……………………… 44, 45

は

配偶者……………………………………45

ひ

被相続人が当該会社の株式等を全く所有していない場合…………………………31
被相続人から相続時精算課税により取得した宅地に係る小規模宅地等の特例の適用の可否………………………………94

被相続人等……………………………12
被相続人等の貸付事業の用に供されていた
　宅地等………………………………57
被相続人等の居住の用に供されていた
　宅地等………………………………36
被相続人等の居住用宅地等を共有で取得
　し、その1人に小規模宅地等の特例の適
　用がある場合………………………85
被相続人等の事業の用に供されていた
　宅地等……………………………… 5
被相続人の共有する土地が被相続人等の居
　住の用と貸家の敷地の用に供されていた
　場合の小規模宅地等の特例………… 101
被相続人の居住の用に供されていた家屋に
　居住していた親族…………………45
被相続人の事業の用又は居住の用に供され
　ていた宅地等の判定………………… 6

ふ

複数の利用区分が存する場合…………62
不動産貸付業等の範囲…………………57

ほ

法人の事業の用に供されていた
　宅地等……………………… 30, 33
法人の役員………………………………31
法定相続人………………………………39

ま

マンションの区分所有権の数戸を取得した
　場合………………………………73

み

未分割の場合に適用できない特例………16

ゆ

郵便局舎の敷地の用に供されている
　宅地等………………………………24

ろ

老人ホーム等に入居していた場合………40
老人ホームに入居中に自宅を相続した場合
　の小規模宅地等についての相続税の課税
　価格の計算の特例（租税特別措置法第69
　条の4）の適用について ……………111
老人ホームに入所していた被相続人が要介
　護認定の申請中に死亡した場合の小規模
　宅地等の特例………………………99
老人ホームへの入所により空家となってい
　た建物の敷地についての小規模宅地等の
　特例（平成26年1月1日以後に相続又は
　遺贈により取得する場合の取扱い）…98

著者紹介

天 池 健 治 （あまいけ　けんじ）

昭和57年、東京国税局配属。資産税、所得税、法人税調査、土地評価、審理事務に従事。平成19年川崎北税務署を最後に退職。同年に税理士登録（東京税理士会所属）。天池＆パートナーズ税理士事務所開設、証券アナリスト協会検定会員、宅地建物取引主任者、税務会計研究学会会員、社団法人日本租税研究会会員　政治資金監査人、公認不動産コンサルティングマスター。

【主な著作】 税経通信2007年11月号「信託活用事例と税務」（税務経理協会）、税務弘報2008年2月号「「著しく低い価格」の判定」（中央経済社）、税務弘報2008年6月号「営業権評価の改正と問題点」（中央経済社）、別冊宝島1383号『税務署員が教える！バッチリ税金を取り戻せる方法』（宝島社）、『図解・表解　確定申告書の記載チェックポイント』（中央経済社）

【事務所】 〒102-0083　東京都千代田区麹町5－2　K-WINGビル6階
http://amaiketax.com/

山 野 修 敬 （やまの　なおたか）

平成18年東京国税局配属。国税庁や税務大学校、東京国税局等で資産税審理事務等に従事。平成30年東京国税局課税第一部審理課を最後に退職。同年に税理士登録（東北税理士会所属）。山野修敬税理士事務所開設。東北税理士会会員相談室相談員（資産税）、宮城県事業承継ネットワーク事務局県北部ブロックコーディネーター。

【主な著作】 『図解　相続税・贈与税』（共著、大蔵財務協会）、『図解　譲渡所得』（共著、大蔵財務協会）、『農地の納税猶予の特例のすべて』（共著、大蔵財務協会）

【事務所】 〒989-6116　宮城県大崎市古川李埣一丁目9番56号
http://www.yamanotax.com

監 修

渡 邉 定 義 （わたなべ　さだよし）

昭和55年東京国税局採用後、国税庁総務課、人事課、東京国税局国税訴務官室、国税不服審判所（本部）、国税庁資産税課、国税庁資産評価企画官室、麻布税務署副署長、東京国税局査察部、調査部、杉並税務署長、東京国税局資産税課長などを歴任後、平成25年国税庁主席監察官、平成27年熊本国税局長を最後に退官。平成28年8月税理士登録。

【主な著作】 『非上場株式の評価実務ハンドブック』『名義財産をめぐる税務』（大蔵財務協会）、『相続税・贈与税のための土地評価の基礎実務』（税務研究会出版局）など多数。

【事務所】 〒102-0083　東京都千代田区麹町5－2　K-WINGビル6階

[協力]

天池&パートナーズ税理士事務所

代表税理士　天池健治

　天池&パートナーズ税理士事務所は、相続税や事業承継などの資産税業務を得意分野としています。そのため、国税庁や国税局で法律通達の審理、調査、訴訟などの経験や実績のある国税出身の税理士と提携して、税理士や会計士などの方々からの税務相談や申告書の審査などをお受けしています。

【お引き受けしている主な業務の内容と報酬額（税別)】

・小規模宅地の可否判定……１件当たり５万円
・相続税の申告書の審査……受託報酬の10％（最低額は10万円）
・同族会社の株価算定……１件当たり10万円〜
・土地等の評価額算定……１件当たり５万円〜
・税務調査、審査請求、税務訴訟相談料……２万円（30分）

【事務所概要】

〒120-0083　東京都千代田区麹町５-２　K-WINGビル６階
　　　　　　　TEL：03-5215-7580／FAX：03-6666-0037
　　　　　　　MAIL：amaike@amaiketax.com

図解・表解
小規模宅地等の特例 判定チェックポイント

2019年8月10日　第1版第1刷発行

著　者	天　池　健　治
	山　野　修　敬
監修者	渡　邉　定　義
発行者	山　本　　　継
発行所	㈱中央経済社
発売元	㈱中央経済グループ
	パブリッシング

〒101-0051　東京都千代田区神田神保町1-31-2
電　話　03 (3293) 3371 (編集代表)
　　　　03 (3293) 3381 (営業代表)
http://www.chuokeizai.co.jp/
印刷／文唱堂印刷㈱
製本／誠　製　本㈱

©2019
Printed in Japan

頁の「欠落」や「順序違い」などがありましたらお取り替えいたしますので発売元までご送付ください。(送料
小社負担)

ISBN 978-4-502-30761-4　C3034

JCOPY〈出版者著作権管理機構委託出版物〉本書を無断で複写複製 (コピー) することは、著作権法上の例
外を除き、禁じられています。本書をコピーされる場合は事前に出版者著作権管理機構 (JCOPY) の許諾を
受けてください。

JCOPY〈http://www.jcopy.or.jp　eメール：info@jcopy.or.jp〉

●実務・受験に愛用されている読みやすく正確な内容のロングセラー！

定評ある税の法規・通達集シリーズ

所得税法規集
日本税理士会連合会 編
中央経済社

❶所得税法 ❷同施行令・同施行規則・同関係告示 ❸租税特別措置法(抄) ❹同施行令・同施行規則・同関係告示(抄) ❺震災特例法・同施行令・同施行規則(抄) ❻復興財源確保法(抄) ❼復興特別所得税に関する政令・同省令 ❽災害減免法・同施行令(抄) ❾国外送金等調書提出法・同施行令・同施行規則・同関係告示

所得税取扱通達集
日本税理士会連合会 編
中央経済社

❶所得税取扱通達(基本通達／個別通達) ❷租税特別措置法関係通達 ❸国外送金等調書提出法関係通達 ❹災害減免法関係通達 ❺震災特例法関係通達 ❻索引

法人税法規集
日本税理士会連合会 編
中央経済社

❶法人税法 ❷同施行令・同施行規則・法人税申告書一覧表 ❸減価償却耐用年数省令 ❹法人税関係告示 ❺地方法人税法・同施行令・同施行規則 ❻租税特別措置法(抄) ❼同施行令・同施行規則・同関係告示 ❽震災特例法・同施行令・同施行規則(抄) ❾復興財源確保法(抄) ❿復興特別法人税に関する政令・同省令 ⓫租特透明化法・同施行令・同施行規則

法人税取扱通達集
日本税理士会連合会 編
中央経済社

❶法人税取扱通達(基本通達／個別通達) ❷租税特別措置法関係通達(法人税編) ❸連結納税基本通達 ❹租税特別措置法関係通達(連結納税編) ❺減価償却耐用年数省令 ❻機械装置の細目と個別年数 ❼耐用年数の適用等に関する取扱通達 ❽震災特例法関係通達 ❾復興特別法人税関係通達 ❿索引

相続税法規通達集
日本税理士会連合会 編
中央経済社

❶相続税法 ❷同施行令・同施行規則・同関係告示 ❸土地評価審議会令・同省令 ❹相続税法基本通達 ❺財産評価基本通達 ❻相続税法関係個別通達 ❼租税特別措置法(抄) ❽同施行令・同施行規則(抄)・同関係告示 ❾租税特別措置法(相続税法の特例)関係通達 ❿震災特例法・同施行令・同施行規則(抄)・同関係告示 ⓫震災特例法関係通達 ⓬災害減免法・同施行令(抄) ⓭国外送金等調書提出法・同施行令・同施行規則・同関係通達 ⓮民法(抄)

国税通則・徴収法規集
日本税理士会連合会 編
中央経済社

❶国税通則法 ❷同施行令・同施行規則・同関係告示 ❸同関係通達 ❹租税特別措置法・同施行令・同施行規則(抄) ❺国税徴収法 ❻同施行令・同施行規則 ❼滞調法・同施行令・同施行規則 ❽税理士法・同施行令・同施行規則・同関係告示 ❾電子帳簿保存法・同施行令・同施行規則・同関係通達 ❿行政手続オンライン化法・同国税関係法令に関する省令・同関係告示 ⓫行政手続法 ⓬行政不服審査法 ⓭行政事件訴訟法(抄) ⓮組織的犯罪処罰法(抄) ⓯没収保全と滞納処分との調整令 ⓰犯罪収益規則(抄) ⓱麻薬特例法(抄)

消費税法規通達集
日本税理士会連合会 編
中央経済社

❶消費税法 ❷同別表第三等に関する法令 ❸同施行令・同施行規則・同関係告示 ❹消費税法基本通達 ❺消費税申告書様式等 ❻消費税法等関係取扱通達等 ❼租税特別措置法(抄) ❽同施行令・同施行規則(抄)・同関係通達 ❾消費税転嫁対策法・同ガイドライン ❿震災特例法・同施行令(抄)・同関係告示 ⓫震災特例法関係通達 ⓬税制改革法等 ⓭地方税法(抄) ⓮同施行令・同施行規則(抄) ⓯所得税・法人税政省令(抄) ⓰輸徴法令 ⓱関税法令(抄) ⓲関税定率法令(抄)

登録免許税・印紙税法規集
日本税理士会連合会 編
中央経済社

❶登録免許税法 ❷同施行令・同施行規則 ❸租税特別措置法・同施行令・同施行規則(抄) ❹震災特例法・同施行令・同施行規則(抄) ❺印紙税法 ❻同施行令・同施行規則 ❼印紙税法基本通達 ❽租税特別措置法・同施行令・同施行規則(抄) ❾印紙税額一覧表 ❿震災特例法・同施行令・同施行規則(抄) ⓫震災特例法関係通達等

中央経済社

事業の用に供されていた宅地の適用分類

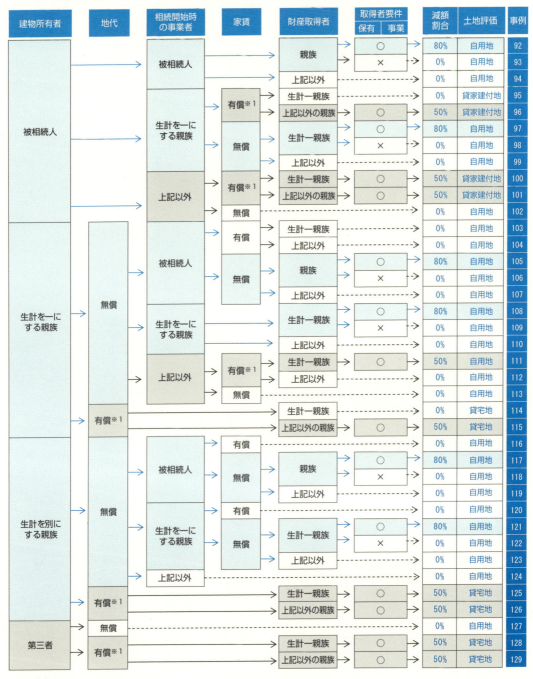

事例の数字は、「第2部 事例編」の該当事例の番号になります。